1ª edição - Fevereiro de 2022

Coordenação editorial
Ronaldo A. Sperdutti

Revisão
Alessandra Miranda de Sá
Ana Maria Rael Gambarini

Capa
Rafael Sanches

Projeto gráfico e diagramação
Juliana Mollinari

Impressão
Gráfica Paulus

Proibida a reprodução total ou parcial desta obra sem prévia autorização da editora.

Copyright © 2022 by Boa Nova Editora.

Av. Porto Ferreira, 1031 | Parque Iracema
CEP 15809-020 | Catanduva-SP
17 3531.4444

www.**lumeneditorial**.com.br
www.**boanova**.net

atendimento@lumeneditorial.com.br
boanova@boanova.net

Dados Internacionais de Catalogação na Publicação (CIP)
(Câmara Brasileira do Livro, SP, Brasil)

Vinícius (Espírito)
   Dragões de Cristo / [pelo Espírito] Vinícius
(Pedro de Camargo) ; [psicografado por] Eliane
Macarini. -- 1. ed. -- Catanduva, SP : Lúmen
Editorial, 2021.

   ISBN 978-85-7813-241-5

   1. Obras psicografadas 2. Romance espírita
I. Macarini, Eliane. II. Título.

21-66534   CDD-133.9

Índices para catálogo sistemático:

1. Romance espírita : Espiritismo 133.9

Maria Alice Ferreira - Bibliotecária - CRB-8/7964

Impresso no Brasil – Printed in Brazil
01-02-22-3.000

ELIANE MACARINI
DITADO PELO ESPÍRITO
VINÍCIUS (PEDRO DE CAMARGO)

DRAGÕES DE CRISTO

LIVRO 4
DA SÉRIE COMUNIDADE
EDUCACIONAL DAS TREVAS

LÚMEN
EDITORIAL

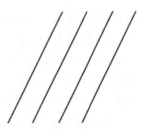

PREFÁCIO

728. A destruição é uma lei da Natureza? – É necessário que tudo se destrua, para renascer e se regenerar; porque isso a que chamais destruição não é mais que a transformação, cujo objetivo é a renovação e o melhoramento dos seres vivos.

(*O Livro dos Espíritos* — Livro III — Capítulo V — Lei de Destruição — Item I — Destruição Necessária e Abusiva)

Quando falamos em destruição acordamos em nosso íntimo sentimentos contraditórios, nossa mente vagueia em meio à dor causada pelo sofrimento de ver misérias originadas em acontecimentos catastróficos; mas, também, observamos a humanidade se mobilizar, estimulada por sentimentos nobres de compaixão, em socorro daqueles que sofrem, levando alento emocional e material, tentando no melhor dos melhores movimentos sanar enganos e tristezas. É a fraternidade, a capacidade de sentir afeto pelo próximo, que é despertada pelo bem que mora em nossos corações e nossas mentes.

Assim a humanidade caminha, entre o bem e o mal, experimentando sofrimentos inenarráveis, assim como alegrias sem medida.

Sabemos que a ação traz renovação, cada movimento modifica nosso pensamento, afinal são informações captadas pelo intelecto dinâmico. Porém, ainda não observamos com seriedade a qualidade desse movimento.

Não raras vezes, ele é concêntrico e destemido na defesa de nossa origem, que remonta ao momento da criação, criaturas divinas, portadoras de mentes aptas à educação de seu espírito; em outras tantas esse movimento é controverso, áspero e limitante, nos arremessando a panoramas sombrios e dolorosos, dos quais somente nos livramos diante de exemplos dignificadores, através das mãos de luz que se estendem do firmamento divino ao espaço ocupado por nossa ignorância.

Voltamos a afirmar a importância da educação para todos nós, por meio da aquisição de conhecimento que nos fará compreender a movimentação do mundo que nos abriga em seu ventre promissor, ao movimento constante de nossas mentes em busca de respostas à necessidade da existência nos diversos planos da vida.

As sensações mundanas diante da grandeza da eternidade passam a ser entendidas de outra forma, mais lógica e benéfica, nos livrando do imediatismo que apenas nos mantém na retaguarda da liberdade.

Mais educados por meio da aquisição do conhecimento, passamos a exercitar a ética, imersos na diversidade social, que nos abriga, nos diversos planos da vida. Conviver é uma arte adquirida e aprendida aos poucos, sem saltos ou magia, apenas vivendo à procura da harmonia necessária à humanidade.

A ética social é vivenciada respeitando regras e leis que organizam o mecanismo de movimentação dos vários grupamentos que se formam, pela necessidade da sobrevivência, pois sem organização não há harmonia, e encontrar o amor torna-se uma utopia caótica.

A ética busca a fundamentação teórica para encontrar o melhor modo de viver e conviver, isto é, a busca do melhor estilo de vida, conceito usado tanto no pessoal como no coletivo – fator esse que vem ao encontro da capacidade que temos de educar a inteligência, uma das razões por que desfrutamos a vida planetária, ora como encarnados, almas à procura da sobrevivência na matéria, ora como espíritos desencarnados, avaliando vivências pretéritas, buscando racionalmente a liberdade de pensamento.

A ética é moldada para que possamos conviver em paz, seguindo princípios de valor fundamentado no conceito primeiro, as diferenças individuais encontradas na construção do todo, transitando em experimentações excelentes, desde a normatização por meio de regras sociais, incluindo as leis judiciais, os valores de todos os segmentos, como família e religião, prescrições e exortações presentes em qualquer realidade social.

Respeitar as leis éticas de uma sociedade é contribuir para sua evolução, é saber que ela será alterada e atualizada conforme a necessidade da comunidade. É preciso entender que a mente constrói e modifica valores, segundo suas necessidades evolucionistas. A ética, enfim, é um conjunto de regras e preceitos de ordem valorativa e moral de um indivíduo, de um grupo social ou de uma sociedade, podendo ser diferente de povo para povo, segundo o desenvolvimento de sua cultura.

O estágio ético nunca tem fim, se pensarmos no movimento contínuo das sociedades em relação ao aprendizado dos seres que as compõem. Podemos facilmente entender esse processo constante e bem elaborado que, assimilado, nos leva a um dos estágios mais importantes no processo evolutivo: a moralidade, que é o momento em que passamos a agir cientes de nosso compromisso humanitário e como espíritos na evolução do próprio universo conhecido, não por imposição, mas porque entendemos a vida relativa ao momento de nossa história.

A moralidade também é relativa ao princípio do saber, ou seja, a sabedoria atua sobre as escolhas conscientes do todo, não mais como parte solitária e isolada. Somos o universo, e vivemos imersos uns nos outros. Somos consciências que se cruzam e se completam.

Porém, nada é possível sem o esforço contínuo da educação do ser.

Educar é abrir a mente para o infinito do saber.

Nosso querido Vinícius, e sua equipe de amigos trabalhadores, nos relatam suas vivências como socorristas no mundo dos espíritos, na esperança de que a humanidade leia estas páginas e entenda o movimento da vida, em todos os seus planos, desde o sábio que nos auxilia aos mais ignorantes, que tentam, como forma de sobreviver a si mesmos, anular o progresso moral, movimento inexorável e fundamentado na beatitude de nossa origem.

Esta literatura, comprometida com a evolução dos moradores deste orbe bendito, deve ser compreendida em sua essência benéfica, contribuindo assim para o bem social, para o bem pessoal, para que a esperança e a liberdade possam ser desfrutadas em sua verdadeira forma, por meio da visão educada de cada um de nós.

Peço ao Senhor do Universo que nos ampare pelo caminho do amor e da paz. Com carinho por todos, irmãos amados, e conhecidos de meu coração.

Manoel Philomeno de Miranda

Mensagem recebida no dia 8 de agosto de 2018, pela médium Eliane Macarini.

A PEDAGOGIA DE JESUS

Uma reflexão sobre a Pedagogia de Jesus segundo Roberto Peixoto

Hoje muito se fala em necessidade de liderança por parte do professor na sala de aula. Como também em professores cuja relação pedagógica seja democrática. A mudança de conceito em relação ao professor famigerado, autoritário e indisponível é o novo *insight* da educação. Mas essa forma de dirigir a sala de aula, embora eficiente, não tem nada de inédito. Há mais de dois mil anos, um Mestre deu aula de liderança e democracia, e recrutou "alunos" colaboradores que, geração após geração, trabalharam e continuam a trabalhar em seu "Projeto Pedagógico", por acreditarem no sucesso da sua Pedagogia. Quem é esse Mestre? Jesus Cristo, o maior educador da história em todas as épocas,

Independentemente de crença e religião, falamos sobre o Jesus histórico que, ao longo do tempo, adquiriu centenas e centenas de seguidores. Avaliando com atenção, observam-se lições de perseverança, portanto, acreditou nas pessoas, tinha foco no que fazia, determinação, companheirismo, compromisso com a sua proposta e outros valores ao longo da sua trajetória. Jesus fez uma seleção, uma prova; reconheceu o potencial de 12 pessoas e ministrou seu conhecimento a elas. Usou um "currículo invisível". Seu "Projeto Pedagógico" teve tanto sucesso que, passados dois mil anos, continua funcionando e se renovando. O professor que deseja ser líder tem uma grande oportunidade de aprender com essa história milenar. Conteúdo não ministrado na formação acadêmica, mas facilmente encontrado nos ensinamentos divinos.

Foco e determinação – Com sua meta traçada, portanto, com um planejamento, elemento que muitos professores desprezam, Jesus seguiu sem se desviar do foco. Ele sempre acreditou que as pessoas são capazes de aprender. Foi chamado de louco, ridicularizado, até, por fim, ser condenado à morte. No entanto, sempre acreditou e nunca desistiu dos seus objetivos. Nós, professores, temos em muitos momentos vivido o nosso "calvário pedagógico". Precisamos continuar a acreditar. Isso não quer dizer que a nossa crença seja ingênua ou alienada. Precisamos ter esperança. Mas, como insistia o *inesquecível Paulo Freire: "não se pode confundir esperança do verbo esperançar com esperança do verbo esperar"*. Aliás, uma das coisas mais perniciosas que temos neste momento é o apodrecimento da esperança; em várias situações, as pessoas acham que não há mais jeito, que não há alternativa, que a vida é assim mesmo.

Exemplo – Uma marca de Jesus Cristo é que ele ensinava pelo exemplo. Quando ficou de joelhos para lavar os pés dos apóstolos ensinava humildade e companheirismo. O fato de exercer a liderança não dá o direito de subjugar quem é liderado. Neste sentido, o poder relativo do professor em sala de aula deve levar em conta, sempre, o exemplo como forma direta de ensinar e a humildade pedagógica, no sentido de compreender que como, afirma Mário Sérgio Cortella: *"Só é bom ensinante quem é bom aprendente"*.

Acessível – Embora fosse o mestre do seu grupo, Jesus estava sempre aberto a opiniões e muitas vezes as pedia. Essa é outra atitude que nós, professores, devemos levar em consideração. Nós pedimos muito para que os alunos prestem atenção, mas esquecemos de prestar atenção neles. Eles querem ser ouvidos. Por isso mesmo a tradicional aula expositiva precisa ser expositiva dialogada.

Comprometido – Sempre atento aos seus colaboradores, ele prezava pelo bem-estar de todos. Entendia e fazia entender que uma equipe é formada por pessoas e para o grupo estar bem é necessário que cada parte também esteja. Aqui está a importância da relação professor-aluno, elemento fundamental para a gestão da sala de aula.

Publicado por: Roberto Peixoto
https://profrobertopeixoto.com.br/2019/11/07/a-pedagogia-de-jesus-cristo/

SUMÁRIO

Prefácio.....5

A pedagogia de Jesus 10

1. Esperança, um bem do amor 15

2. Sempre há esperança 24

3. Aprendizado feliz 37

4. União e amor 46

5. Dignidade sempre 56

6. Vida, bênção divina 66

7. Oportunidade de amar 78

8. Boa vontade e fé 88

9. Lembrando a bondade do pai 96

10. Uma vida, uma bênção 102

11. Olhai os lírios do campo 113

12. Um querido amigo 123

13. A bondade constrói a liberdade 132

14. Misericórdia 143

15. Nunca duvide do bem 152

16. A dor rouba a razão 162

17. Afinidade e sintonia 170

18. Portas estreitas 180

19. Algo além do sonhado 189

20. Esperança sem fim 198

21. Dor que cura 209

22. Amor que cura 218

23. Um momento de descanso 233

24. Reencontros 244

25. A amizade verdadeira 255

26. Decisões necessárias 270

27. Um mundo de luz 281

28. O bem constrói o bem 288

29. Acima de nós, brilha o firmamento 295

30. Evolução, a única fatalidade 305

31. Bênçãos de luz 313

32. Despir-se do medo 321

33. De olhos fechados 332

34. De olhos abertos 341

35. Amor, apenas amor 347

CAPÍTULO I

ESPERANÇA, UM BEM DO AMOR

11 – A fé, para ser proveitosa, deve ser ativa; não pode adormecer. Mãe de todas as virtudes que conduzem a Deus, deve velar atentamente pelo desenvolvimento das suas próprias filhas.

A esperança e a caridade são uma consequência da fé. Essas três virtudes formam uma trindade inseparável. Não é a fé que sustenta a esperança de se verem cumpridas as promessas do Senhor; porque, se não tiverdes fé, que esperareis? Não é a fé que vos dá o amor? Pois, se não tiverdes fé, que reconhecimento tereis, e, por conseguinte, que amor?...

(De *O Evangelho segundo o Espiritismo*, I — Fé, Mãe da Esperança e da Caridade — JOSÉ — Espírito Protetor, Bordeaux, 1862)

Caminhando pelo Campus universitário e observando jovens que iam apressados em direção aos seus cursos de formação profissional, senti certa urgência no trabalho que estávamos começando, no que encontraríamos pela frente, qual a qualidade de aprendizado apresentada a esses estudantes, qual o grau de responsabilidade que eles desenvolviam diante da carreira que iniciavam – eram muitas questões a serem respondidas.

Lembrava com esperança os trabalhos realizados anteriormente junto à Comunidade Educacional das Trevas, o resgate de Tibérius, seu acolhimento junto aos iluminados irmãos que o apoiavam em sua nova trajetória, e a triste notícia de que havia recusado permanecer em busca de luz para voltar às sombras da dor.

Nosso grupo de trabalhadores se reunia novamente, preparávamos incursões a uma nova e antiga comunidade, que insistia em permanecer em doloroso estado de ignorância moral. Nossa fé num futuro melhor nos movia esperançosos, sempre em busca de poder auxiliar no progresso intelectual e ético dos habitantes de um planeta de aprendizado.

Olhava ao redor e sentia a densa nuvem que estava se formando acima de nossas cabeças; eles estavam ali, influenciando, assediando e silenciando a boa vontade daqueles jovens, arremessando-os a situações que os comprometeriam por toda uma encarnação.

Uma jovem de olhar atormentado passou ao nosso lado, seguida por entidade trevosa; pensava ansiosa no momento em que poderia fazer uso da droga guardada em sua mochila. Aproximamo-nos e observamos seu padrão de pensamento. Envolvida pela necessidade de satisfazer o vício, tentava sem sucesso lembrar-se das matérias que seriam ministradas no dia.

— Ela é uma estudante de Medicina, assim como eu fui. Infelizmente, encontra-se em triste estado de dependência das drogas. O que podemos fazer por ela? — perguntou Maurício.

Aproximei-me de seu campo vibratório e procurei entre suas memórias um fato, um sentimento que a tocasse e a auxiliasse a entender a necessidade de ter ajuda médica, psicológica e espiritual para se libertar desse jugo.

Ela era filha de um casal de classe média que lutava com dificuldades para dar formação acadêmica a seus filhos; a menina havia se esforçado muito para conseguir uma vaga no curso de Medicina numa universidade pública, estudava muito para manter notas adequadas e não ter ao final de cada semestre uma dependência de matéria. Uma amiga apresentou algumas soluções para espantar o sono e depois ficar desperta, assim começou a dependência medicamentosa, que posteriormente evoluiu para as drogas adictícias.

Ela sentia-se desesperada, o vício consumia os parcos recursos econômicos de que dispunha. Um traficante convidou-a a vender seu produto dentro do Campus, assim ela poderia manter o vício e ainda ganhar um dinheiro extra. Essa ideia a apavorava, mas não via outra solução.

Maurício e eu nos aproximamos de seu campo vibratório com carinho e compaixão, iniciando um processo de dispersão da energia densa que a envolvia. Lágrimas desciam por seus olhos e ela pensou no pai, que trabalhava dia e noite, e na mãe, mulher bondosa que não media esforços para auxiliar suas filhas para que pudessem ter um futuro melhor. Lembrou-se de Maria, a professora amorosa que a acolhera como pupila, pois percebera seu esforço para conseguir uma vaga na faculdade do Estado; na época ela contava quinze anos. E agora desrespeitava tudo o que recebera com amor e dignidade. O que estava acontecendo com ela? Precisava parar com isso; no entanto, sucumbia dessa forma às drogas. O que seria de seu futuro?

A menina parou e sentou num banco de jardim. Sabíamos de um professor que se preocupava com seus alunos; uma equipe de trabalhadores local se aproximou de nós e agradeceu nossa presença.

— Bom dia, sou Rogério. Fomos avisados de sua visita, estamos à disposição para auxiliar no que for preciso.

— Bom dia, eu sou Vinícius e esse é Maurício. Vocês fazem um excelente trabalho neste espaço educacional — falei com sinceridade.

— Procuramos auxiliar na medida do possível, mas tem sido a cada dia mais difícil, estamos encontrando bastante dificuldade para nos aproximar dos estudantes. As comunidades umbralinas se empenham em distorcer os conceitos doutrinários e acabam por atrair esses jovens com pensamentos voltados ao prazer imediato, que, aliás, no momento, os atrai muito mais que a responsabilidade pessoal e social — respondeu Rogério, enquanto nos apresentava seu grupo de trabalho. — Estes são Marcos, Sheila e Verônica. O restante do grupo está pelo Campus atendendo algumas intercorrências.

Nesse momento, entidade que se apresentava de forma belicosa e de grande altura física se aproximou de nosso grupo, olhou-nos de lado, como a avaliar o que enfrentaria, e sorriu com sarcasmo.

— Eu comando este Campus, não se intrometam em nossos assuntos que não haverá confusão. Levem os fracos, mas aqueles que se aliarem a mim deverão respeitar. — Olhando para Maurício, estreitou os olhos e falou com maldade: — Conheço você, não se lembra de mim? Voltamos a nos encontrar e desta vez não falharei com você; voltará para meu lado porque assim o quero.

Voltou a caminhar e olhou para trás, fazendo o gesto de quem tem uma arma na mão e atira contra seu pretenso oponente. Neste momento, densa energia foi direcionada ao nosso jovem Maurício, que a recebeu com carinho e a transformou em luz de amor e paz.

Sorri feliz pela atitude de meu amigo. Rogério nos esclareceu sobre esse irmão:

— Ele desencarnou há pouco tempo, apenas alguns anos terrenos. Não titubeou e se furtou ao socorro. Era um estudante do Campus, sempre buscando confusão, não para si, mas para os outros. Provocava algo terrível e ficava observando e absorvendo informações sobre a reação das pessoas envolvidas.

"Sedutor e maligno, assim era ele, o Pequeno, como era conhecido. Essa aparência de hoje é bem diferente da última encarnação. Era franzino e de saúde frágil, mas de uma tenacidade invejável, ainda que voltada para o mal.

"Um professor percebeu esse lado desequilibrado de nosso amigo e passou a observá-lo. Reuniu o corpo docente de seu curso e expôs suas dúvidas. Psiquiatras e psicólogos interessaram-se por seu caso e, a determinado momento, o convidaram para ser tratado. O diagnóstico foi psicopatia, mas ele não se dispôs a ser medicado ou comparecer às sessões terapêuticas. Assim, continuou em sua terrível trajetória.

"Nos seus últimos dias como encarnado, provocou uma situação que colocou alguns colegas em risco de morte, então a reitoria resolveu bani-lo. Ele se matou, ingerindo uma dose letal de barbitúricos. Quando desligado do corpo físico, foi recepcionado por membros da Comunidade Educacional das Trevas como herói e encarregado de um grande setor do Campus. Com o tempo deduzimos que sua passagem por aqui havia sido apenas para adquirir conhecimento sobre a movimentação dos estudantes. Uma experiência como encarnado seria valiosa e ele se dispôs a isso. Quando recebeu a ordem de retorno ao mundo espiritual, não titubeou por um instante, provocando a morte do corpo físico."

— Participamos de alguns estudos no plano espiritual sobre a psicopatia, que é a reação de uma alma à dor provocada por uma situação de terrível sofrimento, então ela se fecha para reações humanas, ou seja, acredita que, se negar a própria humanidade, se livrará do sofrimento — falei com carinho.

— O que terá acontecido com esse jovem para se furtar a suas próprias emoções e negar seu estado de criatura divina? — questionou Maurício.

— Fizemos algumas tentativas de contato com ele, mas foram infrutíferas até o momento. O contato com ele é desanimador, tal é a sua rejeição a conceitos de humanidade. Ele construiu para si uma cúpula sombria de proteção, que beira a rejeição da própria vida — informou Rogério.

— Qual o nome dele? — questionei o amigo.

— Ele se autodenomina Bórgia, mas sabemos que não é seu verdadeiro nome, e sim uma referência a importante religioso que foi um dos colaboradores mais ativos da Inquisição. Talvez um parente a ele ligado por laços de afinidade moral — explicou Rogério.

— Você se refere a Rodrigo Bórgia, que foi feito papa numa eleição bastante questionada, pois se acredita que foi corrompida, e, quando eleito, ele escolheu ser conhecido por Alexandre VI? — perguntou Maurício.

— Ele mesmo, aliás, a trajetória da família Bórgia foi vergonhosa para o mundo — esclareceu Rogério. — Na época, a Espanha não era um estado único, mas separado por reinos, cada um com seus administradores. Fernando e Isabel eram os reis administradores de Aragão e Castela, já haviam instituído um processo inquisitório para seu reino, mas não era reconhecido pela própria igreja. Fernando queria esse reconhecimento formal, e domínio sobre essa ação. Na realidade, não pensava usar a religião católica como meio de controlar o seu povo, da forma como estava sendo usada; mas, sim, desejava as religiões judaica e muçulmana fora de seus domínios, e a Inquisição foi o meio que usou para atingir seu objetivo. Muitos historiadores acreditam que a Inquisição foi o método usado por Fernando para enfraquecer os seus opositores principais no reino. Possivelmente havia também uma motivação econômica: muitos financistas judeus forneceram o dinheiro que Fernando usou para se casar com a rainha de Castela, e vários desses débitos seriam extintos se o financiador fosse condenado. Aconteceu que o inquisidor instalado na Catedral de Saragoça por Fernando acabou assassinado por cristãos-novos. Então, ele decidiu agir com mais agressividade. Apesar de o papa não desejar a Inquisição instalada na Espanha, Fernando insistiu e persuadiu Rodrigo Bórgia, então bispo de Valência, a usar de sua influência em Roma junto ao papa Sisto IV.

"Bórgia teve êxito, e a Inquisição foi estabelecida em Castela. Mais tarde, o religioso teve apoio espanhol ao seu papado, ao suceder Inocêncio VIII, com o título de papa Alexandre VI. A aliança formada entre o Vaticano e o Reino de Aragão e Castela, na realidade, era apenas manobra política para alcançar ambições duvidosas, nada tendo de ligação religiosa ou a fé no Altíssimo.

"Sisto IV era papa quando a Inquisição foi instalada em Sevilha, em 1478. Ele foi contra, devido aos abusos, porém foi forçado a concordar quando Fernando ameaçou negar apoio militar à Santa Sé. Fernando obteve assim o que desejava: controlar sozinho a Inquisição espanhola, por meio de conchavos políticos e ameaças."

— Um modelo de conduta bastante negativo. Qual será a razão de um trauma tão profundo para a entidade que se autodenomina Bórgia? — questionou Maurício.

— Acreditamos que sua história remonte ao início da Inquisição. Temos uma equipe que pesquisa sobre o assunto, mas a mente de nosso irmão está envolvida numa estrutura de proteção que ainda não conseguimos penetrar — disse Rogério.

— Essa época da história é muito sofrida para todos, inclusive para os inquisidores. Devemos lembrar que o mal é apenas um desvio que usamos para nos proteger de dores terríveis e desilusões. Essas entidades, muitas delas, acreditam realmente estar falando e agindo em nome de Deus, justificando assim os desequilíbrios pessoais — comentei com os amigos.

— O que não deixa de ser um ato de autoproteção, não é? — questionou Maurício.

— Sim, meu jovem, mas, como somos espíritos divinos, sabemos o que é certo e o que é errado, e esse pensamento dualístico, não raras vezes, nos rouba a sanidade e obscurece nossa razão. Somos criaturas da luz vivendo nas trevas, e isso não é natural, então como podemos estar felizes assim? — falei com lágrimas nos olhos, e continuei: — Lembrando o nosso passado veremos e saberemos entender o comportamento dessas criaturas equivocadas, que ainda não conseguem perceber a sua própria natureza. Quando deixamos de ser bárbaros sociais? Será que já ultrapassamos verdadeiramente essa fase de aprendizado? Ou apenas estamos iniciando uma caminhada lenta ao aprendizado da felicidade? Para aquele que acredita que a sua natureza é baseada em atitudes maléficas, como poderá modificar esse caminho?

— A mente humana ainda trabalha na defensiva quanto a situações de sofrimento pessoal, rejeitando o aprendizado que somente acontece quando refletimos sobre nossas vivências; mas, infelizmente, é mais fácil julgar o outro sem escutar suas razões, pois se assim o fizéssemos teríamos a obrigatoriedade de estar no lugar do outro, apreciando razões que de outra forma não teriam sentido, mas que para ele são lógicas. Quando julgamos sem ouvir o outro, condenar num processo subsequente é o passo seguinte, pois nos parece lógico. Assim como a condenação e o castigo, isso também não seria barbárie? — questionou Rogério.

— Quanto mais adquirimos conhecimento, sem exercício do mesmo, e sem bondade e compaixão, mais nos aprimoramos na arte do mal, pois este se reveste de razão aparente e é sutil, nos dando a aparência da verdade — completei reflexivo.

— O que terá acontecido ao papa Alexandre VI, Rodrigo Bórgia? — questionou Maurício.

— Quando nos deparamos com o companheiro que nos visitou há pouco, procuramos algumas informações a respeito. Rodrigo Bórgia faz parte dos Dragões de Cristo, como um de seus comandantes. O que nos preocupou sobremaneira, porque, na realidade, mesmo quando religioso da Igreja Católica, era um herege, sem acreditar em Deus nem em suas leis divinas. O que sempre o motivou foi a riqueza e o poder que o cargo oferecia — informou Rogério, e completou: — Preciso ir, temos uma pequena reunião e os convido a me acompanhar.

CAPÍTULO 2

SEMPRE HÁ ESPERANÇA

A fé, divina inspiração de Deus, desperta todos os sentimentos que conduzem o homem ao bem: é a base da regeneração. É, pois, necessário que essa base seja forte e durável, pois se a menor dúvida puder abafá-la, que será do edifício que construístes sobre ela? Erguei, portanto, esse edifício sobre alicerces inabaláveis. Que a vossa fé seja mais forte que os sofismas e as zombarias dos incrédulos, pois a fé que não desafia o ridículo dos homens não é a verdadeira fé.

(De *O Evangelho segundo o Espiritismo*, I — Fé, Mãe da Esperança e da Caridade — JOSÉ — Espírito Protetor, Bordeaux, 1862)

Fomos introduzidos numa sala clara e espartanamente mobiliada, apenas algumas poltronas e uma grande tela, que seria utilizada para algumas ilustrações e instruções.

Rogério nos apresentou a uma senhora simpática, aparentando seus cinquenta anos, que seria a responsável pela movimentação espiritual do Campus. Seu nome era Laura e ela nos explicou a razão desse encontro.

— Bom dia, amigos, sejam bem-vindos, o seu auxílio será muito importante para nosso trabalho. A situação da educação está bem deficiente, e a ação do mundo inferior sobre esta área importantíssima na ascensão moral do planeta está bem agressiva. O uso de substâncias químicas alucinógenas é grave, e o percentual de usuários cresce a cada dia, dificultando aos incautos a responsabilidade sobre suas ações. Estamos deveras preocupados com essa situação, visto que o uso consciente do livre-arbítrio como instrumento de evolução está sendo corrompido dia a dia — informou Laura.

— Poderia nos esclarecer sobre as maneiras que as equipes umbralinas encontram para assediar esses jovens? — pediu Maurício.

— Vamos dar por iniciada a nossa reunião, pois esse assunto interessa a todos nós. Vejam, todos os coordenadores de grupo já estão presentes. Discutiremos alguns tópicos importantes para direcionar nosso trabalho, posteriormente eles se reunirão com os trabalhadores de equipe e os informarão sobre as instruções a serem aplicadas — respondeu Laura.

Fui convidado a fazer uma prece para que pudéssemos iniciar o trabalho combinado em benefício de nossos semelhantes. Observei que Maurício parecia bastante preocupado; lembraria mais tarde de questionar sobre os motivos que o afligiam.

— Agradecemos a oportunidade de estarmos aqui, hoje, junto a esta comunidade de benfeitores da humanidade, pois a cada momento vivido em busca do bem maior nos aprimoramos para percorrer com maior equilíbrio o caminho que nos leva de volta à nossa origem. Pedimos ao Pai Maior que nos abençoe e fortaleça nesta bendita caminhada e nos favoreça com a caridade consciente, para que tenhamos condições de entender e respeitar cada um dos irmãos em desequilíbrio moral que encontrarmos por estas paragens, dessa forma os auxiliaremos de maneira efetiva para que encontrem as suas próprias respostas.

Laura elevou a voz e nós a acompanhamos na bela canção popular que tanto agrada a humanidade: "Esperança", do autor Daniel.

Quem aqui chegou
Quem aqui chegar
Traz sempre um sonho
De algum lugar
Vem de peito aberto
Sem saber o que será
Com coragem de se aventurar

Quem aqui chegou
Quem aqui ficar
Por esses caminhos
Há de encontrar
Outros tão iguais
Corações a se entregar
E criando a vida

Vida, vidas, esperança
Sonho, sonho, sonhos, esperança
E paz, paz, paz, esperança

Outros tão iguais
Corações a se entregar
Recriando a vida

Vida, vidas, esperança
Sonho, sonho, sonhos, esperança.

— Queridos amigos, estamos aqui hoje para encontrar respostas para algumas situações inusitadas que andamos vivendo neste setor da educação.

Emocionados pela sensação de unidade, que sentimos neste momento indescritível, sentamo-nos e aguardamos que a delicada senhora iniciasse suas preleções.

— Percebemos um grave descaso das autoridades do Campus universitário; a reitoria mostra-se insegura diante dos problemas graves que crescem a todo instante, inclusive colabora na instalação de terrível estado de corrupção, que mingua a olhos vistos os recursos financeiros, estes destinados à manutenção da instituição. Encarnados e desencarnados filiados às grandes falanges dos Dragões de Cristo assumem mais e mais território, disseminando suas ideias destruidoras.

"Há pouco nos informaram que será construída uma pequena vila, do mundo espiritual, ao lado do Campus. Há um ano, num terreno próximo, foi construído um templo evangélico, com intenções duvidosas, sob a direção de antigo inquisidor. E sabemos que após esse evento nossas dificuldades cresceram muito.

"Outras comunidades terrenas universitárias estão sob o assédio dos Dragões de Cristo. Tibérius se juntou a eles novamente e deverá ser o responsável pela vila, nossa vizinha. Seus planos são reconstruir aqui uma nova Comunidade Educacional das Trevas, e terá Bórgia como seu braço direito.

"A nova vila receberá o nome de Comunidade Educacional das Trevas e será responsável também pela formação de novos membros que deverão atuar na vida pública. O cerco se estreita e o planeta já vive um caos com a ação de corruptores e corruptos."

Laura então continuou:

— Hoje à noite, a Casa Transitória Maria de Magdala estará nos prestando uma grande ajuda. Haverá uma tempestade física nesta região, e a energia gerada será aproveitada para o evento do fogo etérico. Nossa edificação terá proteção extra, recebendo o auxílio de trabalhadores treinados para o evento. Vocês já presenciaram esse fenômeno? — perguntou Laura.

— Já, mais de uma vez, visto a necessidade diante de situações bastante graves — respondi, lembrando vivências em outros trabalhos socorristas.

— Então sabem do trabalho árduo que nos espera para esta noite. Como possuem experiência no assunto, eu os convido a nos acompanhar durante a ocorrência do fato. Acabaram de me avisar que Demétrius e Ana os esperam na sala de entrada — avisou Laura.

— Nós os esperávamos, essa é uma boa notícia. Vamos, Maurício, vamos nos juntar a eles e explicar as providências que serão tomadas.- falei.

Dirigimo-nos à sala de recepção e alegres cumprimentamos nossos amigos.

— Ineque pede que iniciem os trabalhos, ele virá na próxima semana, ainda está socorrendo amigos necessitados no litoral sul do país — informou Ana.

— Após os socorros iniciados nesta noite, devemos nos apresentar a uma casa espírita da cidade, que nos dará abrigo durante nossa estadia por aqui — disse Demétrius.

— Não nos convém ficar no Campus universitário junto às equipes de trabalho? — perguntei ao amigo.

— Estaremos vinculados a eles também, mas precisamos da ação dos trabalhadores encarnados no serviço da desobsessão. Quando for necessário, as equipes de socorristas os encaminharão para as benditas comunicações mediúnicas — respondeu Demétrius.

— Então não teremos a colaboração de Sandra? — perguntou Maurício.

— Ela o fará; está visitando a irmã por aqui e, durante o desdobramento pelo sono, poderemos contar com ela. Sem mencionar o fato de que a sua percepção das necessidades urgentes dessa equipe faz parte de suas vivências, e ela consegue atuar de forma equilibrada.

— Está se recuperando e estou feliz com suas atitudes, embora a humanidade seja míope diante de fatos que não entende e não se esforça para entender, pois já tem uma opinião única formada. No entanto, apesar de sofrida, compreendeu o ocorrido como uma lição valiosa de autopreservação; aprendeu a não se deixar envolver em problemas alheios, de tal forma que se torne vulnerável aos obsessores, originados nos próprios débitos, e àqueles a quem atrapalha com seu trabalho na mediunidade — falei, conhecendo bem nossa companheira encarnada, e continuei: — Sandra passou por momentos traumáticos, vítima de obsessores ferrenhos que a haviam desequilibrado e levado a atitudes questionáveis, contra as quais lutara uma encarnação inteira. Porém, sobrecarregada por problemas graves, acabou fragilizada e se deixou envolver. Entretanto, se recupera admiravelmente, visto que sua visão mais ampla de tudo que viveu veio nítida como instrumento esclarecedor.

— Ela está voltando rapidamente ao controle da mediunidade que escolheu para manifestar, e o sentimento de autopiedade se esvai num contexto lógico. Durante uma conversa que tivemos, auxiliei para que entendesse que o estado emocional em que se encontrava, beirando a desesperança e o desespero, não lhe valeria como recuperação, mas sim o ato heroico, para si mesma, de erguer a visão ao Pai e voltar ao trabalho. A recuperação prática do débito feito seria sanada conforme suas possibilidades.

— Foram momentos difíceis para ela. E quantos encarnados que manifestam mediunidade ampla, semelhante à de Sandra, sofrem as consequências de não saber limitar sua ação, e acabam por interferir mais do que o necessário, tentando proteger seus assistidos. Com isso afrontam espíritos obsessores, que se aproveitam de suas fraquezas e dos momentos de fragilidade emocional, causada por problemas pessoais — comentou Maurício.

— Ainda são momentos difíceis, e serão por bom tempo, mas a amiga querida aprende a colocar cada coisa em seu lugar. Não faltamos a ela em nenhum momento, valorizando o serviço que sempre prestou à humanidade; isso a fortaleceu e a fortalece hoje, mas ela se ressente muito pelo abandono que sofreu por parte de pessoas que considerava amigos — concluí, e acrescentei: — Quando necessário, contaremos com o auxílio de nossa amiga. Venham, precisamos olhar por aquela jovem que encontramos logo que chegamos.

O nome da jovem é Olívia, franzina e suave, tímida a ponto de procurar se esconder numa aparência de desleixo. Óculos muito grandes para um rosto pequeno, que se mantém curvado para frente com olhar baixo e furtivo; roupas volumosas e desproporcionais à sua estatura. Usava alguns artifícios para se esconder de olhares críticos e acabava por chamar a atenção, provocando comentários jocosos e brincadeiras que a feriam profundamente.

Uma professora da universidade pública, percebendo o potencial da pequena aluna, incentivou a menina a se dedicar aos estudos, auxiliando-a como possível. Aos quinze anos sua mãe adoeceu e precisou parar de trabalhar, então Maria, a professora, contratou-a como empregada doméstica, e nos momentos livres a auxiliava nos estudos, exigindo bastante da menina. A esperança tomou conta do coração de Olívia, porém a sua autoestima era baixa, não conseguia olhar no espelho e ver algo em sua figura que a agradasse. Dedicou-se de corpo e alma aos estudos. Se por um lado optou por não ter uma vida social e amorosa, por outro, seria uma excelente profissional.

Adorava Medicina, em especial a genética, então dirigiu seus esforços por esse caminho; seria uma pesquisadora da área médica. Mas, para isso, precisaria cursar uma das melhores faculdades. Fez desse objetivo seu caminho.

Apesar da vitória de conseguir seus objetivos, e da alegria de sentir que vencera e poderia construir um novo caminho, continuava insegura e medrosa. O início desse caminho foi decepcionante; logo nos primeiros dias sofreu com os trotes de alunos mais antigos. Escorraçada e humilhada, precisou fazer tremendo esforço emocional para superar a rejeição à sala de aula.

Os professores a ignoravam, os colegas a viam como aberração. Pela primeira vez sentiu vontade de morrer. Morava num alojamento, dividindo o quarto com uma garota exuberante e popular entre os jovens, que a ignorava ou a humilhava. Debochando de seu cabelo, de seu corpo, de suas roupas, fazia-a acreditar que era uma vergonha para todos.

E a jovem sensível e bondosa se fechava mais e mais em um mundo escuro e sombrio.

Um dia, a colega de quarto, compactuada com outros jovens, convidou-a para uma festa local, dizendo que tinham decidido ajudá-la a se enturmar. Olívia, ressabiada de início, recusou a oferta, mas Carla, esse o nome da moça, insistiu, pedindo perdão pelo comportamento anterior e rogando-lhe, com aparência de humildade, a oportunidade de mostrar que as coisas seriam diferentes.

Olívia contou a Maria o que estava acontecendo e, apesar de sua amiga a aconselhar a não ir e ficar longe dessas pessoas, a moça, esperançosa, resolveu que daria a Carla essa oportunidade.

Na noite da festa, descobriu que não tinha roupas para ir a lugares assim. Carla, percebendo a ansiedade da companheira de quarto diante do espartano armário de roupas, disse:

— Já sei do que precisa. Espere e já volto com uma surpresa.

Saiu do pequeno dormitório e em pouco tempo trouxe um vestido para Olívia. A moça experimentou, mas não se sentiu bem-vestida daquela maneira; a roupa era muito curta e espalhafatosa.

Carla insistiu que ela estava linda, então a maquiou e penteou. Olívia sentiu certo alívio; pela primeira vez alguém dizia que estava linda.

Saíram juntas, percorreram alguns metros, passaram pela saída do Campus e logo entraram em uma casa que servia de república a alguns rapazes.

Música alta, muita bebida alcoólica, drogas, mulheres seminuas e rapazes vorazes compunham o panorama assustador para a pequena Olívia. Ela fez menção de voltar atrás, mas Carla a impediu sorrindo e falou:

— Não se assuste, fique na sua, estamos apenas nos divertindo. Depois desta noite você será uma de nós.

Olívia respirou fundo e se obrigou a apenas observar, sem julgar, afinal Carla estava sendo bem simpática.

Um rapaz se aproximou e disse:

— Você não bebe, não é? Então trouxe refrigerante.

Colocou um copo nas mãos da moça e se afastou dela, atento para que ela bebesse todo o líquido. A menina estava com a garganta seca; ingeriu o líquido que continha drogas e, em pouco tempo, passou a sentir os sintomas: relaxamento muscular, sentiu-se desorientada e perdeu o controle sobre a mente e o corpo. Sentiu pessoas tocando seu corpo e rindo. Apavorada, tentava reagir e gritar, mas não conseguia.

Estava longe, entorpecida e sentia vontade de chorar, mas não conseguia. Ouviu alguém gritando e ficou apavorada; a pessoa estava muito brava, lembrava seu pai e pensou que ele estivesse ali. Se a visse com aquela roupa, ele a espancaria de novo e de novo.

Sentiu seu corpo leve, estava sendo levada para algum lugar. Viu o céu e as estrelas e depois só a escuridão.

Acordou com muita dor de cabeça, enjoada; parecia que alguém a espancara. Abriu os olhos com dificuldade, a claridade a incomodou. Fez um esforço maior e conseguiu se elevar da cama, mas aquele não era seu quarto, um rapaz dormia ao seu lado. O que estava acontecendo? Tentou sair da cama, mas suas pernas estavam bambas e ela não conseguia coordenar os pensamentos.

O moço ao seu lado acordou e perguntou:

— Você já acordou?

Ela apenas fez um sinal com a cabeça.

— Nossa, cara! O que você foi fazer num lugar como aquele? Se eu não estivesse lá, hoje você estaria bem pior.

— O que aconteceu?

— Você foi drogada. GHB, fácil de colocar no refrigerante. Achei estranho aquele maluco buscar isso para você e fiquei de olho. Você era uma estranha entre lobos famintos.

— Mas foi minha amiga que me levou.

— Carla? Aquela maluca não é amiga de ninguém. Ela te levou para dar de presente ao namorado, ele ia te estuprar.

— O quê?

— Isso mesmo, fica esperta, senão vira comida de tubarão.

— Oh, meu Deus! E agora, como faço para voltar? Não vou conseguir olhar na cara dela.

— Você tem um problema sério. Vou ser sincero: uso drogas, mas uso porque quero. Vou nessas festas loucas, mas não obrigo ninguém a fazer o que não quer. Meu pai aluga essa casa para mim, tem um quarto vago, se quiser vem morar aqui.

— Não tenho dinheiro para pagar por ele.

— Eu tenho de sobra, não quero seu dinheiro. Gostei de você, é de graça.

— Como posso confiar em você?

— Não pode, mas muito menos na Carla. Fica hoje aqui. Amanhã de manhã, tem aula, ela vai. Você vai lá e pega suas coisas, eu ajudo, depois entrega a vaga.

— Posso ficar aqui hoje?

— Pode sim. Na cozinha tem comida e café, já fiz. Toma um banho, te dou algumas roupas minhas, ficarão grandes, mas você fez xixi nas calças. Está fedendo.

Olívia enrubesceu e pediu desculpas.

— Desculpa, mas eu não lembro de nada.

— Efeito da droga, não se preocupe, só tome banho. Vou para meu quarto, se precisar de algo, procure por aí ou me chame.

O rapaz saiu do quarto e deixou a moça à vontade.

Olívia entrou embaixo do chuveiro e chorou muito. Prometeu a si mesma não confiar em mais ninguém. Um dia, se vingaria desses monstros; começou a planejar suas ações, de forma premeditada e com muito ódio. Sentiu a presença de algo maligno, mas que a fortalecia naquele momento. Parou de chorar e sorriu. O rapaz que a socorreu, como era mesmo o nome? Eduardo? Ele não sabia, mas ela já usava drogas, e estava precisando, agora; mas, se quisesse ficar, precisava resistir e aguentar o mal-estar. Ele pensaria que era efeito do dia anterior. Com o tempo, as coisas foram se ajeitando e Eduardo, o rapaz que a socorreu, se tornou seu melhor amigo. Ele não era má pessoa, mas vivia lutando contra seus próprios traumas.

Apesar de pertencer a uma família abastada, o pai o molestava desde tenra idade; a mãe, submissa e atormentada, fingia não ver o que acontecia debaixo do próprio teto. Um dia disse a Eduardo que estava preparando a alforria dos dois, o menino não entendeu do que ela falava. Dois dias depois, ela sofreu um grave acidente de carro e veio a falecer.

As coisas pioraram muito: ele contava treze anos e estava à mercê de um pai abusivo.

Aos dezesseis anos, o rapaz foi morar sozinho e se perdeu em meio a companhias desequilibradas. Recorreu às drogas e, quando as usava, sentia como se pudesse dominar seu mundo interior, que era tão assustador.

Sofria em silêncio. Pesadelos terríveis o atormentavam. Vez ou outra, o pai o visitava. Era o inferno na terra, mas se não fizesse concessões ele não daria o dinheiro necessário para os estudos e o ameaçava de formas horrendas. Eduardo o temia; sabia que ele era poderoso e bandido.

Eduardo tinha uma meta para sua vida: queria ser independente e poder se livrar do jugo daquele homem horrível que se dizia seu pai. Assim como Olívia, cursava Medicina. Acreditava que um dia seria livre, mas por enquanto precisava se submeter a essa humilhação.

Eduardo apresentou Olívia às drogas mais pesadas; ensinava a ela como usar e parar na hora certa, a não ser apenas mais uma dependente. Porém, para a moça, era difícil manter essa equação. Cada dia mais precisava delas. Estava apavorada e não tinha coragem de pedir ajuda a Maria. E não via como Eduardo poderia ajudá-la, já que o rapaz estava também tomado pelo vício.

Quando nos aproximamos e dispersamos parte da energia viciosa que a envolvia, a jovem sentiu conforto e um bem-estar que há muito tempo não sentia; lembrou palavras de Maria: "Quando não conseguir respostas aos problemas que enfrentar, apenas ore, porque Deus não nos desampara nunca".

Fechou os olhos e conversou com Deus, coisa que não fazia desde pequena. Às vezes duvidava da existência do Criador, perguntando-se como um pai perfeito abandonaria um filho dessa maneira, à mercê de tanta dor e pessoas maldosas. Mas, naquele momento, mesmo sem entender o porquê, sentiu necessidade de orar e pedir ajuda. Apenas conversou com Ele, com a alma em frangalhos. Mas uma esperança se insinuou em sua mente, como a luz do sol que vem aos poucos dissipando as trevas da noite.

Chorou e chorou, mas sentiu alívio. Levantou do banco e caminhou para a sala de aula. Estava atrasada.

Sorriu e pensou: "Naquele dia distante, embaixo do chuveiro na casa de Eduardo, senti muito ódio e a necessidade de me vingar deles; é engraçado como agora não faz mais sentido essa sensação. Eu só quero paz e viver minha vida. Eduardo tem me ajudado muito e preciso ajudá-lo também. Sinto que algo o faz sofrer e nunca me empenhei em saber, preciso fazer isso".

Entrou na sala de aula, o professor fez uma piada em relação ao atraso e a turma riu com deboche. Ela apenas olhou firme para o homem à sua frente e perguntou olhando em seus olhos:

— É isso mesmo? É essa a atitude de alguém que deveríamos admirar?

O professor a olhou desconcertado e enrubesceu diante da firmeza da moça, coisa que não esperava.

Ela virou-lhe as costas e ocupou uma cadeira; gostou da sensação. Os colegas se calaram e desviaram o olhar, como se estivessem envergonhados da atitude que haviam tomado em relação a ela.

Olívia sentiu-se fortalecida e sorriu pensando: "Nossa! É só isso? Basta enfrentar com a vista levantada e a certeza do que merecemos?"

CAPÍTULO 3

APRENDIZADO FELIZ

[...] A fé sincera é dominadora e contagiosa. Comunica-se aos que não a possuíam, e nem mesmo desejariam possuí-la; encontra palavras persuasivas, que penetram na alma, enquanto a fé aparente só tem palavras sonoras, que produzem o frio e a indiferença. Pregai pelo exemplo da vossa fé, para transmiti-la aos homens; pregai pelo exemplo das vossas obras, para que vejam o mérito da fé; pregai pela vossa inabalável esperança, para que vejam a confiança que fortifica e estimula a enfrentar todas as vicissitudes da vida. [...]

(De *O Evangelho segundo o Espiritismo*, I — Fé, Mãe da Esperança e da Caridade — JOSÉ — Espírito Protetor, Bordeaux, 1862)

Estávamos felizes pela postura da moça, que redescobria em si a vontade de ser mais feliz através do respeito a si mesma, sem medo de se manifestar e defender seus direitos.
— Estava pensando, Vinícius. Quantas vezes, quando presos à matéria, deixamos de nos posicionar frente aos outros por medo, por preguiça, por não valorizarmos nossos direitos? Já trabalhamos em vários atendimentos em que a maioria dos enganos cometidos foi por ignorar limites, nossos limites e da ação de outros sobre nós. Essa omissão acaba gerando, para o desenrolar de nossa história, muitos pontos obscuros, que não são solucionados, mas apenas empurrados para um canto de nossa mente e isolados como se não existissem. Eles nos causam consequências graves, pois estão lá amortecidos, mas um dia nos cobram uma atitude — refletiu Ana.
— Exato! Esses são os "se" e "talvez" que um dia acordarão mais vívidos e fortes, causando insatisfação e insegurança em nossos relacionamentos, e o pior panorama é a dúvida para com nossas decisões, tomadas sem ser avaliadas nos aspectos mais importantes. O imediatismo nos rouba esse momento de lucidez, e acabamos decidindo baseados no prazer do momento. Precisamos nos questionar por quanto tempo iremos conviver com o resultado de nossas decisões, e se seremos capazes de completar essa jornada com relativa paz interior. Isso é muito importante, mas não o fazemos — respondi à querida amiga.
— Vejam o amigo de Olívia. Aproxima-se da sala de aula e não parece bem — informou Maurício.

Aproximamo-nos do campo vibratório do rapaz, Eduardo, e logo identificamos a causa de seu desequilíbrio.

— Maldito! Ele veio na semana passada, por que fez isso hoje? Não suporto mais isso. Tenho vontade de morrer, ser nada, sumir, apagar isso de minhas lembranças. Meu peito dói, sinto dores, e a revolta está me devorando como se fosse um monstro.

Passamos a dispersar densa energia que o envolvia e logo avistamos o irmão de outro dia, Bórgia, que nos observava indiferente. Seu rosto, de uma beleza singular, contrastava com seu corpo; apesar de sua aparência de força, parecia frágil. Embora aparentasse grande altura, parecia franzino e fraco; mostrava deformações graves, principalmente na área genésica, e o conjunto todo causava terror em seu mundo. Com facilidade aproximou-se do campo vibratório de Eduardo, manipulou a energia e, conhecedor da plasticidade de seu perispírito, adquiriu a aparência física de Torres, o pai do rapaz. Aproximou-se de nós e disse, sem duvidar dos resultados de sua ação:

— Observem!

Estendeu as mãos em direção ao rosto de Eduardo e projetou em sua mente imagens que o aterrorizavam. O rapaz, desconcertado pela nitidez com que enxergava o produto de uma mente doente, em pânico, gritava desesperado.

Interrompemos o fluxo energético entre os dois e vimos que Bórgia projetava imagens do pai de Eduardo molestando-o em público, diante dos colegas de curso.

Eduardo, envolvido por densas e frustrantes emoções, sentiu-se enfraquecido, a mente entorpecida, e resvalou ao chão, perdendo a consciência.

Maurício e Ana o socorreram, ajudando seu perispírito num desdobramento salutar. Levaram-no para o posto de socorro espiritual do Campus universitário.

Bórgia nos encarou, tentando penetrar em nossas mentes; apenas ficamos em silêncio, eu e Demétrius. Ele sorriu e nos acenou em despedida.

— Espere um pouco, por favor! — falei com serenidade.

Ele interrompeu o passo e voltou para perto de nosso campo vibratório. Olhou-nos com sarcasmo em silêncio.

— Apenas queremos que saiba que estaremos por essas paragens por um tempo; se quiser conversar estamos à disposição.

Estreitou os olhos e sorriu. Debochava de nossas intenções, com a certeza de que nunca cederia ao chamado do Pai.

Emitimos raios luminosos de amorosa energia em sua direção; ele apenas se isolou num casulo enegrecido e triste e se foi.

Olhei para Demétrius e comentei com esperança:

— Ele sente tristeza.

Quando Eduardo gritou, chamou a atenção de várias pessoas, que se juntaram ao seu redor, e uma equipe de pronto atendimento médico veio em seu socorro. Seu corpo foi removido em uma maca e levado a uma sala médica.

Olívia escutou mais com o coração do que com a audição o grito de desespero do amigo e correu para o corredor onde o rapaz se encontrava. Agora estava ao seu lado, segurando sua mão, apavorada pela aparência lívida e o semblante congestionado pela dor.

Um médico logo o examinou e constatou que sua pressão arterial, a frequência cardíaca e a temperatura de seu corpo estavam bastante alteradas. Pediu um veículo de resgate e o encaminhou para a emergência de um hospital. Olívia o acompanhou no resgate, aflita e com medo; sabia que havia algo muito errado na vida do rapaz, mas ele era ríspido quando tocava no assunto. Precisava encontrar uma maneira de ajudá-lo, mas como?

Pensou em chamar a mãe dele, mas lembrou que ele havia dito que ela já morrera. Resolveu que só informaria à família caso fosse necessário; sentia que os problemas de Eduardo tinham relação com o pai.

Eduardo ficou desacordado por algumas horas. No plano espiritual o atendemos dispersando energias e reequilibrando seu campo vibratório, enquanto a Medicina terrena fazia a sua parte.

— Olívia, já regulamos a pressão arterial com medicamentos e a febre já cedeu, mas ainda não sabemos o que ele tem. Decidimos deixá-lo aqui por mais um tempo, está bem? — informou o médico da emergência.

— Eu fico com ele, posso? — perguntou Olívia.

— Vou mandar removê-lo para outra sala onde poderá ficar com ele. Como vê, aqui não podemos permitir a presença de acompanhantes. Vou ver se tem vaga nas saletas reservadas. Por enquanto vou pedir que aguarde na recepção.

Olívia chegou à recepção, sentou e orou pelo amigo. Pensou agoniada: "O que farei sem ele? Não é pelas facilidades que me proporciona, mas por ele; hoje tudo que faço é pensando nele. Deus do céu, me ajude a encontrar uma forma de conseguir trazer um pouco de paz para aquele coração".

Uma senhora sentada a seu lado tocou em sua mão, compadecida pela dor que via estampada no rosto da moça, e falou:

— Não se preocupe tanto, verá que Deus cuida de cada um de nós da maneira correta. Muitas vezes o que nos parece um mal é uma forma de nos mostrar uma porta. Meu marido está na mesma sala que seu namorado. Ele é jovem e forte, vai sair dessa mais fortalecido, afinal tem você ao seu lado.

Olívia apenas agradeceu e deixou as lágrimas manifestarem a sua dor. Estava aliviada; as palavras daquela senhora a confortaram. Chorava, sim, mas era um pranto bom.

Eduardo acordou e viu o rosto de Olívia apreensivo o observando. Sorriu e disse:

— Acho que morri e encontrei meu anjo me esperando.

— Seu bobo, quase me mata de susto. O que aconteceu? Você está doente e não falou nada?

— Eu não estava doente, senti um forte mal-estar no corredor das salas de aula e estou acordando agora. Eu que pergunto o que houve.

— Ninguém sabe, escutamos um grito horrível, logo reconheci sua voz, saí correndo e você já estava desacordado. O médico disse que estava com a pressão muito alta e com febre. Já foi medicado, mas ficou desacordado por quatro horas.

— Por quanto tempo?

— Quatro horas.

— Nossa! E o que eu tenho?

— Os médicos não sabem ainda, provavelmente vão te encaminhar para um especialista.

— Certo. Estou sentindo fraqueza muscular e a cabeça parece pesada e vazia. Estou precisando de um baseado, isso sim.

Olívia arrepiou-se e falou com segurança e raiva na voz:

— Você está louco. Se depender de mim, nunca mais você toca numa porcaria dessas. Nós vamos parar com isso. O médico disse que você pode estar sendo afetado fisicamente pelas drogas, o que é bem provável. Então, meu amigo, acabou. Você escutou?

Eduardo a olhou admirado e falou:

— Nunca vi você desse jeito.

— É porque você ainda não tinha me assustado como assustou agora.

— Não se preocupe, eu fiz uma poupança para você. Se eu morrer, não vai ficar por aí sem dinheiro e onde dormir.

Olívia olhou para o rapaz com o semblante mostrando raiva e mágoa.

— Você é um cretino, sabia? Não estou pensando nisso, mas na falta de meu amigo Eduardo. Se pensa assim de mim, então está na hora de eu enfrentar minhas limitações de novo e ir morar onde dou conta de pagar. Você não sabe, mas depois das aulas faço algumas faxinas em apartamentos perto do Campus. Onde acha que arranjo dinheiro para levar comida para casa e comprar minhas coisas?

— Você faz faxina?

— Faço sim, e me orgulho de meu trabalho honesto e produtivo. A maioria das pessoas que estudam aqui não tem família para sustentar, sabia?

Eduardo ficou olhando para ela, admirado pela força daquela mulher. Tomou a mão de Olívia na sua e disse:

— Desculpe, eu sou um cretino mesmo, desculpe. Não me deixe sozinho de novo, acho que enlouqueceria sem você.

— Quando nós sairmos daqui, vamos conversar sério. Se vamos ficar juntos, deverá ser da maneira correta, sem segredos. Os problemas deverão ser resolvidos juntos, por nós juntos. Seja qual for ele, está bem?

Eduardo enrubesceu e falou num fio de voz:

— Não sei se terei coragem.

— Se viveu isso sozinho até hoje, é porque é muito corajoso, então poderá se livrar disso sim.

O médico, neurologista, entrou e pediu licença para examinar Eduardo. Após os exames, falou:

— Aparentemente, você não tem nada afetado no sistema nervoso; seus reflexos são muito bons. Vou falar com o médico que o atendeu. Você viveu hoje alguma situação de muita pressão emocional?

Olívia olhou para Eduardo, que abaixou os olhos, entendendo a mensagem da amiga.

— Vivi sim.

— Provavelmente você teve um episódio que chamamos de estado de choque nervoso, que é ocasionado pela ação de um trauma agudo. Temos um psicólogo de plantão, já pedi que viesse conversar com você, está bem?

— Não precisa, já estou bem. Será que poderia me liberar?

— Somente o médico que o atendeu no plantão pode fazer isso — respondeu o neurologista.

— Espere um pouco, esse psicólogo pode ajudá-lo aconselhando sobre a melhor forma de tratar esse trauma? — Eduardo fez menção de contestar Olívia, mas ela apenas o olhou com firmeza e pediu: — Por favor, precisamos de ajuda, você sofre com isso, que eu não sei o que é, há muito tempo, e agora está afetando seu comportamento e sua saúde, então vamos conversar com o psicólogo.

— Ótimo, obrigado — agradeceu o médico saindo da saleta.

Eduardo olhou para Olívia e falou:

— Você está me assustando. Onde estava escondida até hoje?

— Talvez no mesmo fosso que você, e, por favor, vamos levar a sério isso, está bem?

Eduardo estendeu a mão para Olívia; esta se aproximou dele e o abraçou com carinho.

— Vamos conseguir superar qualquer coisa juntos, confie em mim, por favor, não quero ficar sem você.

Eduardo permitiu que um choro manso aliviasse sua dor. Confiava em Olívia, sabia que ela nunca o abandonaria, tinha esperança. Era um adulto hoje, e se posicionaria como tal. Se ficasse sem recursos financeiros, faria como ela: arrumaria um trabalho e viveria com pouco, mas estaria livre.

Felizes pelo rumo daquela história, voltamos ao Campus, Rogério precisava de nossa presença.

O evento do fogo etérico estava prestes a se iniciar. Estaríamos a serviço da Comunidade da Luz, nome pelo qual era conhecida a equipe que trabalhava no Campus comunitário.

Laura nos esperava junto à Casa Transitória Maria de Magdala, que havia chegado ao local. Fomos direcionados à sala onde estavam alguns trabalhadores para receber instruções do mentor Alceu, coordenador dos trabalhos daquela casa.

— Uma noite de luz a todos. A tempestade se aproxima; dentro de duas horas alcançará o ápice. Neste momento, os seareiros que libertam o componente espiritual do fogo etérico estarão posicionados na atmosfera. O fenômeno terá início na junção das energias, espirituais e materiais: ectoplasma humano e da natureza. O fogo varrerá o perímetro necessário. Quando terminar, o nosso trabalho se inicia. Bórgia já sabe de nossa chegada e mandou avisar Tibérius, que deve estar por aqui em pouco tempo. Pedimos a todos que mantenham a mente fixa em nossos objetivos e na maneira com que devemos prosseguir, sempre focados nas lições de Jesus, perdoando antes mesmo que a ofensa nos inflija a dor. Abençoados os trabalhadores do bem maior, fortalecidos pelos propósitos salutares. Que tenhamos a alegria de trazer conosco irmãos necessitados e prontos à redenção. Que assim seja! Vão em paz!

CAPÍTULO 4

UNIÃO E AMOR

Tende, portanto, a verdadeira fé, na plenitude da sua beleza e da sua bondade, na sua pureza e na sua racionalidade. Não aceiteis a fé sem comprovação, essa filha cega da cegueira. Amai a Deus, mas sabei porque o amais. Crede nas suas promessas, mas sabei por que o fazeis. Segui os nossos conselhos, mas conscientes dos fins que vos propomos e dos meios que vos indicamos para atingi-los. Crede e esperai, sem fraquejar; os milagres são produzidos pela fé.

(De *O Evangelho segundo o Espiritismo*, I — Fé, Mãe da Esperança e da Caridade — JOSÉ — Espírito Protetor, Bordeaux, 1862)

✳

Juntamo-nos à equipe coordenada por Rogério, que a dividiu em duas frentes de ação e solicitou a mim que acompanhasse uma delas como líder. Agradecido pela confiança do amigo, convidei meus companheiros de trabalho a caminhar em direção ao bem maior: a libertação da humanidade do jugo da ignorância moral.

Sempre agasalho em meus pensamentos a esperança, pois, quando ela se vai, nossa fé no futuro enfraquece e nos deprime. Mesmo nas situações mais difíceis, procuro estar em sintonia com as melhores vibrações emitidas pelos pensamentos das criaturas divinas.

Creio acima de tudo que sou um ser inteligente e posso ponderar razões e sentimentos; assim é que determinamos o caminho a percorrer. Somos falhos, imperfeitos e, não raras vezes, permitimos que o desencanto nos roube a alegria; dessa forma, nos arrastamos pela vida como vítimas de nossos próprios pensamentos.

Erramos em muitas decisões que tomamos, acreditando que são soluções para nossos problemas. Mas não são os erros que importam e, sim, a maneira como nos posicionamos para saná-los; com eles nos tornamos mais capazes de refletir acerca de suas causas.

Acima de tudo, é necessário entender que o outro também está sujeito aos enganos de julgamentos e ações. Assim, ora nos fortalecemos na caminhada, mas outras tantas nos enfraquecemos, e o submundo aproveita para intensificar pensamentos desconexos com nossas crenças. Então, como podemos julgar o outro, se também somos falhos?

Jesus nos advertiu que o perdão e o amor são o remédio para todos os males, nunca nos incentivando à mágoa, à vingança ou, mesmo, ao descaso. Como podemos estar a caminho acreditando que somos os únicos portadores da verdade, se ainda julgamos os outros a partir do que somos, esquecendo que cada qual, no momento e nas condições em que vive, transita num movimento harmônico com suas possibilidades?

Resultados certos de acordo com a visão do outro, não raras vezes, são contrários ao nosso pensamento; assim como resultados dúbios nos arremessam a um panorama sombrio, pois nos consideramos no direito de julgar, culpar e condenar, sem perceber a divina oportunidade de nos tornarmos amigos e companheiros numa caminhada mais saudável.

Caminhava acompanhado por trabalhadores que estavam ali, como eu, em busca de redenção. O que seria da humanidade e daqueles que cometem enganos e não são amparados? Quantos enganos nesta última encarnação foram cometidos em nome da certeza de estar no caminho correto, que acabaram se somando a outros de vivências anteriores? Continuava cheio de dúvidas; mas estava aqui, agora, caminhando e socorrendo, dignificado pela oportunidade concedida pelo Pai Maior e acatada por espíritos a caminho da compreensão maior, num movimento harmônico entre enganos e acertos.

Senti o mundo na plenitude maior, a responsabilidade amada por mim naquele momento, porque estava ascendendo na compreensão da bondade do Pai.

Sorri para a vida; esse momento único me transformou, porque a oportunidade me foi concedida por sentimentos nobres e que ensaiavam atos de bondade.

Com esse sentimento coordenado por pensamentos e ações exteriorizadas na ânsia de salvar o bem, chegamos à entrada da pequena vila em construção, que receberia energias oriundas de nosso amor.

Tudo estava bem porque o bem é infinito, é luz que determina às trevas que é hora de acordar a sua luminescência.

Abrigados numa cúpula energética, escutamos os primeiros sinais da tempestade que se aproximava.

Bórgia solicitou a um súdito seu, como eram conhecidas essas entidades que o serviam, que nos convidasse a uma palestra rápida.

Mentalmente, Ineque nos advertiu que nos recusássemos ao encontro no momento. A hora era de socorro e nossa energia deveria fluir nesse sentido.

Adiantei-me e olhei nos olhos do mensageiro.

— Pedimos que nos desculpe, mas o momento não é próprio para essa ação. Peço ao amigo que transmita a ele nossos agradecimentos e pedimos que marque outra hora.

Ele me olhou amedrontado e falou:

— Ele ficará furioso e não aceitará essa resposta.

— Sinto muito, mas não podemos atender sua solicitação. O amigo gostaria de ficar conosco? — perguntei, vendo a oportunidade de auxiliá-lo.

— Não posso, ele me perseguirá pela eternidade.

— Não no lugar que oferecemos como refúgio. Poderá escolher neste momento a liberdade ou o cativeiro que vem vivenciando há tanto tempo. Você tem escolha!

Relutante, ele nos olhava e percebemos que naquele momento uma decisão mais enfática deveria partir de nós. Olhei para Ana e ela se aproximou. Tocando a mão do necessitado, falou com mansidão:

— Venha comigo!

Ele apenas a acompanhou como um autômato, amedrontado. Sentia em meu peito a ansiedade que o consumia; orei em seu benefício e senti o alívio que o alcançou.

Olhei para o alto e vi a beleza da natureza que se manifestava com fúria salvadora. O céu estava repleto de nuvens escuras e pesadas, um vento forte soprava e o fenômeno elétrico tinha início naquele momento.

Entidades transitavam nas alturas, guiando seus veículos apropriados para a ação libertadora. A energia da tempestade era colhida e armazenada para ser utilizada nesses momentos, e ia sendo liberada aos poucos[1], ação que se somaria a outras. Enfim, o fogo etérico foi liberado.

Para os leigos, o evento em curso era assustador, pois o furor natural dos elementos se intensificava. Percebemos uma grande onda energética se formando nos quatro pontos cardeais. Estávamos cercados por uma nuvem incandescente que se avolumava e se movia a cada instante com mais rapidez, num movimento rotativo, semelhante aos tornados. Notei que estava diferente de outras vezes nas quais presenciei o acontecimento, quando a onda energética se formava em um determinado ponto e ganhava força, se movimentando num sentido único, como as ondas do mar que arrebentam próximo à praia. Hoje, especialmente, sentia estar no olho de um tornado, veloz e maciço.

A cor da onda foi se modificando, dos tons acinzentados passou a apresentar nuances avermelhadas. A qualquer momento a energia em movimento seria liberada e veríamos a bondade do Pai se manifestar em formas diversas e harmônicas.

Criaturas apavoradas iam e vinham correndo sem destino, outras se juntavam e construíam cúpulas de proteção semelhantes à nossa ação. No entanto, a proteção era frágil, não fora criada com união nem propósitos salutares; a menor ação do feito iniciado a dissolvia e eles ficavam à mercê de um propósito redentor que ainda não entendiam.

O ápice energético provocou uma grande explosão, o barulho era ensurdecedor e o fogo varria o sítio de dor, sem queimar, sem machucar, apenas transformando dor em possibilidades de redenção.

O fenômeno durou apenas alguns minutos, mas o resultado foi extraordinário.

Observei encantado a luz do sol banhar o local; ali estavam as construções da maneira como tinham sido erigidas, mas as criaturas, atormentadas por suas dores, rastejavam pedindo socorro, a luz iluminando consciências e resgatando vidas.

---

1 O fenômeno natural da tempestade somado às providências espirituais para aproveitar tal energia é descrito no livro *Comunidade Educacional das Trevas*, nos capítulos 16 e 17, do espírito Vinícius, psicografia de Eliane Macarini.

Iniciamos nosso trabalho de socorro; veículos vinham e recolhiam aqueles que aceitavam nosso auxílio. Outros tantos se recuperavam e nos olhavam ressabiados, necessitados de um esclarecimento maior; outros ainda se dirigiam a nós com xingamentos e insultos, e compreendíamos que ainda não era chegada a sua hora.

Olhei para o centro da vila e identifiquei um grande prédio central, cópia perfeita do antigo instituto de educação umbralina, a Comunidade Educacional das Trevas.

Sabia que Tibérius estava lá, nos observando e avaliando as pretensas perdas que nossa ação provocara para seu comando. Pensei nele com carinho e senti que devolvia meus pensamentos, não com ódio, mas na firmeza de quem não odeia e acredita estar fazendo o correto.

Apesar de estar consternado por ele estar de novo ao lado dos Dragões de Cristo, não sentia mais de sua parte a indiferença quanto aos resultados que obteríamos na ação do bem. Sorri e admirei os caminhos que o Pai nos permitia percorrer.

Laura nos pediu que auxiliássemos durante a triagem na Casa Transitória Maria de Magdala, o que fizemos com muito prazer. Encaminhamos alguns irmãos, que ainda necessitavam da comunicação verbal, por meio dos intermediários, a um trabalho mediúnico, momento em que receberiam esclarecimentos e o tão oportuno choque anímico. Logo após, deslocamo-nos para o posto de socorro na cidade universitária.

Bórgia nos esperava, e estava bastante irritado.

— Eu os convoquei para uma conversa e vocês se recusaram a isso, me afrontaram de forma desrespeitosa. Em breve sentirão que seria preferível terem me atendido.

— Pedimos desculpas, mas tínhamos uma responsabilidade de trabalho a cumprir e deixamos claro que o atenderíamos na medida do possível — falei com serenidade e firmeza.

— Não aceito recusas. Vocês ainda não entenderam com quem estão lidando, não é? — perguntou-nos, e de seus olhos emergiam cargas energéticas destruidoras que varriam o perímetro mais próximo. Ele continuou: — Vou esclarecê-los sobre isso: somos uma falange que defende as causas sagradas de Deus, somos o martelo acusador e punidor, respaldados pela Santa Igreja Católica. Somos abençoados pelo Senhor para realizar nossas ações. O movimento dos dragões cresce dia a dia. Vocês vêm e recolhem as migalhas que permitimos, mas a humanidade se afina conosco, a espada divina traz a lei e a ordem. As fogueiras voltarão em breve; verão sua sociedade queimar. Toda a impunidade, bem como aquele que se voltar contra nós, sofrerá com a cólera do Criador. Somos os Dragões de Cristo!

Conforme Bórgia falava, ele crescia diante de nossos olhos; sua aparência se modificava e bestializava. O rosto angelical se transformou na figura mística de um diabo. Sua voz retumbava pelo ambiente, causando pânico ao mundo espiritual que por ali transitava; espíritos arruaceiros se juntaram a eles, incentivando a desordem e o desequilíbrio.

No plano material, essa descarga energética negativa provocava estranhos sentimentos nas pessoas; as mais sensíveis tinham reações físicas, como enjoo e dores variadas.

Calamo-nos, apenas vibrando na mais alta sintonia que conseguimos alcançar. Uma onda energética alimentada por seareiros que por ali transitavam se formou ao nosso redor e irradiou em todas as direções, anulando a ação maléfica de nosso irmão.

Sentindo que estava enfraquecendo, envolvido pelo amor, ele reagiu com ódio e desfaçatez, olhou-nos e repetiu a ameaça já feita:

— Em breve se arrependerão por se voltarem contra mim.

Olhei com agradecimento aos companheiros de ação no bem e convidei minha equipe para atender o chamado de Rogério.

No plano material, Eduardo foi liberado pelo médico, e estava ansioso para voltar a sua casa.

— Eduardo, nós vamos liberá-lo para ir para casa, mas você precisa procurar um psiquiatra e um psicólogo, como aconselhou nossa colega após avaliá-lo. Pareceu-nos ser portador de um trauma profundo que precisa ser compreendido e encerrado em sua vida. Eu, particularmente, acredito que ainda existem situações que o estão adoecendo; falo isso observando sua violenta reação no dia de hoje. Há algo errado que o tem perturbado de forma violenta. Resolva! Caso contrário, irá desenvolver um quadro de dissociação da realidade, o que nada mais é do que uma forma que nossa mente encontra para nos proteger.

Eduardo abaixou a cabeça e lágrimas teimaram em escorrer por seu rosto. Olhou para Olívia, receoso de sua reação. A moça pegou em sua mão e disse amorosa:

— O que você decidir, eu farei. Mas, quanto às drogas... esqueça, vou ser firme. Não quero mais isso para nós dois; estamos juntos e não vou embora, está bem?

O médico olhou para a moça com admiração e sorriu.

— Rapaz, você tem sorte de estar com alguém que o apoia. Aproveite e seja digno dessa relação.

Uma enfermeira veio chamar o bom e amável médico, precisavam dele na emergência.

— Boa sorte para os dois.

O casal saiu, tomou um táxi e voltou para casa.

Era noite. Olívia preparou uma sopa para os dois, chamou o amigo para comer.

Eduardo estava quieto e sentia vergonha de olhar para o rosto da moça.

— Eduardo, olhe para mim — pediu Olívia.

Ele levantou os olhos com timidez e sacudiu a cabeça.

— Não sei o que dizer, ou melhor, como contar a você o que acontece desde minha infância.

— Não quero que me conte nada como justificativa ao seu comportamento, não sou ninguém para julgá-lo. Mas, se quiser desabafar e quiser a opinião de alguém que o quer feliz, eu escutarei. Agora, relaxe, vamos comer; hoje foi um dia difícil, mas acredito que necessário. Além do mais, a comida do hospital é horrível e estou com muita fome, e você?

Eduardo sorriu, olhou a garota à sua frente e pensou: "Como nunca percebi a beleza que se esconde atrás desses olhos? Eles são esverdeados, nunca tinha percebido. Acredito que nunca olhei para ela de verdade".

— O que foi, por que está me olhando assim? — perguntou Olívia, com um brilho de divertimento no olhar.

— Você é linda! — respondeu Eduardo.

— O quê? Tenho certeza de que não bateu a cabeça quando caiu, então deve estar doidinho. Linda é uma coisa que não sou.

Eduardo levantou de sua cadeira, deu a volta na mesa, segurou o rosto de Olívia e a beijou nos lábios. Olhou os olhos que antes não enxergava e sentiu um frio na barriga; descobriu que estava apaixonado. Como nunca estivera e esse era um sentimento novo, sorriu e descobriu que gostava disso.

Olívia, sem graça, olhava para o moço e não conseguia coordenar os pensamentos, tamanha a sua confusão provocada por fortes emoções.

Eduardo a beijou de novo e disse, voltando ao seu lugar na mesa:

— E, quando alguém comentar que você é minha namorada, não fique sem graça como hoje. Aliás, como fica sempre, porque é verdade. Você é minha namorada.

Olívia nunca tivera um relacionamento amoroso, nunca imaginou que o teria, e a situação a desconcertava, não sabia como agir.

Eduardo tomou suas mãos por sobre a mesa e falou sério:

— Ei! Eu sei que você nunca se relacionou com ninguém, mas eu a quero muito para minha namorada. Hoje descobri a verdadeira Olívia; você já me encantava, eu ainda não sabia nomear esse sentimento, mas agora eu sei. É de verdade mesmo. Só espero que você também se encante comigo. Dê-me um tempo para mostrar a você que posso ser uma pessoa boa.

Olívia levantou os olhos e sorriu.

— Eu sei que você é uma boa pessoa, senão não estaria aqui. Quanto a ser sua namorada, nunca me imaginei merecedora de ser importante para você. E o que está acontecendo me assusta, não porque não queira, mas porque para mim era impossível. Você entende?

— Entendo, sim, porque sentia a mesma coisa. Não me considero digno de estar com uma pessoa boa como você, mas está acontecendo e sinto que posso melhorar por você.

Olívia levantou de sua cadeira, deu a volta na mesa, segurou o rosto de Eduardo e o beijou, então disse:

— Certo, agora somos namorados, mas continuo com fome. Vamos jantar!

Maurício os acompanhava e, observando os acontecimentos que se desenrolavam de forma harmônica, ficou mais tranquilo e deixou-os, respeitando sua privacidade. Voltou ao posto de socorro e nos contou as novidades; estava feliz com os últimos acontecimentos.

CAPÍTULO 5

DIGNIDADE SEMPRE

456. Os Espíritos veem tudo o que fazemos?
— Podem vê-lo, pois estais incessantemente rodeados por eles. Mas cada um só vê aquelas coisas a que dirige a sua atenção, porque eles não se ocupam das que não lhes interessam.

(*O Livro dos Espíritos* — Livro II, Mundo Espírita ou dos Espíritos — Capítulo 9, Intervenção dos Espíritos no Mundo Corpóreo)

Rogério nos convidou a visitar a residência de um professor de Ética e também de Anatomia, o mesmo que comentamos no início deste trabalho.

Ele estava preocupado com seus alunos; percebia que os jovens apresentavam raciocínio alterado sobre o que é certo e o que é errado, principalmente em relação às questões sociais. Por esse motivo, resolveu ter uma postura mais firme e próxima deles.

Após vivenciar várias experiências negativas com seus alunos, vendo-os se perderem num turbilhão material e desconexo de necessidades, começou a se aproximar daqueles que percebia estarem se perdendo de seus objetivos iniciais, dessa forma conseguindo auxiliá-los a retomar seus caminhos.

Fred, como era conhecido, era um homem de estatura acima da média, dotado de bondade espontânea, alegria contagiante, sorriso largo que provocava a confiança necessária a relacionamentos preciosos.

Era uma criatura suave, andava devagar, falava com amor, nunca criticava ninguém, acolhia com harmônica paciência e ouvia histórias de seus alunos com interesse genuíno, auxiliando-os quando era permitido.

Fomos encontrá-lo sentado num pequeno jardim, muito bem cuidado, que exalava doce perfume de rosas. Estava de olhos fechados, ouvindo música, com uma caneca de café fumegante entre as mãos.

Ele sentiu nossa presença e sorriu:

— Sejam bem-vindos!

Olhei para Rogério e ele sorriu.

— Fred manifesta a mediunidade da vidência e da audiência, fora outras formas como sensibilidade, psicofonia, psicografia. Tem facilidade para contatar o mundo espiritual; tem nos auxiliado bastante em nosso trabalho no Campus. Boa noite, Fred!

— Boa noite! Meu nome é Vinícius e este é Demétrius — apresentei-nos ao novo amigo.

— Posso auxiliá-los em algo? — perguntou com tranquilidade.

— Pode sim, amigo. Pedimos que se aproxime de Olívia e Eduardo. Estão num bom momento para serem aconselhados; a moça anda refletindo bastante sobre o rumo que toma sua vida. Hoje, presenciamos acontecimentos que podem modificar esse caminho para melhor. Acredito que estão prontos para aceitar ajuda — informou Demétrius.

— Referem-se ao alvoroço sobre um rapaz que desmaiou no corredor das salas de aula? Corre a notícia de que ele estava drogado, mas senti que não foi isso que aconteceu — disse Fred.

— Isso mesmo. E você tem razão, o rapaz está esgotado emocionalmente, vive uma história traumatizante há muito tempo e chegou num ponto em que não suporta mais essa pressão. Olívia percebeu que algo está muito errado na vida do rapaz e tenta ajudar da forma que pode — respondi.

— É uma boa menina, com muitos traumas, mas manteve uma conduta aceitável. Preocupo-me apenas com certa energia densa que a envolve; parece estar fazendo uso de drogas — respondeu Fred.

— Isso a estava incomodando bastante. Após o acidente com Eduardo, tomou a firme decisão de não fazer mais isso, e ainda exigiu o mesmo do rapaz — informou Rogério. — Hoje ele foi assediado por uma entidade ligada a um grupo umbralino, Dragões de Cristo, que age dentro de instituições educacionais. Ao lado do Campus está sendo montada uma pequena vila para facilidade de acesso; está sob o comando de um irmão que se autodenomina Bórgia — acrescentou.

— Bórgia, o papa Alexandre VI? — questionou Fred.

— Não o próprio, mas uma homenagem a ele, derivada da admiração por essa figura pública da Igreja Católica.

— Deus do céu! Um modelo de crueldade e corrupção — comentou Fred.

— Um irmão a caminho, mas ainda muito doente — comentei com carinho.

— Eu sei, mas ando um pouco assustado com os últimos acontecimentos sociais. Vemos uma desestruturação de toda sã moralidade. As ideias de fidelidade, bondade, honradez, respeito se esvaem numa névoa sombria — falou Fred com emoção transparecendo na voz e no semblante.

— Não se esvai, querido amigo, pois as frentes cristãs estão prontas a oferecer oportunidade de refazer o caminho e conceitos filosóficos de ação. A Terra passa por transformação importante, mas sabemos que é necessária a destruição para que se reconstrua de outra forma — falou Rogério.

— Sei disso, mas me assusta esse caminho. Minha irmã está chegando, hoje é o dia em que almoçamos juntos. Espero me aproximar do casal e fazer o necessário para auxiliar. Obrigado pela visita e pela confiança.

Retornamos ao posto de socorro do Campus. Rogério nos esclareceu sobre alguns pontos importantes para a realização de nosso trabalho.

A reitoria estava tomada pelas trevas. O atual reitor era membro ativo da falange que os assediava. Mas, nos últimos tempos, o homem vinha mostrando algumas dúvidas a esse respeito. Sua família, esposa e filhos — boas almas —, vinham exemplificando a ele o valor do amor e do carinho. Porém, acabara empregando outros acometidos pela mesma origem de sofrimento; estava cercado pelo mal e vivia intenso conflito moral, uma bênção da vida.

A administração era corrupta e desviava uma grande parte das verbas recebidas para a manutenção da instituição, o que comprometia a eficiência do processo educativo — na realidade, era esse o objetivo principal dos dragões.

Baseados no pensamento filosófico de condução de massas, sabiam ser a ignorância arma eficaz para dificultar e mesmo anular o processo de evolução moral do planeta.

Muitas daquelas entidades, apesar de se dizerem a serviço de Deus, eram descrentes e céticas. Mas a religião lhes convinha como meio de controle de seus serviços, disseminando a ideia de um Deus que pune de maneira violenta todos aqueles que questionarem suas verdades, impondo castigos terríveis que lhes roubavam a própria identidade.

Aqueles que eram julgados como hereges sofriam processos hipnóticos que os transformavam em autômatos sem vontade, ou que os fazia até mesmo serem alvo da licantropia e da zooantropia, privando-os da aparência humana.

Cargos públicos e políticos eram assumidos com a intenção de escravizar mentes, e nada mais eficaz do que manter a população num estado de ignorância intelectual e moral.

As ordens eram: escravizar mentes, alienando-as de seus direitos e deveres, ou corrompê-las, transformando-as em mais um instrumento do mal.

Sigmund Freud e Carl Jung desenvolveram interessante teoria sobre o assunto, frisando que os líderes mundiais, sejam eles religiosos, políticos ou empresariais, conduzem massas por meio do conhecimento da natureza humana, e as manipulam conforme a sua conveniência, sem se preocupar com resultados mais longos, que podem destruir temporariamente a humanidade, trazendo horrores inimagináveis.

Certa vez, li um trabalho que revelava um pensamento bem claro, mas não levava em consideração a natureza espiritual do ser e fazia a seguinte consideração:

> "Escondido nas profundezas da psique humana mora um monstro psicopata assassino, egoísta e mesquinho, capaz de cometer as maiores atrocidades e colocar em risco a existência da humanidade. As tendências humanas são perigosas e precisam ser contidas, custe o que custar, para o bem da própria humanidade; a humanidade deve ser protegida de si mesma. Todas as pessoas têm o potencial de se tornarem as mais gentis criaturas, ou o mais brutal psicopata agressor. A maldade humana vem de seu lado irracional, de seu instinto básico, que é semelhante ao dos animais tais como leões, tigres, feras. No entanto, o lado negro do ser humano pode ser adormecido, sedado se a elite dominante usar bem as descobertas desses estudiosos [Sigmund Freud e Carl Jung]. Entretanto, o que se tem visto não é o

controle das tendências humanas destruidoras, mas simplesmente a manipulação para criar mercado, induzir os votos e explorar as tendências para obter lucro. Um 'jogo' muito perigoso que na maioria das vezes acaba mal, como aconteceu em países fascistas tais como Alemanha Nazista, Itália de Mussolini e Japão do imperador Hirohito. Atualmente, as massas continuam a ser manipuladas, nem sempre de forma construtiva".

Se considerarmos que o ser humano, além do conhecimento intelectual, possui também um caminho de aprendizado moral espiritual, veremos essa dominação do lado escuro da mente humana como uma arma destrutiva que pode aniquilar uma boa parte do tempo de que dispomos para aprender a ser melhores e evoluir como criaturas divinas. Mas, em contrapartida, somos originados pela luz de natureza divina. Assim, a interferência efetiva do lado sublime deverá se posicionar de forma mais ativa e anular o mal, que é apenas resultado da ignorância.

Tal como acontece ao limite imposto à criatura que delinque sem se questionar, se aproximando mais e mais de alienação perigosa, que lhe furta a humanidade e a leva à demência, esse limite é traçado por nossos sábios mentores da humanidade e manifestado por meio de decisões amorosas como as encarnações compulsórias, obrigações impostas aos irmãos que necessitam de um recomeço.

O conjunto de seres em desequilíbrio, nesse mesmo raciocínio, deverá sofrer o mesmo tipo de interferência salutar, coletivamente, retirado o direito ao livre-arbítrio, que será restituído aos poucos, conforme a responsabilidade da lei de ação e reação estiver sendo compreendida. E o meio mais eficaz para isso é a expatriação desses espíritos, como nova oportunidade de manifestação conforme sua compreensão dos mecanismos da vida. Afinal, serão estranhos num planeta em ascensão moral, uma vez que estarão sem condições de compreender a nova ordem da vida.

Nossa intenção ao trazer à humanidade esta obra é alertar sobre o caminho íngreme e repleto de obstáculos que vivemos no momento, mostrando, a quem se interessar a ler, que as comunidades empenhadas em dificultar a evolução dos seres que habitam este planeta não se restringem aos pequenos, nossos infantes e adolescentes, mas se estendem ao mundo adulto, de forma mais intensa e agressiva.

Nossa intenção é apenas que conheçam a existência do mal que os assedia e compreendam a urgência de ação mais firme, assentada na bondade, na fidelidade, no amor aos propósitos mais humanistas. Não vejam esta obra literária de maneira irresponsável, numa leitura voraz sobre os escândalos do mundo; encontrem nas entrelinhas o esclarecimento cristão e adquiram o hábito salutar de alimentar o bem conforme os ensinamentos de Jesus.

Carl Jung nos alerta: "Conheça todas as teorias, domine todas as técnicas, mas, ao tocar uma alma humana, seja apenas outra alma humana".

Emmanuel, num belíssimo texto, adverte a humanidade sobre o caminho correto a seguir, como devemos nos portar num admirável processo evolutivo: "Educa e transformarás a irracionalidade em inteligência, a inteligência em humanidade e a humanidade em angelitude. Educa e edificarás o paraíso na Terra".[1]

Voltamos ao posto de socorro; Laura nos esperava. Iríamos visitar o reitor do Campus universitário.

De início nos propuseram conhecer as pessoas envolvidas nesse trabalho, para em seguida nos posicionarmos efetivamente na maneira de conduzi-lo.

Adentramos o prédio da reitoria. Alguns funcionários estavam atentos a seus afazeres; percebemos que mantinham o semblante congestionado, como se estivessem contrariados por serem obrigados a executar ações que os entristeciam.

Outros apenas estavam por ali cumprindo horário de trabalho; não mostravam interesse pela maneira com que as

---

1 *Fonte Viva*, lição 30, Educa

rotinas eram conduzidas, não tinham interesse algum sobre a qualidade do trabalho realizado. Estavam desanimados e céticos quanto à importância de seu trabalho. Outros, reunidos em grupos, riam se divertindo com piadas e comentários de mau gosto.

Atravessamos um pátio, um pequeno oásis no meio do concreto e do vidro. Subimos uma escada, caminho necessário à nossa observação.

No final de um largo corredor, encontramos uma grande porta de duas folhas, entalhada com primor, uma obra de arte. Adentramos os aposentos que abrigavam a reitoria; havia uma antessala ocupada por duas secretárias e uma porta menor do lado direito, que levava à sala da assistente do reitor.

Do lado esquerdo havia outra porta maior, também de duas folhas, entalhada e semelhante à outra. O que nos chamou a atenção foi a barreira energética com que estava impregnada. Observamos algumas entidades de porte atlético, vestidas de preto, que a guardavam.

Aproximamo-nos. Eles perceberam a mudança fluídica, que os incomodou. Ficaram alertas, olhavam entre si, como a questionar a razão de tal desconforto. Não conseguiam nos ver, estávamos em padrões vibratórios diferentes.

Atravessamos a porta e observamos o conjunto, um lugar escuro, mobiliário de linhas pesadas e madeira escura, as paredes pintadas de grená na parte inferior, um grande lustre de latão pendurado no teto, alguns retratos a óleo e, sobre a mesa, fincadas num suporte, algumas bandeiras.

Ao lado direito uma grande estante abarrotada de livros antigos, à direita uma mesa de reuniões com doze cadeiras, atrás da escrivaninha pessoal um grande vitral que retratava uma cena de guerra entre anjos e demônios. O ambiente exalava um odor forte, misturado com mofo e miasmas enegrecidos e densos.

Sentado atrás da mesa, um senhor trajado com um terno escuro bem cortado, camisa clara e gravata sóbria: era o reitor da universidade, seu nome era Cassio. Sentada à mesa com as pernas cruzadas havia uma mulher que o fitava com malícia.

— Hoje não tivemos o nosso momento, não é? Você deve estar estressado — falou a moça, passando a mão de forma insinuante no peito do homem.

— Preciso extravasar essa ansiedade. O dia foi difícil, todos querem cada vez mais dinheiro, estamos nos tornando ávidos demais, são quantias muito altas. Alguém ainda vai nos denunciar, os preços estão muito altos, superfaturados demais.

— Não se preocupe, o importante é que sobre muito para nós, então faça o depósito em minha conta, aquela mais recente. Aquela é inacessível, afinal está fora do controle federal. Sou um peixe pequeno.

Ela se levantou, sentou-se na mesa em frente ao reitor e falou:

— Só pense no momento em que estaremos juntos e assine os papéis.

O homem assinou os papéis, ela se levantou e saiu da sala. A fisionomia se transformou; estava enojada do contato com ele, pensou, sentindo ânsia de vômito.

— Que droga ter que me sujeitar a fazer isso. Ele é velho e cheira a coisa morta.

Entrou em sua sala, tomou um aparelho celular nas mãos, que estava escondido no fundo da bolsa. Falou com uma pessoa de forma desrespeitosa:

— Não aguento mais isso, entendeu? Vê se arranja outro meio de controlar esse babaca velho. Está cada dia mais difícil fazê-lo assinar esses documentos.

— Não me irrite! Você sabe o que acontece com quem me trai, não sabe? E lembre-se: o homem me dá carta branca. Vamos te dar um bônus pelo sacrifício de agradar o reitor.

— Ele está ficando atormentado, percebo isso. Anda falando muito na família.

— Com jeitinho, faça-o entender que a sua amada família corre riscos se ele amarelar. Quem sabe não é uma saída para se livrar de seu martírio. Quem sabe assim não arruma tempo para me agradar.

— Vá para o inferno, você é tão velho quanto ele.

— Mas sou mais rico; a minha parte é maior que a dele. E ainda tenho outras fontes de enriquecimento, pense nisso.

A moça desligou o telefone e sentiu forte mal-estar. Pensou angustiada: "Como fui entrar nessa?"

Senti compaixão. Quanto equívoco com a importância da vida. Quanto equívoco!

Aproximamo-nos da moça. Ela desligou o telefone, guardou-o com cuidado, sentou-se em sua poltrona, abaixou a cabeça e respirou fundo.

— Esse mal-estar de novo. Preciso marcar um médico.

Ana se aproximou de seu campo vibratório e começou um processo lento, mas eficaz, de dispersão energética; auxiliamos com boa vontade e amor. Ana nos olhou com preocupação e falou baixinho.

— Adélia, esse seu nome. Ela está grávida.

CAPÍTULO 6

VIDA, BÊNÇÃO DIVINA

457. Os Espíritos podem conhecer os nossos pensamentos mais secretos?

— Conhecem, muitas vezes, aquilo que desejaríeis ocultar a vós mesmos; nem atos, nem pensamentos podem ser dissimulados para eles.

457.a) Assim sendo, pareceria mais fácil ocultar-se uma coisa a uma pessoa viva, pois não o podemos fazer a essa mesma pessoa depois de morta?

— Certamente, pois, quando vos julgais bem escondidos,

tendes muitas vezes ao vosso lado uma multidão de Espíritos que vos veem.

(*O Livro dos Espíritos* — Livro II, Mundo Espírita ou dos Espíritos — Capítulo 9, Intervenção dos Espíritos no Mundo Corpóreo)

Saímos do prédio, e Rogério nos alertou sobre algo bastante grave:

— Adélia já engravidou e interrompeu a gestação com um aborto traumático que a fragilizou em demasiado. Porém, sua ambição é imensa. Ela não mede esforços nem consequências para seus atos, apesar de nos últimos tempos ter dado sinais de rejeição ao que anda vivendo.

— Então, provavelmente, nesta situação atual, ela pode mudar a forma de pensar? — perguntou Ana.

— Confesso não saber a resposta, visto que o ser humano é sempre uma surpresa — confessou Rogério.

— O pai será o reitor? — questionei, descrente sobre esse fato.

— Não, acredito que não, ela nunca permitiu que a relação deles passasse da provocação, mas ele sempre foi infiel à esposa e, para não correr riscos nos diversos relacionamentos que manteve, após o nascimento do segundo filho, ele fez o procedimento da vasectomia — informou Rogério.

— Adélia mantém outro relacionamento? Pela conversa no celular, parece ser improvável — comentou Ana.

— Nunca pesquisamos sobre sua vida particular, até o momento não foi necessário, mas, diante desse fato novo, e da importância de uma vida, precisamos nos informar. Quem sabe ela não tem alguém que toque seu coração — falou Rogério.

Voltamos ao posto de socorro, empenhados em iniciar o auxílio que nos propusemos a realizar. Estava bastante preocupado com Tibérius; ainda não conseguia compreender as suas atitudes. Mesmo que, desde seu resgate, ele viesse demonstrando algum equilíbrio, e sua curiosidade natural o impulsionasse a conhecer o significado real das palavras e ações de Jesus, Tibérius seguia desequilibrado.

Enquanto Ana e Maurício procuravam informações sobre Adélia, eu perambulei pelo local, conhecendo pessoas, auxiliando outros seareiros. Descobri que acima da casa física, no topo da estrutura espiritual, havia um pequeno pátio, um observatório, do qual podíamos enxergar a movimentação da vila que se formava rapidamente. Pelo que pude constatar, havia já uma enorme diferença em estruturas se comparado ao dia anterior. Fechei os olhos e pensei no amigo Tibérius; senti sua mente e perguntei:

— O que houve com você? Por que nos deixou e voltou a esses sítios de dor?

Ele me ouviu e respondeu. Sua voz era firme, mas senti conflito quanto às suas ideias. Parecia que algumas dúvidas se insinuavam. Aproveitei o momento para questionar sobre isso:

— Não me parece seguro de suas escolhas.

— E não estou, agora tenho parâmetros para questionar alguns ideais antigos. Antes era mais fácil, não havia motivos para refletir em escolhas, minhas certezas se resumiam a um aspecto, amplo, mas único. Além do mais, era indiferente à forma de atingir meus objetivos; hoje esse questionamento me deixa inseguro, e isso no momento não é bom. Porém, ainda não creio na bondade da forma como nos é apresentada; ainda creio que temos outros métodos para vencer uma guerra.

— Não estamos em guerra, entenda isso. Apenas estamos nos esforçando pela felicidade e equilíbrio de nossos irmãos. Na caminhada que empreendemos desde o início, nossa busca é voltar à nossa origem. No entanto, andamos meio equivocados, e nessa mesma busca da perfeição, que hoje é relativa, nos enganamos e sofremos, posto que, muitas vezes, a ação é contrária ao que nos propomos ser.

— Não consigo entender essa submissão. Sinto que devo agir para defender meus ideais.

— Falta em sua equação um elemento importante: o respeito às leis divinas. Você foi um estudante exemplar em nossas salas; faça uso desse conhecimento que adquiriu, depois pondere razão e emoção.

— Já faço isso. Mas não encontro sentido.

— A crença de que os fins sempre justificam os meios, para Deus, não é válida. Não podemos alcançar o bem se para isso nos utilizamos do mal. Quando fazemos isso, estamos alimentando uma ação hipócrita, uma ilusão que se desfará como uma nuvem sob a ação do vento.

— Desculpe, Vinícius, sei de suas intenções, mas permanecerei por aqui. Vou lutar essa batalha com as armas que conheço. Não se engane; embora você não aprove, vou entregar seus adversários numa bandeja, qual fizeram os antepassados de Bórgia.

— Ele não é Bórgia, não é Rodrigo Bórgia. E você sabe disso.

— Contudo, ele sente como se o fosse, se espelha nessa família e nas suas ações, como um membro dessa escória.

— Você os critica, meu amigo?

Senti que o toquei; ele reagiu com impaciência e se despediu.

— Não desejo a você que Deus o proteja, porque ainda não creio nessa proteção tão divulgada entre vocês. Ainda o enxergo como omisso e propenso a favoritismos. Não o acho sublime, mas equivocado com essas ideias de prova e expiação. Como dar instruções ao mal se defende o bem?

— Deus nos presenteou com a inteligência e o livre-arbítrio, inclusive nos permitindo exercitar ao longo do caminho esses conceitos admiráveis.

— Acredito que antes do exercício da liberdade devemos responsabilizar o ser para isso. Ele nos joga no mundo e nos abandona com essas armas na mão, sem sabermos utilizá-las de maneira adequada. Deveria nos treinar nas ações benéficas, como um general treina seu exército. Contudo tenho o que fazer, e os deveres me chamam; nos encontraremos em breve.

Senti que se afastou de minha mente. A sensação de solidão que antes me incomodava quando em contato com Tibérius voltou avassaladora. Senti os olhos umedecidos pelo pranto; consternado, senti sua fragilidade emocional. Isso me preocupou; ele estava se assemelhando mais a um cordeiro, e estava no meio de lobos.

Elevei minha mente ao infinito amor do Pai e implorei por Sua misericórdia para o mundo. Não subestimava nossos deveres e responsabilidades diante de milênios de omissão e enganos, não pedia a Ele o milagre do perdão sem ação, mas a mão estendida que nos auxiliasse a erradicar o pior dos males, aquele que nos mantinha na escuridão: a ignorância.

Percebi movimento ao meu lado, era Ineque. Feliz com a presença do amigo, o abracei forte.

— Que maravilha a sua presença ao nosso lado — falei com sinceridade.

— Estava saudoso de nossas conversas. Estou afastado há bastante tempo, mas estamos fazendo progressos significativos com os comandantes — ponderou Ineque.

— Conseguiram a entrevista tão almejada com Isabel e Fernando? — questionei.

— Eles não nos receberam, mas nos enviaram um de seus mais competentes generais. À semelhança de outros a serviço dessa comunidade, o homem possui uma fé cega, que guia sua maneira de compreender a ação de Deus em nossas vidas. É um ser muito perturbado pelas próprias lembranças, por barbáries sofridas e cometidas durante as guerras santas — contou Ineque.

— Há uma divergência significativa para eles, pois as ações maléficas contra os adversários são consideradas legítimas, mas as ações maléficas sofridas são perturbadoras e traumatizantes — refleti.

— Mas percebo que eles não conseguem fazer esse paralelo entre ação praticada e sofrida — disse Ineque.

— Seria o mesmo que exigir deles a prática do conceito segundo o qual devemos apenas fazer ao outro o que gostaríamos que fizessem a nós — completei o raciocínio iniciado pelo amigo e perguntei: — Estará conosco a partir de agora?

— Na medida da necessidade. Vim informar que os dragões prepararam uma retaliação ao fogo etérico na comunidade nascente. As perdas, conforme suas percepções, foram significativas. Um de seus comandantes mais vorazes foi visitado pela esposa a quem muito amava, e pela qual se aliou à falange, porque lhe foi prometido que ela seria trazida a ele sem qualquer dano. Ela era uma pessoa muito bondosa e nunca aceitou se juntar a eles; ela pelejou, com o auxílio dos bons, pelo resgate do companheiro. Na passagem da bondade ele a viu como deve ser e implorou por socorro. Algumas centenas de soldados presenciaram essa cena e foram tocados pela bondade daquela mulher; assim, se juntaram a seu comandante — falou Ineque.

— Essa ação afetará a população universitária? — questionei o amigo.

— Afetará, sim. Inclusive, um estudante que veio para cá com o auxílio da Comunidade das Trevas, origem de sua atual encarnação, planeja uma grande festa, justamente no terreno onde estão construindo a vila. Ele já entrou em contato com fornecedores de drogas e bebidas, e alguns conjuntos, cantores de músicas que despertam a sensualidade perturbadora e arremessam a multidão em um frenesi catastrófico. A atmosfera fluídica gerada por essas sensações mundanas fortalecerá a construção da nova cidadela — respondeu Ineque.

— Os vícios roubam dos jovens a coerência com seus objetivos — afirmei, bastante preocupado com as notícias.

— Já existe uma programação do submundo espiritual para o Campus, mas, diante das ações que empreendemos nos últimos dias, intensificaram os eventos perniciosos, seja em grande escala ou para pequenos grupos. Descobrimos que há um grupo que se reúne periodicamente planejando uma ação terrorista, semelhante às que aconteceram na América do Norte e na Europa. Este grupo está orientando uma ação semelhante no perímetro ocupado pela praça central do Campus universitário — afirmou Ineque.

Fiquei abismado com os fatos apresentados por Ineque. O tempo passava célere, e o estado emocional da sociedade continuava adoecido, em busca de prazeres imediatos. A estagnação moral que isso provocava corria a galope; enquanto almejávamos a paz, respeitando a livre escolha dos seres, eles os assediavam com seus sonhos deturpados.

Olhei para Ineque, e ele percebeu minha confusão.

— Está tudo certo, meu amigo. Apesar da visão caótica, a humanidade caminha a passos largos para sua recuperação. Apenas permitimos a esses seres amados a oportunidade de compreender a vida de forma mais harmônica. Eles trazem o sofrimento e com isso sofrem também, não é? — falou Ineque, sorrindo apesar de sentir a mesma urgência que eu naquele momento.

— Como não me compadecer por isso? Essa experiência servirá a todos, mesmo para aqueles que por aqui não permanecerem, pois levarão consigo essas lembranças — completei o raciocínio.

— Quem seríamos nós se não tivéssemos compaixão? Esse sentimento é valioso em nosso trabalho, resgatamos a nossa humanidade por meio de ações refletidas de maneira mais equilibrada, aprendemos a amar e valorizar os irmãos em sofrimento. Sem críticas ou achismos, pois não dominamos a mente de ninguém, e muito menos verdades relativas. Afinal, ainda não dominamos nossas limitações e vícios totalmente e, por isso, não conseguimos fazer com que nossos irmãos sejam cópias fiéis da bondade — falou Ineque.

— Há uma ação que me incomoda bastante. A humanidade acredita que existem erros maiores e erros menores, e não há a compreensão efetiva de que erros são produto da ignorância pessoal de cada um e, sejam eles quais forem, dificultam a compreensão sóbria para um estado emocional e espiritual de melhor qualidade — disse, motivado por necessidade própria na compreensão desse fato.

— O engano que supera tudo, meu amigo, é acreditar que temos a capacidade para julgar a dimensão do erro alheio, comparando-o com os nossos. Afinal, esta não seria uma forma de nos desculpar pela ignorância de comportamentos que já nos incomodam? Quando prestamos muita atenção no enredo da vida alheia, estamos nos furtando a fazer o mesmo com a nossa — completou Ineque.

— Auxiliar com amor somente, sem acreditar no direito de avaliar a vivência do outro, não é? — questionei o amigo.

— Exatamente! Essa deve ser a nossa meta primordial como seareiros do bem; o resto vai se assentando conforme nós entendermos o roteiro traçado por nós mesmos — respondeu Ineque. — Mas vamos trabalhar. Demétrius solicitou que visitássemos essa turma de estudantes que está se dedicando a elaborar ação terrorista. Vamos ver o que podemos fazer para auxiliar.

Adentramos uma casa de luxo localizada próximo ao Campus universitário. Encontramos alguns jovens que desfrutavam do dia ensolarado junto a uma grande piscina. Eles conversavam sobre o evento que planejavam executar em breve.

— O Airton já iniciou a venda de ingressos. Todos sabem que nossas festas são famosas, DJs consagrados, com muita bebida e muita droga — falou uma jovem de aparência belíssima, cujo nome era Fran.

— E como vamos fazer o que eles nos sugerem? — questionou outra jovem de nome Patrícia.

— Nada de banho de sangue, por favor, é horrível. Pensei em batizar as drogas que vamos vender. O que acham? — perguntou Fran.

— Uma ideia a se considerar. Mas, se fizermos isso, na próxima não teremos mais tantos compradores. Lembrem que uma parte de nossa renda vem daí — acrescentou um rapaz conhecido por Túlio.

— Quem foi que se meteu com esses caras? Nunca precisamos dar satisfação a ninguém e agora estão em nossa cola. Nem acreditamos nesse negócio de religião — falou Patrícia.

— Só que eles nos financiaram no início de nosso negócio, e olhe aonde conseguimos chegar. Temos uma casa maneira, carros, muito dinheiro. E sabíamos que devíamos a eles favores por isso e que um dia cobrariam — acrescentou Túlio.

— Está certo, mas fazemos esse favor e depois acaba, não é? — questionou Fran.

— Sei não, os caras levam a sério esse troço de terrorismo; penso que estamos presos a eles por um bom tempo — opinou Patrícia.

— Estou ficando com medo. Quando entramos naquele site, eu disse que era perigoso, mas vocês não quiseram me ouvir. O Airton, então! Até considera o que eles falam. Estou achando esse cara meio esquisito. Não participa mais de nossas festinhas, reza todo dia ajoelhado. Acredito que está se convertendo de verdade — disse Fran.

— Seja o que for, nos metemos nisso e agora precisamos resolver o que fazer. O evento está marcado, devemos a eles alguns corpos, então não adianta ficar batendo cabeça — falou Túlio.

— Você fala como se não fosse nada. Eu não tenho coragem de matar ninguém — falou Fran.

— Deixe de ser hipócrita; a droga que você vende já mata — falou Túlio com deboche.

— Mas a pessoa só usa se quiser. Agora, matar? Isso é nojento — respondeu Fran.

Observando aqueles jovens, percebi quão frágil são as emoções humanas; espíritos ainda tão aquém da moralidade necessária a se aliarem a atos bárbaros, que são executados num movimento de troca, apenas assentado nos prazeres de uma vida terrena.

Tão jovens e inconsequentes, sem noções básicas para conseguir um estágio de liberdade real, de corpo e espírito.

Buscam satisfação na matéria, no uso irresponsável e sofrido de sua própria intelectualidade. Fogem de esclarecimentos maiores sobre o respeito a si mesmos, porque se assim o fizessem deveriam renunciar ao momento de prazer e abraçar sem reticências a luta contra os desejos que os envolvem como uma grande sombra que turva sua visão.

Como nos perdemos nesse emaranhado de tentações e sensações, que são manifestações de fragilidades trazidas de outras vidas e despertadas quando nos aproximamos daquilo que ainda nos atrai. Mesmo diante de algo que nos rouba a paz, que nos atira, inexoravelmente, em tristes panoramas mentais, nos deixamos corromper e cedemos em troca de momentos fugazes.

Quantas histórias, lindas e bem-sucedidas, encontramos num lugar como um Campus universitário? Por outro lado, encontramos, também, histórias de perseverança e atos de bravura, envolvendo personagens emocional e espiritualmente instáveis, que acabam em sofrimento e dor. Estes deveriam encarar suas experiências como oportunidades de retornar ao caminho certo.

Maurício nos chamou a atenção para um quarto no segundo andar da casa. Para lá nos dirigimos, e encontramos Airton diante de um computador. Ele trocava informações na chamada *deep web*, o submundo virtual.

Parecia hipnotizado, com os fones de ouvido e um olhar perdido num mundo escuro e sombrio. Aproximamo-nos de seu campo vibratório. Sua mente procurava se adaptar a uma língua que pouco entendia; recebia instruções de um grupo terrorista do Oriente Médio. A fala de seu instrutor era mansa e arrastada; falava sobre uma divindade que se impunha e exigia a transformação da humanidade por meio de atos bárbaros. Era um sedutor de mentes. Airton estava em transe; uma entidade de baixa vibração repetia as mesmas palavras de seu interlocutor, que penetravam seu campo vibratório como vermes rastejantes.

Projetamos nossa mente ao outro lado da comunicação e observamos que entidade semelhante fazia o mesmo com seu subordinado. A diferença é que este estava na mesma sintonia de vibração e absorvia as ondas emitidas com boa vontade.

Sentimos que Bórgia estava próximo. Sentimos seu olhar. Com desfaçatez ele se foi, ciente de que naquele momento nossa presença ainda não significava riscos aos propósitos de seus comandantes.

Ainda tentamos penetrar a mente do jovem Airton, porém o condicionamento a que estava sujeito nos afastou. Respeitamos sua escolha momentânea, sabendo que em breve ele sentiria falta de sua humanidade.

Vimos em seu coração sentimentos saudáveis a serem acordados com a bondade e no tempo certo. Afastamo-nos; tínhamos muito trabalho pela frente.

Rogério nos alertou sobre o fato de que em breve deveríamos nos encontrar com Bórgia, que viria a mando de Tibérius. Percebi em nossa amiga Ana certo desânimo e a questionei a respeito.

— Gostaria de conversar sobre seus sentimentos?

Ela sorriu e me abraçou com carinho, respondendo:

— Obrigada por estar atento a nós. Ando questionando o trabalho que fazemos. Socorremos e encaminhamos esses amigos perdidos, mostrando a eles o caminho da verdade, mas eles vivem de maneira equivocada, e, na primeira oportunidade, nos abandonam e tudo recomeça. Socorremos comunidades umbralinas; mas elas se reagrupam em outros lugares. Isso parece não ter fim. Vejam Tibérius! Ele estava bem, e ficamos felizes por isso; acreditei que havia aprendido o suficiente para modificar seu caminho. Parece que vivo sempre a mesma história, que se repete com os mesmos personagens ou outros novos, e igualmente equivocados, que surgem em nosso caminho.

— Minha querida menina, quanto tempo demorou para que estivéssemos aqui, despertos na medida de nossas possibilidades de entendimento? Ainda somos socorridos, e nossas histórias não eram tão diferentes das de nossos irmãos. Vivemos entre mundos que se interceptam, como grandes conjuntos matemáticos, e quando isso acontece um mundo age sobre o outro, despertando o bem e o mal, que existem e coexistem dentro de nós. As histórias irão se repetir até o momento do aprendizado feliz, e para cada um de nós a felicidade tem a face que almejamos — respondi com carinho.

— Não esmoreça, Ana, não permita que pensamentos que a levem ao desânimo cheguem até você. Encontre um cantinho em sua mente, aquele lugar onde arquiva os melhores momentos de sua vida. Pense na diferença que faz estar ativa e feliz por estar trabalhando em benefício de outros e de sua própria evolução. Então compare com seu estado emocional de outrora; qual prefere? — refletiu Maurício.

— Além do mais, veja o sol que se põe. Que espetáculo magnífico! Com a mente presa às sombras, você não conseguiria enxergar esse momento — disse Rogério.

Lágrimas de alívio escorreram pelo rosto delicado de Ana, e ela nos abraçou com amor e gratidão, e refletiu:

— A amizade é isso, enxergar dentro do outro. Apesar dos males aparentes, entender que o amor está ali para erguer a vista do caído, e não espezinhar os sentimentos em desalinho do momento. Quando a humanidade entender as palavras de Jesus nos pedindo que perdoemos antes mesmo da ofensa, estaremos auxiliando os equivocados, caso contrário, somente os afundamos em suas dores.

CAPÍTULO 7

OPORTUNIDADE DE AMAR

458. Que pensam de nós os Espíritos que estão ao nosso redor e nos observam?

— Isso depende. Os Espíritos levianos riem das pequenas traquinices que vos fazem, e zombam das vossas impaciências. Os Espíritos sérios lamentam as vossas trapalhadas e tratam de vos ajudar.

(*O Livro dos Espíritos* — Livro II, Mundo Espírita ou dos Espíritos — Capítulo 9, Intervenção dos Espíritos no Mundo Corpóreo)

Voltamos ao gabinete da reitoria e encontramos Adélia com um envelope nas mãos; a moça relutava em abri-lo. Sabia qual era o resultado; seu corpo estava diferente, seus seios mais volumosos e doloridos. Já havia passado por isso antes, ainda era muito jovem, tinha apenas dezoito anos. Acabara de entrar para a faculdade e resolvera que não levaria a gravidez até o fim.

Optara pelo aborto. Naquele momento, era o melhor a fazer, só não contara com a dor que dilacerara seu peito ao sair da clínica. Por dias havia ficado muito mal, mas estava feito e precisava continuar. Pensara ter superado isso, mas agora estava grávida de novo. E sabia que o pai de seu filho era o homem que amava, um sujeito simples, trabalhador, honesto e que a respeitava, mas não sabia quem ela era.

Ela o conhecera na fila da padaria próximo a seu apartamento, o achara atraente e resolvera conquistá-lo. Era apenas uma aventura. Pensou de início que seria apenas uma diversão, uma compensação aos sacrifícios que fazia, afinal era responsável pelo seu futuro, e naquele momento não tinha outros sonhos senão os materiais.

Vivia de seu salário, que não era pouco, e tudo que ganhava fora disso depositava numa conta fora do país. Não usara um tostão daquele dinheiro guardado. Não sabia o porquê, mas sentia certa repulsa por esse dinheiro. Afinal, talvez fosse sua aposentadoria. Tinha certeza de que não se casaria, seria sozinha e precisaria de dinheiro para viver bem.

Flávio era o nome do homem a quem amava, e ele não entendia por que, depois de um relacionamento promissor de mais de dois anos, Adélia não permitia ao menos que falasse num futuro juntos. Ele a amava e a queria como esposa e mãe de seus filhos.

Adélia revirava o envelope nas mãos, por fim abriu apenas para confirmar; já sabia qual era o resultado. Não podia levar essa gravidez adiante. Respirou fundo e sentiu uma dor pungente no peito.

Pensou em Flávio; ele era louco para formar uma família, mas ela estava enrolada em sua história de ambição e não tinha mais controle sobre seu destino. Então, pensou que era melhor acabar logo com aquele imprevisto.

Observamos seu ventre. A gravidez era recente, talvez uns quarenta dias; o espírito se ligava à matéria em formação célula a célula. O corpo perispiritual reduzido assumia a nova forma aos poucos. Aproximamo-nos e sentimos o medo que dominava aquele espírito. Apesar do estado de perturbação, sentia o que a mãezinha sentia.

Energizamos o pequeno ser em formação, já vivo em busca de oportunidades de redenção, como qualquer um de nós. Ele se acalmou.

Voltamo-nos para Adélia e ela recebeu o mesmo tratamento. Tocada pelo amor, levantou da cadeira quase correndo, entrou no banheiro e fechou a porta. Sentou no chão com o rosto entre as mãos e chorou, chorou muito. Alguém bateu à porta, ela pediu um tempo, se recompôs e a abriu.

— O que foi? — perguntou uma jovem que a olhava com preocupação. — Você está bem? Está chorando?

— Não, não. Estou bem. Levantei com virose e estou vomitando e com diarreia. Por favor, avise o reitor que precisei sair. Vou ao médico. Mantenha a agenda dele, hoje está *light*; ele deve estar aqui só às catorze horas. Se precisar de algo me ligue, está bem?

— Não se preocupe, eu dou conta de tudo.

Adélia saiu, entrou em seu carro e foi para casa. Entrou no bem mobiliado apartamento e observou cada detalhe; sentia orgulho do que tinha, mas hoje estava diferente, não se importava com isso. Passou a mão pela barriga e lágrimas brotavam em seus olhos; estava sem controle de suas emoções.

Sentou no sofá e fechou os olhos; auxiliamos a moça a adormecer. Ela estava exausta; apenas a socorremos. Necessitava de descanso e paz. Percebemos que ainda não havia decidido definitivamente o que faria. Em casos assim, a dúvida é sempre uma perspectiva para escolhas melhores. Ana ficou com ela, enquanto voltamos ao Campus.

Bórgia nos esperava numa grande praça circular, local onde alguns estudantes faziam exercícios físicos. Era um belo lugar, com aparelhos de ginástica, pistas de corrida, muito verde, que dava ao lugar uma aparência de conforto e paz.

Ele estava sentado num banco rústico esculpido em um tronco de árvore. Olhou-nos sorrindo e nos convidou a nos juntar a ele.

— Bom dia! — cumprimentou-nos com cortesia.

Respondemos o cumprimento com verdadeira amabilidade e direcionamos a ele as mais belas vibrações. Ele apenas sorriu, absorveu a bela energia, adequando-a à sua própria condição evolutiva.

— Vejo que não os surpreendo com minha mágica — falou com cinismo.

— O que podemos fazer por você? — perguntei com firmeza.

— Vocês? Fazer algo por mim? Nada. Eu é que posso fazer algo por vocês. Posso pedir gentilmente que saiam de nosso território. Nada conseguirão por aqui. Temos nossos projetos, que seguirão o curso que traçamos; temos um cronograma muito bem organizado e disciplinado. — E, olhando fixo para Maurício, falou: — Este lugar o faz recordar muitas coisas que ainda lhe trazem insegurança, não é?

Aproximou-se de nosso amigo e desfechou densa carga energética impregnada de vapores tóxicos. Maurício cambaleou, mas ergueu a cabeça e olhou firme para Bórgia.

— Você tem razão! Ainda temo as consequências de meus atos passados, quando tive a oportunidade de viver uma vida produtiva para mim e atender a tantos que precisam de auxílio. Mas há uma coisa que não entende neste momento. É que esse mesmo receio me fortalece, porque me faz lembrar de que nunca mais vou querer sentir isso. Esses vapores tóxicos, com os quais quis me seduzir, hoje me enojam, e os repudio com a certeza de estar no caminho certo. Então, entenda também, tenho mais a oferecer a você do que você a mim — respondeu Maurício.

— Respeito isso, mas não aceito a interferência de vocês por aqui. Tenho ordens de agir com rudeza se for necessário. Estão advertidos, agora tenho mais a fazer — respondeu Bórgia.

— Um instante, por favor, apenas me responda uma coisa. Por que escolheu o nome Bórgia? — perguntei a ele.

— Não terá a chance de descobrir isso, porque em breve estarão longe daqui ou encerrados em um calabouço profundo.

Bórgia foi embora. Deixou um rastro de odor fétido e imagens terríveis; com o pensamento firme, transmutamos a matéria sutil e a dividimos com o universo.

Maurício se aproximou de mim e perguntou:

— Qual a importância que você vê nessa escolha de nome?

— Penso que foi pela afinidade entre o irmão que se foi e os feitos dessa família, o que mais o impressionou para adotar esse nome. Poderemos entender essa escolha pela conexão com a maneira como sua mente trabalha para executar certas tarefas. Não devemos esquecer que a afinidade leva à sintonia, que produz a ressonância — respondi ao rapaz.

— Acredito ter entendido, mas sabemos que o passado da família Bórgia é bem questionável quanto à moralidade. Quando na colônia, andei pesquisando algumas coisas a respeito, mas ainda não tive tempo para partilhar com os amigos. Talvez este seja o momento — falou Maurício.

— Vamos para a Praça da Paz, pois está na hora das orações diárias. Após poderemos descansar sentados na relva e aproveitar o espetáculo do pôr do sol — convidei animado.

Esse momento é sempre um espetáculo de difícil descrição: a paz, a harmonia, a boa vontade e o amor pela própria humanidade emprestam ao ambiente uma luminosidade sem par. A sensação é de estarmos imersos num mar de emoções equilibradas em busca de nossa essência, mas no caminho correto, através das palavras do Mestre.

Uma jovem aparentando seus dezesseis anos elevou-se ao firmamento e entoou doce melodia que nos envolvia em vibrações de serena amorosidade. Fechei os olhos e me lembrei da família, cuja companhia tive o privilégio de desfrutar na última encarnação. Cada rosto veio à minha mente e orei por cada um pedindo ao Pai que os acolhesse em Seus braços e os protegesse nesse momento que atravessa nosso planeta.

Senti as lágrimas que banhavam minhas faces e chorei pela humanidade, pela necessidade ainda tão angustiante de fazermos escolhas melhores, para que o futuro se harmonize com nossa condição divina.

Estamos vivendo o apocalipse de nossos valores, que transmutam de forma violenta e nos fazem sofrer pelo desconforto de nossos pensamentos e ações. A humanidade está infeliz, triste por viver num mundo extremamente material, que não nos satisfaz como espíritos em evolução, mas ainda nos atrai como seres necessitados de sensações prazerosas, tão efêmeras e fugidias, mas ainda tão atraentes.

O caminho da regeneração é estreito, e o largo caminho das facilidades irresponsáveis é o verdadeiro obstáculo a ser superado, tão pessoal, tão íntimo e tão nosso. Compreender esse conceito é primordial, pois somos partes de um todo, e enquanto a humanidade não assimilar essa ideia estaremos vagando entre sombras poderosas e sem a luz intermitente da razão.

Ao visitar casas espíritas, percebo que frequentadores aceitam literaturas pretensamente espíritas como verdadeiros roteiros de vida, sem atentar nem avaliar o conteúdo; o espanto me entristece diante de assuntos desenvolvidos sem qualquer base doutrinária, mas que são tidos como norte para reforçar estudos da Doutrina dos Espíritos. Obras que simplificam o processo evolucionário, determinando seu tempo de execução, como se tivéssemos registrado numa ordem divina o espaço-tempo que teremos para modificar e entender milênios de desajustes. A regeneração planetária acontece desde o início da vida inteligente em nosso planeta; é um caminhar segundo a necessidade de todos.

Não creiam no milagre de um dia estarmos entre os impuros e, no outro, abrigados sob luz que ainda nem compreendemos. O limite entre provas e expiações e a regeneração planetária está intrinsecamente relacionado à compreensão de nosso livre-arbítrio e o seu uso. A necessidade de sermos guiados e sermos guias é perene, pois a evolução ainda não é compreendida por nós na sua forma correta.

Veremos iniquidades acontecerem porque ainda somos bárbaros, uma barbárie requintada transvestida de intelectualidade, mas ainda barbárie.

As transformações ainda são atreladas ao sofrimento, sentimento necessário à conversão de ideias e ideais, que somente acontece quando equacionamos razão e emoção. Não se enganem quanto a isso; vivamos de escolhas diárias, e tenhamos a certeza de que a renovação dos seres é diária e contínua, assim como o processo de aprendizado, por meio da educação de nosso espírito.

O mal é real, porque ainda abrigamos mais trevas do que luz. Observe seus pensamentos, qual a qualidade que manifestam, e como suas ações são refletidas por eles. Esse o trabalho essencial de todos nós, ainda espíritos envolvidos em traumas profundos, que se manifestam por meio do rancor, do ódio, do desejo de vingança; assim, somos alvos fáceis de obsessões ferozes.

Precisamos lembrar que vivemos imersos num mar de sensações que são originadas nos diversos mundos imperfeitos, e que espíritos melhores nos advertem que somos influenciados por essa conjunção muito mais do que podemos imaginar, e que esse estado transitório somente é limitado por nossa mente, por nosso querer, ou seja, afinidade vibratória, que projeta sintonias vibratórias, que ressoam pelo universo.

Abri os olhos e lá estavam meus amigos, sentados na relva fresca, aproveitando o momento de paz e harmonia após as preces vespertinas. Sorri feliz, afinal estava rodeado de seres de boa vontade, realizando um trabalho edificante. Acredito que estava a caminho da casa do Pai, aos tropeços, mas a caminho.

Maurício partilhou conosco algumas informações sobre a família Bórgia.

— Bórgia ou Borja foi uma família nobre hispano-italiana que se tornou importante durante o Renascimento, se destacando nos assuntos eclesiásticos e políticos nos séculos XV e XVI. Através de conchavos tiveram três papas: Alfons de Borja, que governou como papa Calisto III, durante os anos 1455-1458; Rodrigo Lanzol Bórgia, como papa Alexandre VI, durante os anos 1492-1503; e Giovanni Battista Pamphilj, descendente de Rodrigo Bórgia, que governou como papa Inocêncio X, durante os anos 1644-1655. Especialmente durante o reinado de Alexandre VI, houve acusações de vários crimes; podemos incluir o nepotismo, a corrupção, o adultério, o roubo, o estupro, o incesto e vários assassinatos, especialmente por envenenamento com o arsênico. Atualmente, são lembrados por seu governo corrupto e o nome se tornou sinônimo de traição e envenenadores, passando para a história como uma família cruel e desejosa de poder.

Fez uma pausa e continuou:

— Sabemos que a manifestação de desequilíbrios dessa ordem não resume apenas aos encarnados, então eles sempre foram parte dos Dragões de Cristo, desde a sua criação. As encarnações foram minuciosamente estudadas e planejadas por esse grupo, do qual fazem parte até hoje. Rodrigo Bórgia é um dos nove dragões e tem como pupilo a entidade que assumiu o nome de sua família, tendo sido seu filho durante a Renascença, nascido no tempo em que Rodrigo foi papa, nomeado Alexandre VI.

— Então ele realmente é um Bórgia? — perguntei a Maurício.

— Ele nunca foi acolhido como tal, visto ser produto de uma relação incestuosa do pai; porém, era fiel a ele e seu braço direito. Viveu nas sombras de um desejo insano de ser reconhecido como filho legítimo. Nunca traiu o pai, pelo contrário, ele o seguia cegamente e admirava suas ideias de poder absoluto. Acreditava nas promessas que lhe eram feitas, estado emocional que persiste até hoje — respondeu Maurício.

— Rodrigo Bórgia, hoje, é comandante de um dos reinos dos dragões? — questionou Ana.

— Isso mesmo, a sétima casa, como eles a distinguem. E sua filha e amante Lucrécia, que também pertence ao grupo, comanda a oitava casa, uma comunidade menor — informou Maurício.

— Lucrécia é a mãe de Bórgia? — questionei.

— Sim, ele é fruto de uma relação considerada incestuosa, mas bastante comum entre os nobres da época, que não respeitavam limites de honra e se consideravam no direito de comandar a vida de seus familiares. Além do mais, entre pai e filha sempre houve um acordo de cumplicidade; eles são ligados por laços afetivos doentios, mas não podemos deixar de considerar essa relação fiel — disse Maurício.

— Infelizmente, com a cultura imediatista disseminada pela sociedade, essa prática está sendo trazida novamente, e devemos lembrar que esses mesmos espíritos, que ainda não aceitavam o processo de aprendizado moral e ético, estão reencarnando, e muitos por meio desse grande grupo, que pode ser encontrado pelo globo todo. É uma grande facção e muito bem organizada — contribuí com nossa discussão.

— A que devemos atribuir esse fenômeno? Por que os mestres estão permitindo essa invasão tão ofensiva ao movimento de ascensão dos espíritos? — perguntou Ana.

— Pela necessidade dos retardatários, pela omissão constante daqueles que ensaiam uma compreensão da necessidade evolutiva, mas ainda não defendem sua causa, pelo respeito ao livre-arbítrio relativo que desfrutamos, mas, sobretudo, devemos entender que nada está relegado ao acaso; tudo tem sua função — respondi com certa aflição pelo que ainda veríamos acontecer por aqui.

— Ou ainda nos equivocamos na forma como defendemos o bem, justificando o mal que fazemos como maneira de alcançar o bem. Podemos lembrar aqui o comportamento de Tibérius. Se bem entendi, ele pensa que, se aliando aos adversários da luz, poderá ter mais possibilidades de controlar seus comportamentos e servir ao bem, não é assim? — perguntou Maurício.

— Acredito que ele pense assim, mas porque ainda está preso ao antigo Tibérius e se equivoca justificando qualquer mal que faz na boa causa. E volto a lembrar sobre a relatividade de nosso entendimento, que é diretamente proporcional à evolução de nossa compreensão — disse animado.

— Tibérius voltou a comandar a casa nove, não é? — perguntou Ana.

— Exato. Não sabemos quem é o responsável da casa um, que seria também o supremo comandante, como o nomeiam. Eles mantêm esse segredo guardado como um trunfo — disse Maurício.

— Demétrius marcou uma reunião com nossos coordenadores. Pelo que pude entender, também foram convocados outros grupos, para falar sobre os comandos dos dragões. Devemos nos encaminhar para a sede da colônia amanhã ao alvorecer — informei aos amigos.

— Vejam que maravilha de lua, ela brilha como a esperança — disse Ana, demonstrando encantamento com a vida.

CAPÍTULO 8

BOA VONTADE E FÉ

459. Os Espíritos influem sobre os nossos pensamentos e as nossas ações?
— Nesse sentido, a sua influência é maior do que supondes, porque muito frequentemente são eles que vos dirigem.

(*O Livro dos Espíritos* — Livro II, Mundo Espírita ou dos Espíritos — Capítulo 9, Influência Oculta dos Espíritos sobre Nossos Pensamentos e Nossas Ações)

Voltamos ao Campus universitário. Rogério solicitou nossa ajuda; Olívia e Eduardo estavam com dificuldades para superar o primeiro período de abstinência.

Entramos na confortável morada e os encontramos bastante agitados. O rapaz suava frio e tremia muito; sua aparência pálida e com profundas olheiras assustava a companheira, que tentava de todas as formas auxiliar, mas Olívia também não estava bem. Os pensamentos desordenados a perturbavam; a moça andava de um lado a outro, passava as mãos na cabeça e chorava, falando sem interrupção:

— O que eu faço, o que eu faço?

Aproximei-me de seu campo vibratório, enquanto Ana atendia a Eduardo e Maurício cuidava de algumas entidades em estado lamentável, que se afinavam com o momento de descontrole que os dois jovens viviam.

Passamos a executar processo de dispersão energética. Eles foram se acalmando, se abraçaram e aquietaram. Intuí a jovem a procurar a ajuda do professor Fred, o mesmo sobre o qual Rogério havia comentado conosco assim que passamos a trabalhar junto à sua equipe de socorristas.

— Eduardo, vou ligar para o professor Fred e pedir ajuda; não vamos conseguir superar essas crises sozinhos. Estamos muito mal e vamos voltar para as drogas. Hoje é só o segundo dia e estamos desse jeito, precisamos de ajuda.

— Faça o que quiser, mas essa voz em minha cabeça precisa parar; estou enlouquecendo.

O professor atendeu a ligação e se comprometeu a se encontrar com o casal assim que terminasse o horário de aulas.

Fui ao seu encontro e logo percebi que podia me ver através da mediunidade da dupla vista. Sorri e o cumprimentei:

— Bom dia, professor! Sou Vinícius e me juntei à equipe de socorristas do Campus há pouco tempo; lembra-se de mim? Estivemos há poucos dias com você e Rogério.

— Bom dia, amigo! Lembro sim, agradeço essa ajuda. Pelo que deve ter visto, a situação por aqui anda caótica. Há trinta anos trabalho junto aos jovens e confesso que nunca vi nada igual. Ando meio aturdido com o que vejo — respondeu Fred.

— Além de acompanhar estes jovens como professor, professa alguma fé que o sustenta nesta batalha? — perguntei.

— Gosto muito dos conceitos doutrinários espiritualistas, mas confesso que ando meio afastado, um pouco desiludido com as pessoas que dirigem as casas espíritas. Vejo muitas mentes cegas que não compreendem essa bela filosofia, muito preconceito que nos desvia do caminho reto, então estudo e procuro praticar da melhor forma — respondeu Fred.

— Assim como você, esses dirigentes são aprendizes da vida, e a beleza desta doutrina libertadora é limitada por sua compreensão. Apesar de abraçar esses novos conceitos, ainda estão presos ao passado. Muitos desses companheiros estão vivendo pela primeira vez o contato com os ensinamentos dos espíritos superiores, então compreenda que séculos de perturbação não desaparecerão por milagre. O aprendizado e a evolução não dão saltos, lembre-se disso — disse ao amigo.

— Sei disso, Vinícius, mas não me sinto preparado para manifestar essa compreensão — retrucou Fred.

— O que aconteceu para você se afastar dessa forma tão incisiva? — questionei.

— A casa que frequentava já há alguns anos era bastante simples e acolhedora, elegendo os estudos e os esclarecimentos doutrinários como tarefa primordial. Tínhamos alguns trabalhos sociais como cestas básicas, doação de roupas e material escolar, tudo isso como um meio não de trazer essas pessoas para a doutrina, mas de levar Jesus para a vida delas. Com o tempo, um companheiro foi tomando vulto; apesar dos questionamentos de alguns sobre sua conduta, ele foi se destacando dos demais, a ponto de a casa ser conhecida como o "centro de fulano de tal". Ele atendia as pessoas de tal forma, que causava um vínculo de dependência. Nos atendimentos, dizia estar sob efeito mediúnico, e passou a "dar consultas", e não mais a atender conforme as instruções de Allan Kardec, no discurso aos espíritas de Lyon e Bordeaux: "Coloco em primeira instância o consolo que é preciso oferecer aos que sofrem, erguer a coragem dos caídos, arrancar um homem de suas paixões, do desespero, do suicídio, detê-lo talvez no limiar do crime! Não vale mais isto do que os lambris dourados?"— explicou Fred.

— E como os trabalhadores reagiram a isso? — perguntei.

— Aqueles que criticavam de forma coerente foram, aos poucos, excluídos. A maioria ficou encantada com o aumento de visitantes na casa, esquecendo a verdadeira função de uma casa espírita. Conversei com ele várias vezes, mas ele dizia que o estava perseguindo por inveja. Então, achei melhor me afastar. Oro pela comunidade, mas eles precisam compreender o que anda acontecendo de verdade por lá. A vibração da casa se modificou; um grupo de espíritos supostamente sábios assumiu os trabalhos — disse Fred.

— É muito triste o que anda acontecendo em muitas casas espíritas. Orgulho e vaidade são as ferramentas que os espíritos mais ignorantes usam contra nós, confirmando a teoria de que ninguém mantém um vínculo se não houver afinidade — concluí.

— Você veio por Olívia e Eduardo, não é? — questionou Fred.

— Sim, eles não estão bem e precisam de ajuda — respondi.

— Estou no intervalo da manhã. Devo voltar à sala de aula em dez minutos. Saio para o almoço às onze horas e quarenta minutos. Vou até a casa deles e vejo o que posso aconselhar de imediato — respondeu Fred.

— Já iniciamos a dispersão energética e reposição através de firme vibração. Precisam de assistência médica, psicológica e psiquiátrica. Eduardo tem muitos traumas e precisa equacioná-los o quanto antes. Olívia é mais racional e teve exemplos edificantes, então tem parâmetros para comparar e avaliar o que anda acontecendo com ela. Talvez uma conversa sobre o comprometimento espiritual ajude. Contamos com sua bondade e paciência; com certeza saberá o que fazer — disse ao amigo Fred.

— Agradeço a confiança dos amigos, mas agora preciso ir — Fred se despediu.

Acompanhei o professor à sala de aula; ele lecionava no curso de Medicina. Neste dia falaria sobre biologia celular e molecular. Entrou na sala, ligou o projetor e iniciou a aula. Observava a atenção dos alunos e percebi que a maioria, realmente, não estava lá. A mente perturbada não conseguia focar integralmente o momento para aproveitar os ensinamentos do mestre.

Alguns alunos estavam com muito sono, pela noite maldormida. No dia anterior tinham participado de uma festa em um dos dormitórios do Campus, e as lembranças da orgia, ou o cérebro comprometido pelo uso de drogas, inibiam o aprendizado.

Numa sala onde 28 alunos estavam presentes, apenas oito estavam ali, naquele momento, interessados na matéria que estava sendo aplicada.

Fred olhou para mim e sorriu. Pensou: "Não se abale, hoje temos uma audiência até mesmo satisfatória. Precisa nos visitar na sexta-feira ou na segunda-feira; daí perceberá o que temos para nos preocupar. Percebe por que o corpo docente anda desanimado?"

— Faça o melhor, meu amigo. Se uma dessas mentes sair daqui com consciência desperta para o trabalho que realizará, já terá feito o melhor.

Fred voltou a sua atenção à aula e saí andando pelo Campus.

Observava alguns jovens que trocavam ideias a respeito de assunto pertinente à aula de Anatomia, quando percebi Bórgia, que se aproximava.

Ele andou em círculos à minha volta, observando minha reação à sua presença. Sorri com alegria e disse:

— Obrigado por vir ao meu encontro.

Ele sorriu e disse:

— Eu que agradeço a sua presença por aqui. Quer dizer que vocês querem apenas um como troféu ao seu trabalho? — disse com deboche e rindo alto.

O som produziu o deslocamento de uma quantidade significativa de energia. Os estudantes que estavam por ali sentiram-se incomodados e resolveram ir embora.

— Não acumulamos troféus. Nosso objetivo vai muito além da forma. Ansiamos por liberdade e paz — respondi ao amigo com paciência.

— Nós, não! Queremos o poder de controlar a sociedade dos vivos e dos mortos. Quem controla a movimentação do planeta tem poder e riqueza — respondeu Bórgia.

— Você está vinculado a uma religião, não é isso? — perguntei.

— Não. Essa baboseira é apenas um meio de alcançar meus objetivos. Sou um instrumento nas mãos dos mais fortes por enquanto, mas aprendi que quem domina nem sempre é quem tem o poder maior, mas quem é mais esperto — respondeu Bórgia.

— E como você vê Deus? — questionei, tentando entender a mente dele.

— Deus? Eu sou Deus, e serei uno; já percorri um grande caminho. O comandante de nossa casa é fraco, os mestres acreditam que ele hoje é mais forte, pois conhece o outro lado, mas eu sei que ele se questiona sobre a verdade. Em breve ele cairá e eu ascenderei; meu domínio será vigoroso e brutal, e subirei no domínio das casas, até ser o uno. Todos temerão os Bórgia, honrarei meu pai e minha mãe, a história os honrará como reis, e eu estarei no topo, serei o soberano das trevas, e todos me renderão homenagens. Não se engane; sou sagaz o suficiente para edificar meu reino na terra — respondeu com firmeza e olhando para meus olhos.

— E Deus? Como você o vê? Ainda não me respondeu — insisti na pergunta.

— Não irá me confundir com essa lenda de uma humanidade fraca. Deus não existe, entenda isso. Somos produto de um processo evolucionista, apenas isso, e neste mundo quem for mais forte leva tudo — respondeu, ainda me olhando fixamente.

— É um pensamento solitário, não é? — indaguei com compaixão.

— E você, não é solitário? Está aqui me enfrentando sozinho, não é? — inquiriu-me Bórgia.

— Não o estou enfrentando, apenas trocando ideias para tentar entender como vê o mundo e sua movimentação. Sinto que carrega em sua mente uma grande tristeza, mas também sei que um dia conseguirá exorcizar os demônios que o oprimem e conseguirá entender melhor esse processo que tanto teme. — Aproximei-me de seu campo vibratório, ciente de estar assistido por amigos amados.

Por breve instante, fiz contato com sua mente — um caminho tortuoso e povoado de sombras e monstros que o fizeram criar um mundo sem igual, tão pessoal e conturbado quanto a manifestação em suas ações; horrores vividos desde o ventre e culminados por uma vida de dores e torturas morais, emocionais e físicas.

— Agora que você sabe, acredita mesmo que há outra forma de viver? É um tolo; aprendi a me defender e creio nisso. Onde estava o justiceiro que pregam como pai amoroso? Nunca o encontrei e sei que não existe. Não se engane! Este Campus é meu território de batalha, onde irei marcar minha presença; não se iludam em querer tirá-lo de mim, eles são meus discípulos — falou, olhando a sua volta. — O mundo está tomado pelos dragões e a humanidade nos acolhe; este planeta é nosso e quem deve se retirar são vocês; vocês serão os exilados — completou com calma e firmeza.

Senti lágrimas nos olhos e olhei para meu irmão com amor infinito e incondicional. Entendi de forma intensa o conceito de que o ódio é apenas o amor em desequilíbrio; ele sofria, a ponto de não conseguir lembrar um momento de amor que o livrasse daquela escravidão. Aproximei-me dele e o abracei com serenidade. Ele me empurrou com desfaçatez e riu alto.

Virou as costas e caminhou devagar. A certo ponto, virou em minha direção e novamente me apontou a mão como se fosse uma arma de fogo. Densa carga energética foi disparada em minha direção. Fechei os olhos e apenas desejei a ele amor e paz.

Olhei à minha volta e vi meus amigos ao meu lado. Ineque se aproximou, me abraçou e disse:

— Um dia produtivo, meu amigo Vinícius; foi um dia produtivo. Estarei com vocês a partir de hoje, vamos ter muito a fazer. A situação do planeta se agrava dia a dia e nossos mestres nos convidam para a união de amor que nosso Mestre Jesus nos preparou.

CAPÍTULO 9

LEMBRANDO A BONDADE DO PAI

Os Espíritos do Senhor, que são as virtudes dos céus, como um imenso exército que se movimenta, ao receber a ordem de comando, espalham-se sobre toda a face da Terra. Semelhantes a estrelas cadentes, vêm iluminar o caminho e abrir os olhos aos cegos.

Eu vos digo, em verdade, que são chegados os tempos em que todas as coisas devem ser restabelecidas no seu verdadeiro sentido, para dissipar as trevas, confundir os orgulhosos e glorificar os justos.

As grandes vozes do céu ressoam como o toque da trombeta, e os coros dos anjos se reúnem. Homens, nós vos convidamos ao divino concerto: que vossas mãos tomem a lira, que vossas vozes se unam, e, num hino sagrado, se estendam e vibrem, de um extremo do Universo ao outro.

Homens, irmãos amados, estamos juntos de vós. Amai-vos também uns aos outros, e dizei, do fundo de vosso coração, fazendo a vontade do Pai que está no Céu: "Senhor! Senhor!" e podereis entrar no Reino dos Céus.

O Espírito de Verdade
(Prefácio de *O Evangelho segundo o Espiritismo*)

Chegamos a uma grande praça circular. O dia estava ensolarado, e algumas nuvens muito brancas corriam pelo céu, lembrando um balé belíssimo; a melodia entoada pelos pássaros trazia o sorriso aos nossos lábios. Um lindo dia, e, apesar de nunca ter participado de uma reunião dessa monta, podia imaginar a importância desse momento. Ineque se aproximou de nosso grupo e informou:

— Neste mesmo momento, o planeta se reúne em diversos lugares com as confrarias de espíritos superiores que virão nos trazer instruções e esperança no futuro.

— É chegado o momento de uma ação mais efetiva? — perguntei ao amigo.

Ineque sorriu e respondeu:

— Não se engane! Este momento está acontecendo desde os tempos primordiais. Nada está relegado ao acaso; apenas vivemos um momento que requer mais atenção, assim como aqueles acontecidos quando das grandes guerras. Só precisamos de mais disciplina e organização.

— Veja! Uma grande movimentação de trabalhadores mais ao norte, o que será? — indaguei.

— Estamos sendo atacados por irmãos filiados aos dragões, mas não se preocupe, já esperávamos isso e está tudo bem. Apenas uma grande oportunidade de socorrer aqueles que já estão questionando suas ações. Devemos nos abster desse contato mental. Um amado irmão irá nos convocar para que nos unamos num único e amoroso propósito.

Nesse instante, uma jovem volitou para o alto e iniciou amável prece em benefício da humanidade. Erguemos nossos olhos e maravilhados vimos o mais vibrante arco-íris se formar no céu e explodir em luminosidade e brilho intenso, que descia ao nosso encontro em forma de pequenas gotículas que nos fortaleciam e serenavam.

Palavras de incentivo, de fortalecimento, de perdão, de amor foram proferidas e nos alertaram para a grandeza do trabalho a ser realizado. A entidade nos motivou com sua alegria e bom humor, relembrando magistralmente a caminhada da humanidade até o momento. Entendemos com mais clareza o fenômeno do processo material que antecede o moral, quanto ainda era difícil aos seres humanos compreenderem a movimentação de espíritos melhores, uma vez que lidavam com as facilidades da matéria.

Suas palavras despertaram em meu íntimo a alegria de estar servindo ao propósito evolutivo ético, que em breve despertaria em nossas mentes a moral cristã.

Entendi que, embora acreditasse já estar ensaiando os primeiros passos na compreensão das leis divinas, estava longe de compreender sua magnitude e praticá-las. No entanto, esse conhecimento não me deprimiu, pois também entendi que estava a caminho e que esse fato importava mais do que qualquer outra convicção.

O evento terminou e sentimos saudades daquele momento, quando nos sentimos elevados ao céu dos justos — sensação que persistiria por bom tempo entre nós.

Várias entidades de nível moral mais elevado se apresentaram, com explicações e alertas, sobre o momento e o trabalho que realizaríamos por aqueles dias. Recebemos instruções específicas sobre nossa conduta e fomos aconselhados a ser cautelosos com nossos pensamentos. Era necessário vigiar nossas atitudes e manifestações de sentimentos contraditórios, pois esta seria a arma a ser usada contra os socorristas, ou seja, nossas limitações e fraquezas, tudo o que nos deprimisse o ânimo.

A arma usada pelo inimigo naquele momento seria nossa própria fraqueza e nosso passado, que, embora equacionado de diversas formas, ainda nos causava danos significativos.

A hipnose e a auto-obsessão seriam objetos de tramas hediondas para enfraquecer os trabalhadores do Senhor, uma guerra sem feridos físicos, mas que deixaria à sua passagem mais destruição do que poderíamos imaginar. Por meio da culpa e do remorso, eles pretendiam aniquilar a ação dos espíritos que trabalham em nome de Jesus. E quem de nós, espíritos ainda imperfeitos, estaria isento de culpas?

A adorável entidade nos alertou para que ficássemos atentos às casas espíritas, debilitadas por legiões de espíritos inferiores, que adentram os ambientes santificados por meio de mentes em desequilíbrio, alimentadas pelo orgulho e pela vaidade, mas principalmente por falta de amor e compreensão aos necessitados do momento e companheiros de lides espiritualistas.

Presenciamos atônitos, dentro de casas espíritas, companheiros julgando outros, sem considerar o momento de sofrimento e desajuste de seus parceiros, levados pela crença de que banir o incauto seria mais saudável que estender as mãos ao caído.

Instituições públicas voltadas ao bem-estar do povo, mas depauperadas por espíritos corrompidos, lesavam até mesmo o direito às necessidades básicas, como a saúde, a educação e a segurança.

Instituições religiosas pregavam a materialidade como um deus, exigindo de seus seguidores o dinheiro fácil, enriquecendo seus dirigentes, enquanto o povo passava necessidade e se despojava do básico para a sobrevivência do corpo.

As salas de aula estavam tomadas por jovens mentes que poderiam brilhar, mas, debilitadas por hipnoses desgastantes, eram arremessadas aos vícios e ao desrespeito à vida.

Respirei fundo e me ative às palavras de incentivo e à paz interior de cada um de nós, procurando perdoar meus deslizes como produto de minha ignorância e não mais um assunto que poderia consumir minha vontade.

Olhei para o Alto e pedi a Ele forças para superar minhas dores, que não considerava mais tão importantes como instrumento de enfraquecimento do ânimo nas mãos de irmãos ainda apegados à nulidade da boa vontade e do amor. Compreendi o que deveria ser feito e senti meu peito se encher de ar, como se voltasse a respirar depois de muito tempo imerso num mar de águas turvas.

Ineque nos abraçou com carinho e falou com docilidade:

— Apenas devemos mostrar a eles que estamos mais fortes hoje do que jamais estivemos, e que os perdoamos desde já, seguindo o aconselhamento encontrado no evangelho de Jesus.

O Evangelho Segundo o Espiritismo, Perdão das ofensas — Simeão — Bordeaux, 1862

14 — Quantas vezes perdoarei ao meu irmão? Perdoá-lo-eis, não sete vezes, mas setenta vezes sete. Eis um desses ensinamentos de Jesus que devem calar em vossa inteligência e falar bem alto ao vosso coração. Comparai essas palavras misericordiosas com a oração tão simples, tão resumida, e ao mesmo tempo tão grande nas suas aspirações, que Jesus ensinou aos discípulos, e encontrareis sempre o mesmo pensamento. Jesus, o justo por excelência, responde a Pedro: Perdoarás, mas sem limites; perdoarás cada ofensa, tantas vezes quantas ela vos for feita; ensinarás a teus irmãos esse esquecimento de si mesmo,

que nos torna invulneráveis às agressões, aos maus-tratos e às injúrias, serás doce e humilde de coração, não medindo jamais a mansuetude; e farás, enfim, para os outros, o que desejas que o Pai celeste faça por ti. Não tem Ele de te perdoar sempre, e acaso conta o número de vezes que o seu perdão vem apagar as tuas faltas?

Ouvi, pois, essa resposta de Jesus, e, como Pedro, aplicai-a a vós mesmos. Perdoai, usai a indulgência, sede caridosos, generosos, e até mesmo pródigos no vosso amor. Daí por que o Senhor vos dará; abaixai-vos, que o Senhor vos levantará; humilhai-vos, que o Senhor vos fará sentar à sua direita.

Ide, meus bem-amados, estudai e comentai essas palavras que vos dirijo, da parte daquele que, do alto dos esplendores celestes, tem sempre os olhos voltados para vós, e continua com amor a tarefa ingrata que começou há dezoito séculos. Perdoai, pois, os vossos irmãos, como tendes necessidade de ser perdoados. Se os seus atos vos prejudicaram pessoalmente, eis um motivo a mais para serdes indulgentes, porque o mérito do perdão é proporcional à gravidade do mal, e não haveria nenhum em passar por alto os erros de vossos irmãos, se estes apenas vos incomodassem de leve.

Espíritas, não vos olvideis de que, tanto em palavras como em atos, o perdão das injúrias nunca deve reduzir-se a uma expressão vazia. Se vos dizeis espíritas, sede-o de fato: esquecei o mal que vos tenham feito, e pensai apenas numa coisa: no bem que possais fazer. Aquele que entrou nesse caminho não deve afastar-se dele, nem mesmo em pensamento, pois sois responsáveis pelos vossos pensamentos, que Deus conhece. Fazei, pois, que eles sejam desprovidos de qualquer sentimento de rancor. Deus sabe o que existe no fundo do coração de cada um. Feliz aquele que pode dizer cada noite, ao dormir: Nada tenho contra o meu próximo.

CAPÍTULO 10

UMA VIDA, UMA BÊNÇÃO

460. Temos pensamentos próprios e outros que nos são sugeridos?

— Vossa alma é um Espírito que pensa; não ignorais que muitos pensamentos vos ocorrem, a um só tempo, sobre o mesmo assunto, e frequentemente bastante contraditórios. Pois bem, nesse conjunto há sempre os vossos e os nossos, e é isso o que vos deixa na incerteza, porque tendes em vós duas ideias que se combatem.

(*O Livro dos Espíritos* — Livro II, Mundo Espírita ou dos Espíritos — Capítulo 9, Influência Oculta dos Espíritos sobre Nossos Pensamentos e Nossas Ações)

❉

Rogério nos alertou sobre Adélia, a assistente financeira do reitor da universidade. Ela estava disposta a abortar, havia marcado uma consulta numa clínica de luxo, propriedade de um dos professores do curso de Medicina. Ele ministrava a matéria sobre anatomia do corpo humano.

Um belo homem, aparência viril, muito bem trajado, que acumulava significativa riqueza com sua clínica de aborto clandestina. Apesar da bela aparência, não respeitava o juramento feito ao final do curso de Medicina, de defender a vida acima de tudo.

Aproximamo-nos do campo vibratório de Adélia e percebemos grande sofrimento pela atitude que tomaria em relação à gravidez. Ela havia avisado no trabalho que não se sentia bem e iria ao médico.

Tomou um banho, vestiu uma roupa simples, prendeu o cabelo num coque displicente no alto da cabeça e saiu do apartamento, trancando a porta. Tomou um carro de aluguel e deu o endereço da clínica. Já tinha combinado o aborto com o colega de trabalho; estava decidida, mas inconformada; questionava-se por que sentia essa dor horrível no peito.

O carro estacionou, ela pagou o motorista e olhou as horas no celular. Ainda tinha quarenta minutos antes do horário marcado. Olhou à sua volta e viu uma pequena praça do outro lado da rua. Para lá se dirigiu, sentando-se num banco; passou as mãos pela barriga e uma lágrima teimosa rolou por seu rosto.

Fechou os olhos e sentiu como se fosse transportada a outro mundo; olhou à volta e se viu sentada naquele banco de jardim, mas ao mesmo tempo estava numa sala muito limpa. Observou e o viu, ali ao alcance de suas mãos, pequeno e frágil, implorando por sua vida. Assustada, pulou do banco e abriu os olhos.

Seu celular apitou avisando que havia chegado uma mensagem. Abriu-a e arregalou os olhos; lá estava o que nunca

DRAGÕES DE CRISTO | 103

gostaria de ter lido naquele momento, uma reflexão mandada por uma amiga que não sabia o que estava acontecendo com ela. Lá estava uma citação de Charles Chaplin: "Lute com determinação, abrace a vida com paixão, perca com classe e vença com ousadia, porque o mundo pertence a quem se atreve e a vida é muito bela para ser insignificante".

Pensou no companheiro, no homem que amava e não tinha coragem de assumir de verdade; ela o enganava, mostrando a ele a figura que gostaria de ser, mas não tinha coragem de renunciar a tudo que conseguira de material, sendo uma pária de sua própria origem. E se essa fosse a oportunidade de mudar tudo e ser livre, se libertar desse lamaçal onde vivia afundada?

Aquele bebê parecera tão real, seria seu filho, sabia que se chamaria Flávio, como o pai; ele queria esse nome. Passou a mão de novo pela barriga e sentiu o desespero de seu filho lutando pela própria vida. Tentou respirar e não conseguia; gritou como louca e saiu correndo, quando viu estava em frente à casa de seu companheiro. Tirou a chave da bolsa, entrou, a casa estava vazia. Foi para o quarto, deitou-se e dormiu na mesma hora.

Laura se juntou a nós, agradeceu e nos avisou que Ineque nos chamava.

— Ineque os espera no Campus, podem deixar que olharei por Adélia o tempo que for necessário. Ela está num padrão vibratório melhor. Bórgia, ou qualquer outro, não conseguirá penetrar o campo vibratório da casa; além do mais, Flávio, companheiro de Adélia, é um bom homem, então a casa está fora do alcance dos dragões.

— Caso seja necessário estaremos à disposição, está bem? — Ana salientou com boa vontade.

Adélia, desdobrada pelo sono, recebia cuidados de amor e esclarecimentos do plano espiritual. A criança que se ligava ao bendito corpo material em formação serenou; sentia que por enquanto estava seguro.

Voltamos ao Campus. O ambiente estava tenso; centenas de estudantes se dirigiam para a grande praça central, e nos pareceu que algo grave estava para acontecer.

Aproximamo-nos de um grupo que parecia estar coordenando os eventos, dois rapazes discutiam por ter ideias diferentes de como agir nesse momento.

— Não podemos permitir que nossa escola seja destruída dessa forma; não há mais material de laboratório, os professores não recebem seus salários, isto aqui está uma anarquia. Está na cara que nossa reitoria é corrupta, inclusive o reitor mostra sinais de enriquecimento.

— Devemos nos concentrar na frente do prédio da reitoria, reivindicar nossos direitos, e a saída do reitor e seus comparsas. Esse não tem mais jeito, já está comprometido demais.

— E quem será o próximo? Eles vão colocar outro da mesma laia. Devemos invadir o prédio e, se for necessário, quebrar tudo.

— Combinamos que não haveria violência, este é um movimento pacífico.

— Pacífico? Assim não vamos ser ouvidos, pensarão que é mais um grupo de babacas sem nada para fazer. Temos que mostrar a eles que não estamos de brincadeira.

— Chega! Vamos, sim, lutar por nossos direitos, mas sem violência.

Bórgia observava os acontecimentos e coordenava alguns hipnotizadores, instruindo-os a fomentar a discórdia com imagens de violência e destruição.

Os hipnotizadores circulavam entre a multidão de jovens. Aproximavam-se sem pressa, cientes de que seriam recepcionados de maneira favorável aos planos dos dragões. O plano era inibir o processo de educação no planeta, afinal, a ignorância instaurada numa geração é uma arma poderosa nas mãos do mal.

Foi tomada a decisão de acamparem em frente ao prédio da reitoria, de forma pacífica, mas Beto, o líder que defendia a não violência, mostrava sinais de preocupação; não sabia por quanto tempo impediria atos hostis.

Conhecia o companheiro que disputava com ele a liderança, Dácio seu nome; sabia que seus pensamentos eram belicosos e agressivos, e, se não conseguissem uma resposta em curto espaço de tempo, ele levaria a multidão de jovens a uma ação mais invasiva, inclusive usando a força bruta, causando danos graves.

Bórgia se aproximou do campo vibratório do rapaz, Dácio. Sabendo de sua vaidade exacerbada, e da rixa que existia entre os dois estudantes, com facilidade conseguiu sintonia:

— Você permitirá que ele comande seus companheiros? Será fraco a ponto de permitir isso? Ele o persegue e tira de você tudo que mais preza; reaja e tome as rédeas da situação. Observe e seja esperto; ele tem pontos fracos, e você os verá a partir de agora.

Dácio parou e absorveu as ideias. Passou a observar Beto. Lembrou que ele namorava a garota que sempre quis. Ele sempre lhe tirava tudo! E não perdia por esperar, pois se arrependeria de confrontá-lo.

Beto sentiu um mal-estar profundo; fechou os olhos e fez uma oração. Nós o auxiliamos a se proteger energeticamente dos petardos a ele enviados. Procurou a mão de uma moça ao seu lado e temeu por ela; era Lucia, sua namorada. Levantou os olhos e viu Dácio olhando fixamente para ele. Soube então que essa era uma causa pessoal; ele faria tudo para transformar algo de paz em guerra, dor e sofrimento para seus colegas.

Socorristas andavam entre a multidão, auxiliando e aliviando a energia tensa que se intensificava a cada minuto.

O reitor observava da janela de seu escritório; um ódio imenso crescia em seu peito. Chamou um homem de aparência rude e ordenou:

— Descubra quem são os líderes e se informe sobre qual deles é mais acessível aos nossos interesses. Todo mundo tem um preço, vá logo. E preciso de Adélia por aqui; descubra onde está e mande que venha logo.

Adélia, adormecida, sentiu desconforto; a criança em seu ventre voltou a sentir insegurança. Laura se aproximou do campo vibratório de ambos e dispersou a densa energia direcionada a eles.

Inácio foi chamado para auxiliar Adélia e, com carinho, a chamou:

— Adélia, vamos conversar um pouco.

A moça, relutante, abriu os olhos, olhou em volta e sentou no confortável sofá.

— Onde estou? — perguntou ainda sonolenta.

— Veja seu corpo adormecido. Lembra-se de que já conversamos antes? Está desdobrada num momento de descanso para a matéria.

Adélia olhou seu corpo material, passou a mão pela barriga e perguntou:

— Estou grávida mesmo?

— Está, sim. E as ideias que alimenta a respeito disso não são favoráveis ao processo de educação que andamos tentando efetivar.

— Tenho medo! Não sou uma boa pessoa, como posso criar um filho? O que direi a Flávio? Não posso simplesmente continuar a mentir como faço. Como conciliar uma vida familiar sadia para meu filho, se estou presa numa situação sórdida como essa?

— Nada nos impede de recomeçar. Converse com ele, conte a verdade; Flávio é um bom homem, honesto e amoroso. Compreenderá que seu amor é o motivo de seu desejo de mudança.

— Tenho muito medo do que ele fará.

— O que acredita que ele fará? O que você teme? O julgamento conforme o seu próprio pensamento? Haverá momentos de mágoa e insegurança para os dois, mas o tempo se encarregará de mostrar a ambos que a liberdade e a felicidade valeram a firmeza de propósitos.

— Ele pensa que sou uma boa pessoa.

— E por acaso não é? Escute seus sentimentos, que anseiam pela liberdade de amar e ser amada. Somente aquele que deseja o caminho reto sente isso. Os enganos que cometemos por essa vida devem ser encarados como oportunidade de aprendizado, e não algo que nos impossibilita a caminhada.

— Cometi muitos crimes.

— Todos acabamos cometendo deslizes pelo caminho, enquanto encarnados e mesmo após o desencarne. Esses enganos vão sendo erradicados conforme aprendemos a fazer melhor, e podemos reparar esses erros pelo trabalho de recuperação de nosso espírito e sendo úteis aos nossos irmãos.

— Não sei se terei força para me expor dessa forma.

— Precisa escolher entre o orgulho que a inibe de forma agressiva ou a oportunidade de se livrar desse ranço todo. Não posso dizer a você qual deve ser sua escolha; seja ela qual for, você viverá as consequências.

— E meu filho?

— Sinta o amor que os une e saberá o que precisa ser feito.

Adélia fechou os olhos e seu semblante foi relaxando. Ela sorriu.

— Ele me ama.

— E você, será capaz de retribuir a confiança que esse espírito dedicou a você?

Ela abriu os olhos e, pensativa, respondeu:

— Serei sim; ele vai nascer e eu vou enfrentar tudo o que virá e serei digna de meus dois amores.

Enquanto isso, a situação no Campus universitário se tornava mais e mais tensa. Dácio fez do momento uma guerra particular; precisava vencer Beto de qualquer forma. Esse sentimento o fortalecia; desejava ser bem-sucedido nessa batalha, tomaria dele tudo o que lhe importava. Ele o odiava.

Bórgia cercou o rapaz de hipnotizadores, que eram capazes de controlá-lo. Dácio andava pela multidão insuflando o ódio e a ideia de uma rebelião perversa; sentia-se poderoso e importante.

Respirava fundo e sentia que nada poderia impedi-lo de alcançar seus objetivos. Olhou para Lucia e sorriu; pensou com raiva que, se ela não fosse dele, ele a mataria. Não permitiria que ela fosse de outro.

Os jovens acamparam em frente à reitoria; o ambiente era tenso, mas estava sob controle.

Beto pediu uma entrevista com o reitor e o conselho diretor da universidade, o que tornou urgente para o reitor tomar atitudes mais drásticas; temia que o jovem fizesse denúncias a respeito dele.

Alguns dos membros do conselho o reitor controlava com propinas, mas outros nem se atrevera a tentar dominar, pois sabia que eram pessoas honestas. Então temia o resultado da acareação com os líderes estudantis; eles eram jovens e destemidos, não faziam ideia do que havia por trás disso tudo.

Respirou fundo e chamou seu comparsa.

— Por que está demorando a me dar respostas?

— Calma! Não é fácil assim se misturar naquela multidão e conseguir respostas, mas acredito que quem quer ver é um rapaz chamado Dácio, um dos líderes, que está longe de ser tão honesto. Inclusive anda traficando para conseguir uma graninha e terminar a faculdade. Ele não tem muitos escrúpulos, e tem recursos financeiros parcos.

— Qual curso?

— Medicina.

— Certo. Dê um jeito de avisar a ele que deve se encontrar comigo hoje à noite, às vinte e três horas. Frise que não irá se arrepender.

Tibérius nos contatou oferecendo a oportunidade de conhecermos as novas instalações da cidade que abrigava a Comunidade Educacional das Trevas, assim como os prédios destinados ao processo de educação de seus membros.

Ele nos esperava ao anoitecer. Aceitamos a oferta e nos preparamos para visitar o que nos parecia, hoje, muito maior que há poucos dias.

Ineque nos alertou que o perímetro que abrigava a cidadela aumentava a cada minuto com a chegada de novos moradores. Caravanas inteiras adentravam a comunidade e se instalavam, trazendo mais e mais densa energia que se refletia ao redor.

Grupos de socorristas foram destinados a atender a vizinhança. Ao lado da universidade havia um grande condomínio residencial que já sentia os efeitos dessa ação. Famílias se desentendiam, pontos comerciais viam o movimento cair e trazer problemas aos proprietários. O trânsito ao redor do evento estava violento e caótico; mentes humanas ocupadas apenas com as necessidades materiais eram presas fáceis e, sem ao menos saber claramente o que acontecia, contribuíam para a manutenção da energia torpe que alimentava a cidadela.

Olhamos para o alto e percebemos densa nuvem energética que se formava sobre o povoamento; era uma cúpula negra e bárbara, que se movimentava rapidamente, aspergindo raios enegrecidos e flamejantes. Quando tocavam o chão, irradiavam uma onda de alta intensidade que alimentava a dor e o sofrimento.

Criaturas aterrorizadas olhavam para cima, e se obrigavam a pensar em sintonia com o comando dos dragões, condicionados a vigiar pensamentos antagônicos com receio do castigo. Percebemos que a descarga energética dolorosa alcançava apenas os relutantes em se aliar completamente aos objetivos do grupo.

Uma ordem vinda do coordenador de nosso grupo foi dada, nos alertando sobre a benesse dessa ação; sabíamos a quem socorrer e oferecer auxílio. Grupos de socorristas desceram ao solo e, hábeis, arrebanharam preciosa carga de almas sofredoras.

A gravidade da situação exigia, de nosso plano, ação mais efetiva. Foi-nos informado que em todo o globo situação semelhante acontecia; oramos na crença de que deveríamos atender ao chamado do Espírito de Verdade: "Os Espíritos do Senhor, que são as virtudes dos céus, como um imenso exército que se movimenta, ao receber a ordem de comando, espalham-se sobre toda a face da Terra. Semelhantes a estrelas cadentes, vêm iluminar o caminho e abrir os olhos aos cegos".

Jesus nos solicita ajuda. A hora de decidirmos o que queremos para o futuro é agora. Tem início um período de tomada de consciência, a hora da luz, a hora de elegermos para nossa própria felicidade a verdade de nossa origem e buscarmos em nossos corações a fortaleza do amor, que nos faz amáveis e compreensivos. Com o tempo vindouro, haverá dor e ranger de dentes, mas haverá paz e um caminho reto a ser seguido.

Não há mais tempo para sermos criaturas mais ou menos. Deus, nosso Pai, o Criador da Vida, na compreensão de nossas possibilidades, nos fez criaturas amorosas, então dependerá de cada um a felicidade ou a ignorância de manter um estado sem definição correta.

Ele nos conclama a uma ação mais efetiva, para o bem. E, para o bem, teremos sempre tempo. Mas, se definirmos a qualidade desse tempo, avançaremos com mais harmonia e liberdade. Francisco Cândido Xavier nos alertou quanto a esse estado sem definição razoável para com nossa origem como criaturas divinas:

A gente pode morar numa casa mais ou menos, numa rua mais ou menos, numa cidade mais ou menos, e até ter um governo mais ou menos. A gente pode dormir numa cama mais ou menos, comer um feijão mais ou menos, ter um transporte mais ou menos, e até ser obrigado a acreditar mais ou menos no futuro. A gente pode olhar em volta e sentir que tudo está mais ou menos...

Tudo bem!

O que a gente não pode mesmo, nunca, de jeito nenhum... é amar mais ou menos, sonhar mais ou menos, ser amigo mais ou menos, namorar mais ou menos, ter fé mais ou menos, e acreditar mais ou menos. Senão a gente corre o risco de se tornar uma pessoa mais ou menos.

CAPÍTULO II

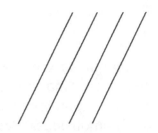

OLHAI OS LÍRIOS DO CAMPO

461. **Como distinguir os nossos próprios pensamentos dos que nos são sugeridos?**

— Quando um pensamento vos é sugerido, é como uma voz que vos fala. Os pensamentos próprios são, em geral, os que vos ocorrem no primeiro impulso.

De resto, não há grande interesse para vós nessa distinção e é frequentemente útil não o saberdes: o homem age mais livremente; se decidir pelo bem, o fará de melhor vontade; se tomar o mau caminho, sua responsabilidade será maior.

(*O Livro dos Espíritos* — Livro II, Mundo Espírita ou dos Espíritos — Capítulo 9, Influência Oculta dos Espíritos sobre Nossos Pensamentos e Nossas Ações)

❖

Ineque se juntou a nós e nos esclareceu que todos os seareiros trabalhando no perímetro seriam instruídos a observar seus companheiros e auxiliar quando necessário.

Chamou nossa atenção para um grande grupo de entidades que se dirigia às ruas, no perímetro material:

— São hipnotizadores treinados, encarregados de manter o estado energético atual, necessário à manutenção da cidadela. Por esses dias deverão ocorrer vários processos de reencarnação; são espíritos que foram treinados para assumir postos importantes na vida pública, políticos, religiosos, importantes empresários. Os dragões seguem um cronograma arquitetado há milênios, e nos dias atuais residem algumas providências cruciais à movimentação programada; mas a arrogância deles nos é instrumento de ação; espíritos melhores interferiram nesses processos reencarnatórios, de tal forma que esses espíritos poderão gozar da boa educação familiar.

— Como assim? Poderia nos esclarecer sobre esse assunto? — questionei o amigo.

— Os espíritos preparados para reencarnar por meio da intervenção dos dragões serão destinados a famílias que são compostas por boas pessoas, amorosas e preocupadas com a boa moral. Espíritos preparados por nossas instituições reencarnatórias receberão em seu seio amoroso esses espíritos. Serão recebidos como filhos amados, que auferirão no convívio familiar novos conceitos de amor e paz — explicou Ineque.

— Eles sabem dessas providências? — questionei o amigo.

— Sabem, sim. Foram contatados por espíritos sublimes, a quem não conseguem contestar, tal a elevada moral e o amor que os caracterizam — disse Ineque.

— E eles se submeterão a essa imposição? — questionei o amigo.

— Na realidade, eles não têm ascendência sobre eles, sobre os mestres que decidiram esse direcionamento familiar, mas, envolvidos por sentimentos prepotentes, acreditam que seus tutelados não serão influenciados por novos ensinamentos e diretrizes de vida — disse Ineque.

Fiquei em silêncio por instantes, absorvendo a informação, então indaguei:

— Seriam os líderes mundiais para o futuro?

— Exatamente. Mas eles terão a oportunidade de escolhas melhores renascendo nessas famílias. E, pelo que sabemos, Tibérius tem a intenção de apresentar a nós as instalações individuais de cada segmento destinado à educação desses espíritos — respondeu Ineque.

— Caso consigam dominar esses setores da vida pública, haverá um grande atraso à evolução do planeta e das criaturas que o habitam — comentou Ana.

— Na realidade, a intenção dos dragões não é apenas atrasar a evolução do planeta no aspecto moral, mas, sim, anulá-la. Pregam que nós somos os invasores, os impostores, aqueles que desejam impor uma moral na qual não creem. A visão do mundo, para eles, é bem diferente. Não reverenciam a ninguém como criador, apenas usam os conceitos religiosos para dominar e forçar ações violentas que os interessam, em nome de Deus. E não subestimem a ação das legiões malignas; elas já estão tomando postos no poder terreno — explicou Demétrius.

— Há uma relação direta entre os comandantes de hoje, desencarnados, e os líderes da Igreja Católica, isso é óbvio; mas eles querem que esse segmento religioso se instale novamente? — indagou Laura.

— Não, o catolicismo se mostra ineficiente nos dias de hoje, pois impõe a reverência à religiosidade em benefício de Deus; eles criaram uma nova forma, miscigenando várias práticas ritualistas de várias religiões, que os beneficia de forma mais efetiva: o segmento evangélico — explicou Ineque.

— Qual a diferença? E todos os que se denominam evangélicos podem ser avaliados da mesma forma? — interpelei o amigo.

— Não. Há templos e igrejas evangélicas bastante sérias, que pregam a palavra do Pai e respeitam o próximo de forma verdadeira. Os templos que se voltam à materialidade utilizam como foco central a obediência a Deus, na figura de Jesus, para obter facilidades materiais. A maioria dos seguidores dessas pretensas religiões chegam a elas atrás de vantagens materiais, da fé fácil, baseada na troca financeira. Tudo tem um preço, e, afoitos pelas promessas de redenção das dificuldades financeiras, desembolsam quantias vultuosas, doando aos templos, não raras vezes, o que não têm. Enquanto isso, os líderes do movimento enriquecem e vivem nababescamente, disseminando vícios e violências de toda a sorte, e financiando novos pontos para arrebanhar súditos — contribuiu Demétrius.

— Isso é um retrocesso? — indagou Laura.

— Não há retrocessos para nenhuma criatura de Deus. Apenas estagnação. Esses irmãos ainda não aprenderam a modificar seu estado moral, vivem apegados à matéria e negam a própria essência. Não há fatalidades em nosso mundo, apenas consequências; escolhemos a cada segundo nosso estágio evolutivo. Deus não traça caminhos, como se fôssemos marionetes, mas nos permite o próprio caminhar — afirmou Ineque.

— A evolução depende de cada criatura, não é um destino certo. Esse avanço pelo qual tanto lutamos tem mais a ver conosco que com Deus. A relação entre as criaturas se dá na medida do necessário; os mais sábios orientam os mais ignorantes, para que possamos usar com mais coerência o livre-arbítrio, que não é nada mais que a livre escolha — esclareceu Demétrius.

— E quanto aos segmentos religiosos evangélicos sérios? Não serão lesados pela fama destrutiva de outros? — questionou Maurício.

— Não. Sobrevivem pela mensagem séria. Há bons amigos de nosso plano que os auxiliam a sobreviver às tempestades — respondeu Laura.

— E Deus nessa equação toda? — indagou Ana.

— Como um Mestre incomparável, nos orienta o caminho, não impondo Sua vontade. É a movimentação que mais nos agrada que ditará, na verdade, o caminho que vamos seguir. E necessariamente não será o mesmo de nosso próximo. Lembremos o alerta de Jesus, quando nos disse que há muitas moradas na casa de meu Pai — opinei convicto dessa ideia, que era bem particular, resultado de minhas reflexões pessoais.

— Interessante suas ideias! E quanto a Jesus? — perguntou Maurício.

— Um irmão querido, aquele ser que é mais sábio, que aprendeu muito mais que nós e hoje tem condições de nos orientar no caminho conforme suas próprias reflexões. É semelhante ao amigo que nos conta suas experiências e descobertas para acrescentar conhecimento às nossas próprias ponderações — acrescentei à conversa.

— Dessa forma, não há erros, conforme nos foi ensinado — ponderou Laura.

— Sempre acreditei nisso. São lapsos de reflexão, antes de ações que praticamos. Enganos bem-vindos que nos trazem desconforto diante de consequências não equacionadas, que na realidade são o motivo de modificarmos atitudes, num movimento bem pessoal, em busca de conforto emocional. No momento ainda transformamos comportamentos por uma causa bem egoísta: evitar sofrimento para nós. A ideia de todo, considerando a humanidade, ainda é uma ideia bem vaga, uma utopia — concluí meu raciocínio.

— Essa exposição teórica é resultado de muita reflexão pessoal? E exclui totalmente a sorte, o fortuito, o acaso? — indagou Ana.

— Sim, minha jovem, muita reflexão. Parti do pressuposto de que, se somos responsáveis por nossas escolhas, embora esse processo seja parcial, como podemos invocar seja quem for para solucionar nossos embates a não ser nós mesmos? Auxílio, sempre teremos, pois o Pai nos concede a graça da presença de amigos melhores no caminho da evolução, além, é lógico, da capacidade inata de educar nossa inteligência, como uma corrente do bem. Mas esse bem é muito particular, visto que cada criatura é única no processo evolutivo como um todo, então seremos influenciados pelas ideias alheias, mas as adequaremos às nossas — contribuí com minhas reflexões.

— Amigos, temos bastante material para refletir sobre o caminhar da vida de cada ser. No momento, Tibérius autorizou nossa entrada na cidadela, devemos nos colocar a caminho — avisou Ineque.

Antes de empreendermos a caminhada em direção à cidadela, passamos para ver Olívia e Eduardo; ambos estavam em sala de aula. Aproximamo-nos e percebemos que o rapaz estava inquieto, olhava a todo minuto uma mensagem em seu aparelho celular.

Era de seu pai, avisando que à noite o esperava no hotel em que se hospedava nas ocasiões de sua visita ao filho, e afirmava estar muito saudoso. O coração do jovem batia descompassado e ele não conseguia absorver nada da matéria exposta. Olívia o observava, preocupada; percebia que algo estava errado, mas perguntava ao rapaz e ele, sorrindo, dizia estar tudo bem.

O professor a ministrar a matéria daquela aula era Fred. Aproximei-me de seu campo vibratório, ele logo percebeu minha presença e ficou atento. Solicitei a ele que prestasse atenção em Eduardo e procurasse conversar com ele. Mentalmente, ele me garantiu a ação solicitada e afirmou já ter percebido que algo não estava bem, visto que ele era um bom aluno, sempre atento às aulas, e hoje parecia estar ausente.

Sugeri a ele que Olívia estivesse presente; ele aquiesceu e me despedi do amigo, afirmando que amigos do plano espiritual estariam presentes ao encontro. Entrei em contato com

Inácio e ele garantiu que ficaria atento, acompanharia a conversa e providenciaria o que fosse necessário.

Enquanto atendia ao casal, Ana foi até Adélia. Seu companheiro acabava de chegar e a encontrou sentada no sofá, no escuro e muito pálida.

— Meu bem, tem algo errado. Você está muito pálida. Precisa que a leve ao médico?

— Não, está tudo bem, mas precisamos conversar; é algo muito sério e para mim muito difícil de enfrentar.

— Está bem, mas você se alimentou hoje?

— Sinceramente, não sei, mas acho que não.

— Deus meu, o que aconteceu para você ficar assim? Lembre-se de que nada é tão terrível assim que não possamos resolver.

O rapaz se aproximou da moça, abraçou-a com carinho e disse:

— Venha, tenho sopa de mandioquinha na geladeira, vou esquentar. Você se alimenta e depois conversamos. O assunto não vai fugir até lá, não é?

— Você não existe, sabia? Disse que tenho algo sério e difícil para conversar com você e ainda está calmo.

— Você me ama?

— Claro que eu te amo.

— Então cem por cento do problema não existe, porque já tem solução. Venha, meu amor, você precisa comer e beber algo calórico para refazer suas forças. Está bem?

Ana, mais tranquila, pediu a um companheiro socorrista que ficasse à disposição do casal durante a conversa, visto que víramos movimentação nas imediações da casa de Flávio. Esta ficava muito próxima do perímetro da cidadela e Adélia era uma peça fundamental no funcionamento da direção corrupta da universidade.

Demétrius pediu a Laura que investigasse a vida do pai de Eduardo, conhecido como Torres. Sabíamos ser um rico empresário no ramo da pecuária e da metalurgia, que possuía vínculos fortes com os dragões. Seria interessante saber qual seu papel nessa trama toda, além de tentar destruir o próprio filho emocionalmente.

Apesar da determinação de ter uma conversa séria com seu companheiro, Adélia foi perdendo a coragem e, no meio da noite, se despediu dele, apesar dos protestos do rapaz, que ficou bastante intrigado com o comportamento da namorada.

Reunimo-nos no mirante da cidade, oramos ao Pai Maior para que nosso encontro com Tibérius fosse promissor à causa do bem. Revestimo-nos de amor e boa vontade, cientes de que poderíamos encontrar pelo caminho tentações que ainda nos podia tocar a alma e enfraquecer nosso ânimo.

Apesar de nossa condição de espírito, procuramos sempre chegar aos locais de reajuste caminhando devagar e observando os acontecimentos e a paisagem à nossa volta. Sempre era proveitoso; encontrávamos irmãos prontos ao socorro, ao esclarecimento, à conversação amiga.

Caminhar por esse mundo maravilhoso era uma ação produtiva. Aprendíamos, por meio da análise da energia que construía o *habitat*, sobre o material necessário à movimentação desses espíritos, bem como o estado espiritual e emocional de seus habitantes.

O caminho íngreme e tortuoso, situado na encosta de uma montanha, era árido e seco. Obrigava-nos a termos mais atenção, pois dificultava o avanço físico de nosso grupo. A vegetação retorcida e rala, semelhante à que encontramos nos desertos, somava-se ao chão pedregoso e escorregadio pela presença de miasmas deletérios.

O céu estava encoberto por densas nuvens carregadas de eletricidade; a paisagem era desoladora e sombria. Sentia tristeza e cansaço, algo incomum para nós, espíritos cientes do trabalho que realizaríamos e das condições edificadas por mentes malfazejas que compunham o ambiente.

Fiquei em silêncio; procurei observar mais atentamente a paisagem. Conforme avançávamos, percebi estranha movimentação. Vimos que, ao longo da trilha que utilizávamos, algumas entidades vestidas em frangalhos, mas com uniforme semelhante ao da guarda suíça do Vaticano, monitoravam nosso avanço e dispersavam cargas de energia que alcançavam nosso grupo, minando de maneira sutil nossas energias.

Demétrius, por pensamento, alertou todos sobre essa ação. Em silêncio e unidos, proferimos doce prece ao universo, solicitando auxílio energético e fortalecimento para a realização de nossos projetos de auxiliar aquela comunidade.

Ao final da trilha íngreme, chegamos ao topo do monte que escalávamos e vimos a cidadela que se estendia além do que imaginávamos. O ajuntamento havia crescido e nos pareceu bastante organizado. Era dividido em setores que eram visíveis mesmo à distância.

— Eles estão mais organizados do que antes. Vejam, o prédio principal está bem no centro, as edificações estão dispostas num círculo perfeito, que está subdividido em oito porções exatamente iguais, diferenciadas apenas na cor. Vejam os habitantes. Eles se vestem de acordo com a área que habitam — alertou Ineque.

— Não existem mais habitações individuais, apenas os prédios comunitários. Eles estão fixados no objetivo dos dragões; me parece que a individualidade não é mais considerada nesse novo modelo — completei as observações de Ineque.

— Há um campo energético que envolve todo o perímetro. Observem que há postos localizados em volta do círculo, distantes apenas em metros um do outro. É deles que se origina a cúpula de energia, e me parece que dentro de cada cabine há nove entidades dispersando intensa carga energética — observou Demétrius.

Nesse instante, ouvimos a voz de Tibérius, nos alertando que alguns de seus seguidores se juntariam ao nosso grupo e o escoltariam ao prédio central.

Em silêncio e em prece, seguimos as entidades mandadas por Tibérius para nos assessorar pelo caminho até o prédio onde nosso irmão nos esperava.

Seguimos pela cidadela e nos admiramos com a ordem e o silêncio que por ali imperavam. Não havia bagunça, apenas mentes desconexas. As entidades caminhavam pelas ruas de cabeça erguida e não cruzavam o olhar conosco, como era de costume. Percebi que seguiam à risca as ordens que recebiam, como se estivessem ausentes, apenas fantoches obedecendo, sem perigo de questionamentos perigosos.

Voltei minha vista ao longe, para os postos que havíamos observado na periferia da cidadela. De lá se originavam raios de energia que se concentravam e se ligavam a uma grande torre, localizada no alto do prédio principal. Os raios eram absorvidos por um grande dispositivo e dispersados em seguida, formando uma grande cúpula de energia que banhava toda a estrutura que compunha a comunidade.

— Hipnose coletiva! — sentenciou Ineque.

— Mas isso os enfraqueceria, não é? — perguntei ao amigo.

— Não sei, realmente, não sei. Observe os rostos das pessoas que cruzam nosso caminho; não estão apáticos, apenas com as mentes focadas no objetivo principal — respondeu Ineque.

— Tibérius, com certeza, irá nos esclarecer esse assunto — afirmei, pensando no Tibérius que fora acolhido por benesse do Pai.

— Veremos. Vejam, estamos próximos à entrada.

Observei à distância o caminho que levava a uma praça. Tratava-se de cópia perfeita da Praça de São Pedro, no Vaticano.

Entramos numa grande alameda que antecedia a praça. A carga energética estava reforçada, e as entidades, atentas aos nossos movimentos. Desembocamos na praça, circular, rodeada de grandes colunas que sustentavam enormes edificações. No ponto central estava situado o centro de toda a movimentação dos dragões sediados em nossa região.

Admirado, orei ao Pai Maior, imaginando todo o conhecimento e esforços aplicados na construção e manutenção desse ambiente, caso fossem direcionados ao bem da humanidade. Otimista quanto ao futuro, sorri, pois sabia que para esse fato acontecer era apenas questão de tempo.

CAPÍTULO 12

UM QUERIDO AMIGO

462. Os homens de inteligência e de gênio tiram sempre suas ideias de si mesmos?

— Algumas vezes as ideias surgem de seu próprio Espírito, mas, frequentemente, lhes são sugeridas por outros Espíritos, que os julgam capazes de as compreender e dignos de as transmitir. Quando eles não as encontram em si mesmos, apelam para a inspiração; é uma evocação que fazem, sem o suspeitar.

Comentário de Kardec: Se fosse útil que pudéssemos distinguir os nossos próprios pensamentos daqueles que nos são sugeridos, Deus nos teria dado o meio de fazê-lo, como nos deu o de distinguir o dia e a noite. Quando uma coisa permanece vaga, é assim que deve ser para o nosso bem.

(*O Livro dos Espíritos* — Livro II, Mundo Espírita ou dos Espíritos — Capítulo 9, Influência Oculta dos Espíritos sobre Nossos Pensamentos e Nossas Ações)

Enquanto caminhávamos em direção ao prédio central, ao encontro de Tibérius, Laura procurava obter algumas informações a respeito do pai de Eduardo, Torres; para tanto, visitou o departamento específico com a intenção de obter autorização para algumas pesquisas.

Laura foi recebida por uma senhora muito simpática e amável, que logo entendeu a urgência de nosso pedido e encaminhou nossa amiga para uma sala reservada.

Uma grande tela ocupava a parede central. A senhora instruiu Laura a falar em voz alta o nome da pessoa ou assunto a ser pesquisado, e ela assim o fez.

Inicialmente, surgiu um relatório resumido das últimas encarnações de Torres, sendo que a última havia sido na Idade das Trevas, com 1452 como ano de nascimento e 1491 como o da morte física de Torres.

Laura pediu informações sobre esse período e constatou que ele pertencera ao clero, sendo de família abastada e tendo índole maligna. Desfrutara de cargos importantes dentro da Igreja, cometendo várias atrocidades.

Laura questionou ligações entre Eduardo e Torres. Eles tinham sido sobrinho e tio, e o mais velho o submetia a terríveis crueldades, alegando doloroso processo de educação. O menino crescera entre as paredes do seminário, humilhado e violentado constantemente. A raiva e a humilhação o tornaram cético e descrente de qualquer ato de bondade sobre a terra, e ele se isolou do mundo. Em silêncio, odiava e planejava terríveis vinganças contra aqueles homens que se diziam santos.

Ele andava em quietude, cuidando para que seus passos não fossem ouvidos; queria ser invisível, assim não despertaria a cobiça lasciva daqueles monstros. Entrou de mansinho na biblioteca e viu sua mãe e seu tio, que era irmão dela, em atos sexuais. Apavorado, gritou com todas as forças e desmaiou; acordou com sua mãe sentada ao seu lado. A mulher chorava muito e pediu perdão pelo que o rapaz havia visto. Matreira, o fez acreditar que sucumbia à chantagem do irmão, que ameaçava a vida de seu filho querido caso ela quebrasse o silêncio.

Eduardo, que já odiava o tio de forma impiedosa, prometeu à mãe que se vingaria dele, que seria implacável e a livraria desse mal. A mulher viu nesse momento uma forma eficaz de se livrar do irmão e se tornar a única herdeira da grande fortuna de sua família. Afinal, eles eram os herdeiros diretos, não havia outros.

Instruiu o filho na arte do envenenamento, salientando que nada deveria ligá-los à morte de Torres.

Torres foi definhando, ficando mais e mais doente.

Eduardo, instruído por sua mãe, deixou escapar a informação de que o tio estava muito doente; era leproso e se recusava ao isolamento. Para convencer a todos, um novo tipo de veneno foi incluído em sua dieta mortal, a fim de que manifestasse sintomas da terrível doença, tão temida na época. Todos se afastaram, apenas o sobrinho cuidava do homem, aproveitando o momento terrível para torturar e maltratar seu algoz.

Torres morreu, tendo sido recepcionado por seus confrades do mundo espiritual como herói. Havia contribuído de maneira significativa para destruir um pouco uma religião que tinha por função primordial salvar as criaturas da barbárie, seguindo modelos maravilhosos de comportamento deixados por Jesus de Nazaré.

Eduardo criou vida nova com a morte do tio. Instruído por sua mãe, afastou todos os que o submetiam à humilhação da violência física, mental e moral. Aos poucos, todos morreram envenenados, num terrível processo de ódio e vingança. Ele se tornou calculista e frio; almejava um alto cargo, o que conseguiu aliando-se a outro tio, Rodrigo Bórgia.

Já na meia-idade, conheceu uma criada que inspirou nele sentimentos melhores. Era uma senhora de seus quarenta anos, contratada para cozinhar para ele, obrigada a experimentar todas as comidas que fazia. Eduardo estava paranoico, medroso de sofrer retaliações de seus inimigos, que não eram poucos; sabia os efeitos dos diversos venenos que utilizava para se livrar de quem o incomodava e era como se morresse um pouco por dia esperando por isso.

Olívia era essa senhora, sempre calma, quieta e atenciosa com ele. Olhava nos olhos dele, sem temor e com carinho. Ela via além da manifestação material daquele homem. Olhava para ele e via o sofrimento escondido nos olhos assustados. Aos poucos, foi ganhando a confiança do homem, que agora já ocupava o cargo de arcebispo dentro da Igreja. Ele se apaixonou por Olívia, e se espantava por isso, pois ela não era jovem e nem mesmo atraente; como podia amá-la?

Olívia o admirava, como o homem que a recebia todos os dias, eles criaram o hábito de comer nos aposentos reservados a ele; sentavam-se à mesa luxuosa e degustavam as iguarias que ela fazia com todo o carinho. Um dia, ele se declarou a ela; foi um dia feliz, pela primeira vez ele se sentiu amado. Ela não queria nada, não pedia nada, apenas a oportunidade de estar com ele e amá-lo. Era um amor verdadeiro e infinito, um reencontro entre almas que se afinavam.

Eduardo foi mudando suas atitudes, tornando-se melhor, mais compassivo e humilde. A única coisa que o mantinha são era esperar as visitas de Olívia.

Rodrigo Bórgia, já o papa Alexandre VI, desconfiou de que algo não saía como planejado; o escravo emocional não mais o obedecia. Estava se tornando um empecilho para ele. Mandou um de seus guardas investigar a razão disso e logo soube de seu relacionamento amoroso com a velha cozinheira. Não podia entender esse comportamento, afinal, ele podia escolher qualquer jovenzinha do condado. Por que uma velha?

Mandou chamar Olívia para uma conversa e ameaçou matar os filhos e os netos dela se não colocasse veneno na comida de Eduardo. A moça, temerosa pelo que podia acontecer ao seu amado, contou a conversa a Eduardo. Ele afirmou que não se preocupasse; sabia o que fazer.

Eduardo aliou-se aos inimigos do papa Alexandre VI, que vivia uma época conturbada, fragilizado pela morte violenta de seu filho, o duque de Gandia, que fora assassinado. O papa, entristecido, clamou que isto era uma punição por seus pecados, então convocou os cardeais para reformar a Igreja e acabar com o nepotismo. Mas as reformas não foram adiante, afinal, essa atitude iria contra os interesses de seus dirigentes. Num terrível conluio, os envolvidos providenciaram o envenenamento do papa, inclusive com a ajuda de seu filho Cesare.

Para a história da humanidade, o papa Alexandre VI foi considerado o mais violento e corrupto dos representantes da Igreja Católica. Seu comportamento foi estudado e analisado por vários estudiosos, tendo sido considerado o mais grave modelo da crueldade, conforme podemos observar na obra do alemão Volker Reinhardt, intitulada *Bórgia, o papa sinistro*, ou ainda no livro do jornalista, professor de História e Literatura Italiana Mario Dal Bello, nomeado Os *Bórgia — a lenda negra*; este último se refere à família Bórgia.

Laura entrou em contato conosco e nos informou sobre as descobertas feitas. Podíamos agora ligar alguns fatos e reações dos envolvidos nessa trama toda.

Adentramos o prédio central. De início fomos recebidos por uma senhora vestida sobriamente, com trajes escuros, pouca maquiagem, cabelos impecáveis, bastante solícita e educada.

— Por favor, vou registrar sua entrada e depois devem passar à próxima sala, onde receberão algumas instruções.

Ela aproximou de nós um pequeno aparelho, o qual fazia uma leitura, por meio da qual foi citando nossos nomes e funções, relativos à nossa última encarnação. Aproximou-se de Maurício, fez a dita leitura, olhou para ele com ironia e falou:

— Deveria estar do nosso lado, e não com eles. Sua história é bem semelhante à de muitos por aqui. Não gostaria de mudar agora?

— Agradeço sua oferta, mas estou bem com meus amigos.

— Bom, conosco teria muitas vantagens e facilidades. Marta[1] ainda anda por aqui, sabia disso?

— Sei, sim. Uma escolha pessoal de minha amiga.

— Você não se importa com isso?

— Muito. Mas apenas Marta pode mudar esse caminho.

— Gostaria de vê-la?

— Se ela o quiser, teremos o maior prazer em conversar com ela.

Fiz menção de intervir, com receio do sofrimento do jovem Maurício, mas, mentalmente, ele nos tranquilizou, afirmando que estava bem, sabia o que ela estava tentando fazer e tinha certeza de sua intenção nos dias de hoje. Mais tranquilos, permitimos a ele que terminasse aquela conversa da maneira que achasse correta.

— Quanto à nossa visita ao seu comandante, que é o assunto que nos trouxe aqui, quais são as instruções?

— Acabei minhas providências aqui, vou acompanhá-los à próxima sala.

Ineque caminhou à frente, sempre nos alertando sobre a natureza de nosso trabalho e que a comunidade trevosa que visitávamos estava imersa em energias hipnóticas, nos aconselhando vigilância dobrada com a qualidade de nossos pensamentos.

Fomos introduzidos numa grande sala, teto abobadado coberto por pinturas sacras, contando a história daquela

---

1 Refere-se à personagem do livro *Vidas em Jogo*, autoria espiritual de Maurício, psicografia de Eliane Macarini.

comunidade. Ao centro, o retrato do grande comandante, ainda sem rosto, sentado numa grande mesa, rodeado por seus discípulos. A pintura era uma cópia tosca da magnífica pintura de Leonardo da Vinci, A Última Ceia, um afresco pintado para a igreja de Santa Maria delle Grazie em Milão, na Itália, cuja construção foi encomendada pelo seu protetor, o duque Francisco Sforza. A obra se refere à Última Ceia de Jesus com os Apóstolos pouco antes de ser preso e crucificado. É um dos bens culturais mais conhecidos e estimados do mundo.

— Na pintura original são doze apóstolos e Jesus, que deram um novo caminho à humanidade — disse para a senhora. Ela sorriu e respondeu em voz alta:

— Os Dragões de Cristo planejam tudo para a nossa motivação. São soldados de Deus na Terra, perfeitos para nos dominar e serem seguidos sem questionamentos. São nove guerreiros mestres, pois este é o número da perfeição, do altruísmo, da fraternidade e da espiritualidade verdadeiros, livres de equívocos. Representam o final de um ciclo e o começo de um novo, o momento da compreensão e da unificação dos povos. Não mais seremos escravos das mentiras e dos engodos; trabalhamos com Jesus e ele nos comanda. Homens e mulheres terão a oportunidade da realização plena de suas aspirações e desejos, dedicando-se à salvação das almas, ao amor universal, sem condições estabelecidas por individualidades. Nove sábios que nos comandam, portadores do maior poder espiritual com que os homens e mulheres possam sonhar. Vivemos a experiência cabalística de todas as sequências numéricas como aprendizado e, finalmente, ele virá nos salvar. Nós somos a plenitude do espírito, a totalidade e a conclusão.

Observamos a senhora, que, conforme falava conosco, crescia diante de nossos olhos, numa atitude de descontrole emocional; seu peito pulsava e os olhos saltavam no rosto muito pálido. A aparência de perfeição estética se foi como num passe de mágica; o fanatismo a consumia em ideias desconexas e destruidoras, era apenas um farrapo sofredor diante de nossos olhos.

Nesse momento, um homem de aparência truculenta adentrou o ambiente e olhou-a de frente. Ela voltou à forma inicial, desculpou-se e saiu do ambiente.

— Desculpem o transtorno; deverão esperar pacientemente nesta sala. Assim que for possível, o comandante mestre Tibérius os atenderá.

Saiu da sala, levando consigo a senhora que demonstrava aturdimento e confusão mental. Acomodamo-nos nas poltronas confortáveis e mantivemos a mente atenta e em prece amorosa por aquelas criaturas ainda tão ignorantes da verdade de sua criação.

Várias entidades transitavam por ali, algumas esperando, como nós, por atendimento em vários setores administrativos localizados no grande prédio central. Energias diferentes eram sentidas por nós, ora densas a ponto de acreditarmos não poder respirar. Outras vezes, de intensidade agressiva, a cuja ira precisávamos fazer um bom esforço para não sucumbir. Outras tantas eram lembranças de feitos não tão nobres praticados por nós, que vinham à lembrança e nos ameaçavam o bom ânimo.

O tempo passava, e Tibérius não autorizava nossa entrada em seus aposentos administrativos.

Ineque nos avisou que deveríamos voltar ao posto de socorro, visto que não se interessavam pela nossa presença, e essa espera já podia ser vista como improdutiva.

Levantamos da poltrona e nos dirigimos à porta. Nesse instante, um homem de estatura mediana e feições agradáveis nos interpelou; avisava que Tibérius se desculpava pela demora e nos receberia naquele instante. Ineque se adiantou e falou com firmeza:

— Por favor, transmita a ele nossos agradecimentos pela acolhida, mas temos outras atividades que se fazem urgentes. Voltaremos assim que for possível, e se para ele for interessante.

— O comandante não irá gostar de sua atitude.

— Não se preocupe, ele entenderá.

Saímos do grande prédio e voltamos ao posto de socorro. O coordenador dos trabalhos socorristas estava à nossa espera.

CAPÍTULO 13

A BONDADE CONSTRÓI A LIBERDADE

463. Diz-se algumas vezes que o primeiro impulso é sempre bom; isto é exato?

— Pode ser bom ou mau, segundo a natureza do Espírito encarnado. É sempre bom para aquele que ouve as boas inspirações.

464. Como distinguir se um pensamento sugerido vem de um bom ou de um mau Espírito?

— Estudai a coisa: os bons Espíritos não aconselham senão o bem; cabe a vós distinguir.

(*O Livro dos Espíritos* — Livro II, Mundo Espírita ou dos Espíritos — Capítulo 9, Influência Oculta dos Espíritos sobre Nossos Pensamentos e Nossas Ações)

Os estudantes que planejavam um atentado numa festa denominada *rave*, um tipo de evento que acontece em sítios, longe dos centros urbanos, ou em galpões, com música eletrônica, chegaram a um acordo sobre a maneira que realizariam o ataque terrorista. Precisávamos tomar providências urgentes.

O evento escolhido seria mesmo a festa, a *rave* que organizavam. Duraria mais de doze horas, durante as quais DJs e artistas plásticos, visuais e performáticos apresentariam seus trabalhos, interagindo, dessa forma, com o público, e os participantes estariam tão perturbados que nem notariam o que estava acontecendo.

O termo *rave* foi originalmente usado por caribenhos de Londres em 1960 para denominar sua festa local. Em meados da década de 1980, o termo começou a ser usado para descrever uma cultura que cresceu do movimento *acid house* de Chicago, nos Estados Unidos, e evoluiu no Reino Unido.

Hoje em dia existe outra denominação que caracteriza a *rave* de pequeno porte: PVT, ou seja, *private*, ou festa privada, na qual a maioria das pessoas que comparecem são convidados e convidados dos convidados, sendo realizada também em sítios, chácaras ou outros lugares ao ar livre.

Infelizmente, nos dias atuais, no valor dos ingressos estão liberados a bebida e o uso de substâncias tóxicas sintéticas, que são criadas em laboratórios e distribuídas como meios de recreação — drogas caras a que poucas pessoas têm acesso.

O perfil do usuário que consome esse tipo de droga é outro. Por ser uma droga cara, este tipo de substância bate às portas das classes média e alta, geralmente universitários, de boa escolaridade, pessoas que estão inseridas no mercado de trabalho e são produtivas em uma sociedade civil organizada.

DRAGÕES DE CRISTO | 133

Essas drogas são consumidas em um contexto predominantemente recreativo, em que a música e o cenário contribuem para a "viagem" e o bem-estar do indivíduo, alterando o seu estado de consciência.

Os efeitos dessas drogas são os mais diversos; muito dependem de como são administradas e em qual forma são consumidas, seja em comprimidos, injeção, papel ou pó. Elas estimulam o sistema nervoso central, causando aceleração do batimento cardíaco, sudorese, náuseas, calafrios e, com o uso frequente, podem causar também danos à atenção, à memória, ao fígado, e, passada a euforia, advém um processo depressivo do sistema nervoso central que pode levar ao coma e induzir ao suicídio.

Nossos jovens amigos resolveram que a melhor forma de cumprir as ordens de seus mandatários seria obrigar um colega de faculdade a consumir uma grande quantidade de alucinógeno que provocasse estados delirantes assustadores e entregar a ele uma metralhadora, porém esse plano terrível foi contestado por Airton, que garantiu aos amigos que não se preocupassem; ele já havia resolvido esse ponto da questão. E os tranquilizou de que não seria durante a *rave*, uma vez que havia recebido instruções de seus companheiros.

Saiu da sala em silêncio, enquanto os outros jovens respiravam aliviados.

— O que será que ele vai fazer? Vocês ouviram que ele disse que os caras eram companheiros dele? O cara está ficando louco com esse negócio de religião — comentou Túlio.

— Estou ficando assustada. Essa coisa de terrorismo é séria, ouvi falar que os convertidos se tornam armas nas mãos desses caras e até se matam por essa coisa doida. Não seria melhor cortar relações com ele, já que ele resolveu assumir essa porcaria sozinho? Não corremos perigo? — completou Priscilla.

— Ouvi falar em homens-bomba. Será que o Airton é um deles? Ele anda esquisito, se vestindo diferente, está deixando a barba crescer. Estou ficando apavorada; tenho medo de acordar com a garganta cortada — disse Fran.

— Larga mão de ser besta. Se ele cortar sua garganta, você não acorda. Seja lá o que for, ele vai pagar nossa dívida. Se for se matar em nome de alguma besteira, é menos um para dividir a grana — opinou Túlio.

— Está certo. Precisamos ir para a aula hoje. O Fred está na nossa cola. Estamos com muitas dependências — falou Fran.

— E quem quer se formar? A vida de estudante é boa demais — falou Priscilla rindo alto.

Adentramos um dos quartos da mansão. Airton estava em posição de oração, ajoelhado sobre um tapete impecavelmente limpo, seguindo os rituais islâmicos. Compenetrado, repetia as palavras consideradas sagradas.

Aproximamo-nos de seu campo vibratório e percebemos a violação mental da qual era cúmplice. O pensamento fixo, a boca apenas repetia palavras sagradas aos seguidores do islamismo, segmento religioso com ideologia belíssima, mas deturpado por alguns espíritos mais ignorantes.

Sua mente mostrava-se povoada por ideias corrompidas, com o objetivo de alienar e manipular comportamentos, a fim de direcionar atitudes doentias e maldosas.

Airton estava sob o efeito da hipnose que o arremessava ao futuro, onde seria glorificado e recompensado com a vida divina, cercado por esposas que o mimariam e amariam. Uma ideia distorcida das recompensas de Alá.

Assim como cristãos e judeus, os muçulmanos acreditam que, no futuro, todos os seres humanos serão julgados por Deus. Depois de avaliar a conduta em vida de cada um, Ele determinará quem vai para o paraíso e a quem caberá o inferno. O primeiro, um lugar maravilhoso, onde não há necessidades, dor ou doença, está reservado aos bons e fiéis. Lugar de recompensas, e cada um terá aquela que quiser, porém sempre voltada ao divino e ao respeito ao próximo.

À volta de Airton algumas entidades, concentradas no trabalho que realizavam, não nos percebiam, mas outras que ali estavam para protegê-lo logo ficaram alertas e passaram a observar e perscrutar a energia que os envolvia e se modificava com nossa presença. Ficamos visíveis a eles. Uma moça com o corpo coberto por uma túnica e a cabeça por um turbante se aproximou de nós.

— Não permitimos a presença de ímpios, vão embora. — ordenou-nos a criatura com firmeza e certa indiferença transparecendo na voz.

— A menina está bem? — perguntei a ela.

— Não nos atrapalhe a devoção, apenas isso — respondeu-me ainda com indiferença.

— Parece bastante triste — voltei a falar.

Ela apenas nos olhou e mentalmente ordenou a seus companheiros que nos expulsassem do ambiente. As entidades nos rodearam, espargindo densas vibrações, e as retornamos a eles como bênçãos de luz.

A moça nos olhou. Víamos apenas aqueles olhos sem emoção, atrás das vestes pesadas. Ela ordenou aos comparsas que a seguissem; sabíamos que retornariam em breve, apenas se retiravam como parte de uma estratégia bem arquitetada.

Airton se levantou de sobre o tapete, sentando-se na cama. Sentia muito cansaço. Deitou-se em posição fetal, fechou os olhos e sentiu-se muito solitário, como sempre fora nessa vida.

Pertencia a uma família tradicional e de posses da cidade de São Paulo, mas estava sempre só, cuidado por empregados e babás. Via os pais apenas esporadicamente, geralmente quando estavam trajados ricamente para participarem de algum evento.

Ao se aproximarem dele, sempre com olhar ausente, o beijavam sem emoção alguma e iam embora, deixando atrás de si um rastro de perfume caro.

O menino aspirava aquele cheiro e sonhava que a mãe estava com ele, brincando e rindo de suas trapalhadas. Abria os olhos e estava só, apenas ele e uma porção de empregados que cuidavam dele em troca de dinheiro.

Nunca se sentiu amado e necessário a alguém, mas agora era diferente, ele era importante a uma causa humanitária.

Cumpriria o que lhe fora designado, estava ansioso para isso. Depois teria o que merecia: uma família, esposas e filhos; seria recompensado. Nunca mais seria sozinho; era grato por ter conhecido seus companheiros.

Airton adormeceu. Com o carinho e a assistência de Inácio o ajudamos num desligamento oportuno. Conversaríamos com ele, esclarecendo as verdades contidas no Alcorão, o livro sagrado do Islã.

Maomé é o profeta maior do islamismo. A primeira de várias revelações que mudariam sua vida aconteceu num momento de solidão; havia se isolado naquele lugar para meditar. Mas um anjo chamado Gabriel apareceu, ordenando que o homem recitasse uma mensagem divina. "Não me acho digno de tal tarefa", ouviu como resposta. Mas o mensageiro insistiu. Maomé, enfim, acabou por obedecê-lo, repetindo em voz alta as palavras de Alá, transmitidas pelo anjo. Cada palavra revelada a ele, mais tarde, seria por ele professada. Foi em uma caverna no monte Hira, perto de Meca, na Arábia, que Maomé teve a mensagem devidamente registrada em um livro: o Alcorão.

As Escrituras do Islã são um conjunto de ensinamentos, orações, reflexões e regras de Deus para os homens. Tudo isso foi dividido em 114 suratas, como são chamados os capítulos que compõem o livro sagrado. Com base nessa mensagem, Maomé passou a pregar em Meca e a combater o culto a várias divindades, muito comum na época em que viveu. Foi assim que ele fundou a terceira religião monoteísta da história, o islamismo.

Os muçulmanos — como são chamados os seguidores dessa fé — defendem a crença em um único Deus, benevolente e misericordioso. E acreditam que Maomé, um exemplo para a humanidade, foi seu último profeta.

O caminho para aprender sobre Deus requer a leitura do Alcorão. É ali que Ele, entre um ensinamento e outro, apresenta suas principais características. O livro diz que Alá é infinito.

Isso significa que não tem começo nem fim, não é sujeito ao tempo, não nasceu, não envelhece nem morrerá. Alá também é justo e misericordioso, portador de uma mensagem à prova de falhas ou contradições. Sua capacidade de perdoar é infinita para aqueles que vivem em harmonia com as leis divinas. E Sua bondade é superlativa, pois se estende a todos os seres humanos.

Nenhuma passagem do Alcorão, entretanto, apresenta Alá como um Deus trino, ou seja, três pessoas e uma unidade, como no cristianismo, ou como um guerreiro que luta por seu povo nas frentes de batalha, como descrito na Bíblia Hebraica. Mesmo assim, os muçulmanos acreditam que o Deus das três tradições monoteístas é um só e revelou a mesma mensagem, tratando apenas de atualizá-la em cada época. O islamismo reconhece vários personagens bíblicos como profetas, entre eles, Jesus, Moisés, Noé e Abraão. Mas a mensagem divina, segundo a tradição islâmica, só foi revelada de forma completa a Maomé e por meio do Alcorão.

No livro sagrado do Islã, o patriarca Abraão é mostrado como um dos primeiros homens a defender a fé em um Deus único.

A surata 21 conta que ele chegou a destruir imagens das várias divindades adoradas pelo povo. Mais tarde, Deus recompensou-o por sua devoção, conduzindo-o à Terra Prometida.

Noé, que viveu anos antes de Abraão, também provou sua fé. Em obediência a Alá, construiu uma arca gigantesca para salvar do dilúvio sua família e várias espécies de animais. E Jesus, embora não seja considerado um Messias ou um Deus encarnado, aparece no Alcorão como um homem de conduta exemplar e escolhido para transmitir as mensagens divinas. Todos esses personagens são vistos como professores que vieram ao mundo anunciar a verdade sobre Deus. Diz o Alcorão que Maomé é um deles, o último e mais exemplar de todos.

Não foi à toa que Alá escolheu Maomé para revelar Sua mensagem. O profeta do Islã era considerado um homem sério, justo, trabalhador. Sua conduta sempre foi tida como exemplar e sua fé, como inabalável. Por isso, tornou-se uma referência para os muçulmanos. Tanto os ensinamentos do Alcorão quanto o exemplo de Maomé deixam claro o que Deus deseja para a humanidade. É possível servir a Deus, por exemplo, realizando o conhecimento do divino em si mesmo, buscando o crescimento interior na relação com Ele.

O Alcorão também reúne ensinamentos éticos: não matar, não roubar, buscar a justiça e a sabedoria. Até cuidar do próprio corpo, consumindo alimentos saudáveis e renunciando aos vícios. E ainda contém os chamados cinco pilares do Islã, deveres básicos de todo muçulmano. O primeiro é testemunhar que não há outro Deus senão Alá e que Maomé é Seu profeta. Os demais são: fazer cinco orações diárias em horários específicos; jejuar no Ramadã, que é o nono mês do calendário lunar muçulmano; dar esmola aos pobres, uma prática chamada *zakat*, ou purificação; e fazer a peregrinação até Meca pelo menos uma vez na vida.

Os sufis, que representam a ala mística do islamismo, também seguem essas regras, mas almejam um contato "mais íntimo" com Deus.

Seguir os ensinamentos divinos tal como foram ensinados, no entanto, é algo que cabe unicamente aos fiéis. De acordo com a tradição, Alá deu aos homens o livre-arbítrio e as orientações para que cada um faça a escolha certa.

O mundo é um lugar de testes, por isso há o bem e o mal, ambos criados por Ele, mas o devoto nunca está sozinho em sua jornada. Ele tem o livro sagrado, o exemplo do profeta e a orientação dos líderes religiosos. Sem contar a oração, é claro.

O paraíso islâmico é um lugar de recompensas, onde não há dor nem doenças, muito menos necessidades.

Porém, esses conceitos sagrados foram deturpados e adaptados à necessidade de alguns grupos extremistas, que acreditam que somente causando dor e sofrimento a humanidade respeitará suas crenças.

Airton estava envolvido nesse contexto religioso de tal forma, que, mesmo desdobrado, não conseguimos livrá-lo por um segundo da proteção energética que fora criada para envolvê-lo, visto que ele, mentalmente, a aceitava de forma irrefutável.

Antigo companheiro do rapaz foi trazido à sala no plano espiritual onde Airton estava sendo atendido. Entrou mansamente no recinto e nos olhou com agradecimento.

— Boa noite, amigos. Agradeço a atenção que estão dedicando a Airton. Ele é um filho querido que negligenciei no passado, e hoje, diante de uma encarnação em circunstâncias semelhantes, acordaram em seu íntimo a revolta e uma carência afetiva grave, resultando no momento que vivemos.

— Boa noite, desculpe perguntar, mas o que aconteceu de tão grave?

— Eu era um homem muito ocupado, minha esposa morreu dando à luz Airton. Embora a amasse, fiquei com muita raiva por me deixar sozinho com uma criança, e confesso que não tinha ideia do que fazer com aquele pequeno ser.

"Contratei uma ama de leite, que depois se tornou responsável por ele, mas não sabia que aquela mulher possuía uma mente doente. Ele foi abusado sexualmente desde o berço. Cresceu acreditando que aquilo era amor, então agiu da mesma forma. Descobri seus desmandos quando contava dezesseis anos; ele abusou de uma criança de nove, filha de uma empregada. Recompensei a mulher pelo dano feito à menina. Tranquei o garoto num seminário e o obriguei a seguir a carreira religiosa, mas podem imaginar que esse ato não foi uma solução. Pior que isso, agravou os problemas que já existiam. Antes, um cardeal se apaixonou por ele, porém Airton o recusou, e foi punido e humilhado diante de todos. Trancafiado num calabouço como punição, diariamente recebia a visita de um membro do clero, que o assediava. Airton, traumatizado pelo sofrimento e pela humilhação impostos a ele, desenvolveu uma raiva ímpar contra a religião católica e prometeu vingança.

— Então, Airton não está filiado à Comunidade Educacional das Trevas? — indaguei ao amigo.

— Está, sim. Dentro da cidadela há vários setores organizados, e um deles se refere à educação islâmica. E, como podemos imaginar, os conceitos filosóficos desse segmento religioso foram totalmente corrompidos — elucidou-nos Atílio, esse o nome do mentor de Airton.

— Senhor, Deus do Perdão, há muito mais, então? — comentou Maurício.

— Muito mais, meu jovem. Eles compreenderam há muito tempo que a união de várias formas religiosas era mais proveitosa que o separatismo. Assim como nós, desencarnados e livres de uma parte dos preconceitos tão familiares às nossas vivências pretéritas, compreendemos que a maneira como nos devotamos ao divino não importa, mas o que conta é a maneira como percorremos o caminho — respondeu Atílio.

— Mas os espíritos ainda ignorantes fazem dessa diferença motivos de guerra, não é? — indagou Ana.

— Com certeza, e isso se torna uma arma de destruição nas mãos dos imprudentes. Vejam, Inácio está trazendo Airton de volta ao corpo material — disse Laura.

O perispírito se encaixou ao corpo material. Airton sentiu certo desconforto e se mexeu, Abriu ligeiramente os olhos, mas sentia muito cansaço e voltou a dormir.

— O garoto está muito envolvido psiquicamente nesta situação; anseia pelo desfecho da morte violenta, vê isso tudo como forma de se libertar de tanto sofrimento. Acredita mesmo estar a serviço de Alá e nos seus devaneios se vê na presença do mesmo, ouvindo as promessas da boca da própria divindade. Sofreu um processo de hipnose muito bem articulado. Conseguimos abrir uma pequena brecha em seu mundo emocional, acordando sentimentos genuínos por uma menina que era neta de uma das empregadas de sua casa, mas que desencarnou muito jovem. Era portadora de uma doença grave e veio a falecer por isso — explicou Inácio.

— Esse espírito está bem? — inquiriu Maurício.

DRAGÕES DE CRISTO | 141

— Está, sim, inclusive já a contatamos e está disposta a vir auxiliar-nos. Seu nome é Ângela. Ela o amou de verdade e se compadece por seu sofrimento.

— Bom, muito bom mesmo. Nossa história toma formato aos poucos e caminha. Prevejo muito trabalho, mas com muito amor e esperança — completou Ineque.

— Voltemos ao posto de socorro da universidade, Rogério nos espera.

CAPÍTULO 14

MISERICÓRDIA

465. Com que fim os Espíritos imperfeitos nos induzem ao mal?

— Para vos fazer sofrer com eles.

465.a) Isso lhes diminui o sofrimento?

— Não, mas eles o fazem por inveja dos seres mais felizes.

465.b) Que espécie de sofrimentos querem fazer-nos provar?

— Os que decorrem de pertencer a uma ordem inferior e estar distante de Deus.

(*O Livro dos Espíritos* — Livro II, Mundo Espírita ou dos Espíritos — Capítulo 9, Influência Oculta dos Espíritos sobre Nossos Pensamentos e Nossas Ações)

Chegamos ao posto de socorro ao entardecer. Havia muito movimento, e outras equipes de postos de socorro da redondeza se juntavam aos nossos esforços para trazer luz e paz àquelas paragens.

Senti-me grato pela possibilidade de fazer parte desse momento de nossa história. Contamos os feitos no mundo dos encarnados, fatos que farão parte de relatos em estudos sobre o passado de cada povo, como também da humanidade em termos globais.

Hoje a história de um país afeta todos os outros; a comunicação aproxima como também afasta, num movimento contínuo de aprendizado e adaptação aos novos meios de conduzir vidas.

No plano dos espíritos, nossas histórias também são narradas e imortalizadas por meio desses relatos avaliados minuciosamente. Ponderamos atuações positivas e negativas, que são parte de nosso aprendizado, compartilhado com nossos companheiros num fluxo contínuo e benéfico.

Rogério veio ao nosso encontro e nos pareceu feliz.

— Queridos amigos, tenho boas notícias. Tibérius pediu um encontro conosco.

— Acabamos de sair da cidadela; ele nos ignorou por bastante tempo — disse de bom humor.

— Acredito que esse fato tenha tido um bom propósito para ele. Ele nos pediu que fôssemos até uma edificação próxima à cidadela, mas longe o suficiente para não sermos observados — informou Rogério.

— Qual será o objetivo desse encontro? — indagou Ineque.

— Ele quer conversar apenas com Vinícius. Podemos estar próximos, mas não presentes durante o colóquio — disse Rogério.

— Está bem, eu irei com prazer. A que horas será esse encontro? — perguntei ao amigo.

— No início da madrugada. Venham, vamos ao mirante da cidade, haverá um momento de confraternização em louvor da paz mundial — convidou Rogério.

Uma noite linda nos recepcionou. Naquele dia, a lua prateada subia aos céus como um marco a direcionar nossos ânimos arrefecidos pela densidade energética que banhava nosso planeta. Elevamo-nos aos céus; a imagem material do planeta se distanciava e podíamos observar o firmamento.

Outros grupos se juntaram a nós, o mundo espiritual se unia em benefício da humanidade. Vencemos, rompemos a camada fluídica densa, transformando sentimentos menos nobres em paz e amor; sentimos menos resistência em nossa ascensão, unidos somos fortes, coesos e transformadores da dor em serena paz.

Elevamos nosso pensamento à criação. Doce voz nos chegava ao pensamento e nos instruía na arte do amor incondicional. Uma onda avassaladora do cosmo nos alcançou e uma explosão de luz pôde ser vista e sentida por nós.

Emocionados, permitimos que lágrimas descessem por nossos olhos; não estávamos sós nessa luta insana em busca do amor. Éramos amados e fortalecidos a cada passo; a escolha do bem como caminho a seguir fazia mais e mais sentido a esse espírito ainda tão relutante, mas a caminho da casa do Pai.

Olhei ao redor e observei o cosmo. Nosso sistema solar era magnífico. Imaginei a Via Láctea, o universo e me rendi à pequenez gigante que nos cabia nesse pedaço de história.

Fortalecido pelo momento vivido, convidei os companheiros para voltarmos ao trabalho. Tibérius nos esperava e não mais teríamos receio de enfrentar sua insensatez. Se queria conversar, teria que nos aceitar como uma unidade, não seríamos separados pela vaidade dele.

Dirigimo-nos à pequena construção, no plano físico uma casa abandonada e corroída pelo tempo. No plano espiritual, uma edificação que servia de posto intermediário entre o mundo material e a cidadela.

Chegamos ao local rapidamente; não precisamos vencer a parte mais densa no caminho para a cidadela. Tibérius estava sentado fora da cabana, olhou para nós e indagou:

— Não pedi uma conversa reservada com você? — perguntou se dirigindo a mim.

— Somos uma unidade, uma equipe que respeita e é fiel ao trabalho que realizamos. Não vejo a razão de seu pedido, visto que conhece muito bem o funcionamento de nosso grupo e sempre foi respeitado por ele. Talvez apenas o orgulho o confunda nesse entendimento — respondi ao querido irmão.

Ele nos olhou e sorriu.

— Já esperava por uma atitude semelhante — respondeu como se estivesse muito cansado.

— Algo o incomoda muito; você não se sente bem, não é? — questionou Ineque.

— Não, não me sinto bem. Acreditei que pudesse voltar e colocar meus planos em execução, mas está sendo extenuante para mim. Não me sinto forte o suficiente para continuar e sinto muito por não poder ajudar como queria — informou Tibérius.

— Você está equivocado na maneira como resolveu auxiliar nesse processo todo. Não se constrói o bem através de ações maléficas. Um conceito básico da espiritualidade, que você entende muito bem, é que energias semelhantes se atraem e energias opostas se repulsam — lembrei a Tibérius.

— Acreditei que poderia servir de informante para vocês, assim enfraquecendo as frentes destruidoras dos dragões. Vocês não conseguem entender que essa é uma estratégia de guerra? — indagou Tibérius.

— Não estamos em guerra, meu amigo, queremos a paz verdadeira, aquela que só acontece quando entendemos a necessidade de ser perdoado e perdoar, amar e ser amado, sem engodos, sem mentiras e sem artifícios que só nos enfraquecem — respondeu Ineque.

— Eles são organizados, muito bem treinados na arte da guerra, e não têm limites morais. Vocês não vencerão se não lutarem usando as mesmas armas — reforçou Tibérius.

— A história da humanidade está repleta de exemplos que provam que a guerra bárbara não produz frutos sadios. Queremos apenas trazer paz com paz, amor com amor e união verdadeira. Não queremos formar um bando de seguidores amedrontados pelas ameaças de punição ou privados de sua livre escolha porque estão hipnotizados. Olhe para você, séculos e séculos preso a conceitos errôneos e, quando esclarecido sobre sua verdadeira origem, sucumbe ao bem; ainda está confuso, mas já rejeita o mal — falei com emoção.

— O que faço agora? — questionou-nos aflito.

— Venha conosco, venha auxiliar da forma certa — respondeu Ineque com simplicidade.

Tibérius olhou para Maurício e falou num fio de voz:

— Ordenei que você fosse capturado. Eles contam com seu passado e que venha para nosso lado, assim enfraquecendo o ânimo de seu grupo.

— Não se preocupe comigo, apenas venha conosco. Quando for a hora nos preocuparemos com isso, sei quem sou hoje e confio em meus amigos. Faça o mesmo; você não pertence mais a essa comunidade. Poderá engrossar as fileiras dos trabalhadores no bem — respondeu Maurício.

— Ainda não acredito nisso. Posso dizer que não creio nesse Deus que tanto pregam — falou Tibérius de cabeça baixa.

— Está tudo bem, o que importa é que não crê no mal — disse Ineque abraçando-o com carinho.

— Ainda não, preciso voltar e tentar algo que pensei agora — replicou Tibérius, parecendo ter adquirido novo ânimo.

— O que fará? — questionei.

— Ainda não sei direito, preciso amadurecer uma ideia. Entrarei em contato com vocês.

Ele se foi. Ficamos ali por algum tempo, em silêncio. Temia por meu amigo, mas também sabia que esse tempo era dele, segundo seus desejos e ponderações; ele precisava viver ao limite suas possibilidades, sem trazer com ele novas dúvidas. Então, apenas oramos em benefício de seu futuro e pelos dragões, espíritos necessitados de paz e amor.

Laura se juntou a nós e informou que Adélia estava sentada num banco na praça do Campus. Tentara naquela manhã contar a Flávio sobre a gravidez e seu passado, mas não tivera coragem. Agora a ideia de aborto se insinuava, novamente, em sua mente, o que era alimentado pelos hipnotizadores.

Aproximei-me de Fred, que andava apressado em direção ao prédio que abrigava o curso de Medicina.

— Bom dia, professor.

— Bom dia, Vinícius. Percebo urgência em sua aproximação; posso ajudar de alguma forma?

— Veja, sentada no banco está Adélia, a secretária do reitor.

— Sei quem é ela. Uma figura bem controversa, não é?

— Bastante, mas passa por momentos difíceis, e anda sendo assediada por grupos do baixo umbral. Precisa de uma boa palavra.

Fred continuou a caminhada e se aproximou de Adélia. Ele a observava e falou:

— Ela está grávida e o espírito reencarnante está muito aflito. Ela pensa em abortar?

— Sim, esse pensamento está sendo alimentado por espíritos maldosos, mas ela luta contra essa ideia. O pai é um bom homem. Ela precisa falar com ele, que a compreenderá e receberá a notícia de uma boa maneira.

— Vou conversar com ela.

Fred se aproximou da moça e fez uma prece pedindo auxílio ao mentor de Adélia.

— Bom dia! Posso me sentar com você?

— Pode, sim, mas já estou de saída. — Adélia fez menção de se levantar, mas Fred a segurou com carinho pela mão.

— Não vá, fique e converse um pouco comigo; estou precisando de um bom papo.

— Não sou boa companhia. Não estou bem, desculpe.

— Eu posso ajudar. Falar sobre o assunto alivia nossas preocupações e até ganhamos outra visão sobre o problema que enfrentamos.

— Você sabe quem sou? Ninguém gosta de mim por aqui.

— Sei, sim, e não me importo muito com fofocas ou a opinião alheia. Faço minhas próprias deduções e procuro ver o melhor sempre. Mas... posso ajudar? Você está grávida, não é?

Adélia olhou para ele assustada e perguntou aflita:

— Quem contou a você? Ninguém sabe disso, nem meu companheiro.

— Ninguém me contou, eu apenas sei porque vi o espírito se ligando ao corpo material dentro de seu ventre.

— Viu? Como assim? Que doideira é essa?

— Não é doideira não, se bem que, às vezes, até eu acho meio esquisito, mas gosto de ser médium vidente.

— Médium vidente? Você é macumbeiro?

Fred riu da expressão confusa da moça e de suas conclusões.

— Não, não sou adepto da macumba, mas não tenho nada contra. Sou espírita e estudo a Doutrina dos Espíritos, que é uma ciência, uma filosofia de vida, e exorta a parte moral. Alguns chamam essa última característica da Doutrina dos Espíritos de religião. Eu acho que, quando falamos assim, as pessoas fazem um paralelo com outros segmentos que ainda se prendem a rituais e dogmas, então prefiro me referir a ele como moral.

— E o que isso tem a ver com você saber que estou grávida e dizer que viu meu filho?

Fred sorriu feliz e percebeu que a moça se referiu ao espírito reencarnante como filho; então, talvez, o aborto já estivesse descartado como ideia, ela apenas ainda não se dera conta disso.

— Por que você sorriu?

— Porque você se referiu ao bebê como "meu filho", isso é muito bom, mostra que um vínculo afetivo já existe entre você e ele. E a ideia de aborto já pode ser descartada.

— Como sabe que eu estava pensando em aborto? Você está me assustando.

— Ser médium é ter uma liberdade de visão maior do mundo. Não somos apenas isso, matéria que morre e se decompõe; somos também espíritos imortais que sobrevivem após cada experiência na carne. O médium possui um contato mais próximo com o mundo dos espíritos desencarnados, por meio de vidência, que nada mais é do que ver certos aspectos do mundo material e do mundo invisível ao mesmo tempo, ter audiência, poder falar e ouvir os espíritos.

— Você vê meu bebê? — perguntou Adélia, passando as mãos pela barriga.

— Vejo sim, e ele está bem aflito com esses pensamentos que andam rondando sua cabecinha.

— Meu Deus! Nunca imaginei algo assim, achava que a vida só acontecia depois do nascimento.

— Não mesmo. O espírito que virá através de sua concordância está se preparando há anos para isso. E o dia da concepção é na realidade o dia do seu nascimento. Ele está aí, sentindo tudo o que você sente, se esforçando para se manter vivo, ligando seu corpo perispiritual célula a célula com a matéria.

— Ele sabe que o rejeito?

— Sabe, sim. É uma sensação terrível de impotência, porque conta apenas com sua boa vontade e seu amor.

— Meu Deus! Nunca tinha pensado nisso, mas faz sentido; parece até mesmo que sabia disso. Flávio é espírita e sempre tentou falar sobre o assunto, mas eu rejeitava.

— Parece ser uma boa pessoa esse seu companheiro.

— É, sim, um bom homem, mas eu não o mereço. Sabe quem sou, não é?

— Mas não sei quem você será.

— O que quer dizer com isso?

— Nada é definitivo, minha amiga; podemos escrever uma nova história a cada dia. Veja, eu preciso ir, estou para entrar em sala de aula. O que vai fazer na hora do almoço?

Adélia pensou e viu que não tinha plano algum para aquele dia.

— Nada, não tenho nada planejado.

— Sabe aquela pensãozinha na entrada do Campus? É de dona Sandra, uma senhora que trabalha numa casa espírita. A comida é caseira, saudável e barata. Venha se encontrar comigo às onze e quarenta e cinco, assim poderemos conversar mais.

— Eu agradeço sua ajuda, e vou sim, quero saber mais. Você me indica algum livro que eu possa ler?

— *O Livro dos Espíritos*; tenho o meu aqui, e posso te emprestar, depois compro outro para você — falou Fred, retirando o livro da mochila.

Fred se foi, e Adélia continuou sentada no banco, com o livro entre as mãos. Sua feição estava mais tranquila, até sorriu quando olhou para a barriga e pensou: "Como você será? Deve ser bonito como seu pai".

CAPÍTULO 15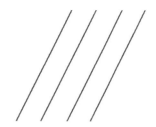

NUNCA DUVIDE
DO BEM

466. Por que permite Deus que os espíritos nos incitem ao mal?

— Os espíritos imperfeitos são os instrumentos destinados a experimentar a fé e a constância dos homens no bem. Tu, sendo Espírito, deves progredir na ciência do infinito, e é por isso que passas pelas provas do mal para chegar ao bem. Nossa missão é a de colocar-te no bom caminho, e, quando más influências agem sobre ti, és tu que as chamas, pelo desejo do mal, porque os Espíritos inferiores vêm em teu auxílio no mal, quando tens a vontade de o cometer; eles não podem ajudar-te no mal, senão quando tu desejas o mal. Se fordes inclinado ao assassínio, pois bem, terás uma nuvem de espíritos que entreterão esse pensamento em ti; mas também terás outros que tratarão de influenciar-te para o bem, o que faz que se reequilibre a balança e te deixe senhor de ti.

(*O Livro dos Espíritos* — Livro II, Mundo Espírita ou dos Espíritos — Capítulo 9, Influência Oculta dos Espíritos sobre Nossos Pensamentos e Nossas Ações)

Fred foi para a sala de aula e encontrou Olívia e Eduardo. Percebeu que o rapaz estava bem alterado. Chamou Olívia de lado e perguntou:

— O que há com ele? Estava bem melhor antes. Falei com o psiquiatra ontem e ele disse estar bem contente com as melhoras que apresentou.

— Hoje, logo cedinho, o pai dele avisou que estava chegando. Ele gritou, brigou com ele, mas parece que não teve jeito. Ele quer que Eduardo vá ao hotel às doze horas sem falta. E Eduardo está em pânico; acredito que essa relação dele com o pai é muito doida, ele parece surtar cada vez que ele aparece. Há algo muito grave que o descontrola emocionalmente.

— No intervalo das aulas vou segurá-lo aqui. Por favor, nos deixe a sós, está bem?

— Confio no senhor — respondeu Olívia.

— Obrigado, menina.

Ana se juntou a Fred no intervalo das aulas.

— Eduardo, poderia me ajudar aqui durante o intervalo? — falou Fred.

Eduardo olhou para Olívia, e a menina sorriu e falou:

— Vou até a cantina buscar algo para comer, está bem?

Assim que Olívia saiu, Fred fechou a porta da sala de aula, olhou fixamente para Eduardo e disse:

— Muito bem, o que está acontecendo? Por que esse temor em encontrar seu pai?

— A Olívia não deveria ter dito nada.

— Deveria fazer de conta que o problema não existe, assim como você fez a vida toda?

— Como você pode saber o que sinto? Ele é horrível e violento, tenho muito medo dele e não consigo reagir. Sou um covarde.

— Desde quando ele abusa de você?

Eduardo desabou na cadeira e soluçava sentido. Fred se aproximou e passou a energizar aquela criatura sofrida; o rapaz foi se acalmando e falou num fio de voz:

— Desde sempre. Não me lembro de ter tido paz ou ser respeitado por ele. A primeira lembrança que tenho dele entrando em meu quarto, eu devia ter uns três anos.

— Santo Deus! A que horas deverá se encontrar com ele?

— Na hora do almoço.

— Eu vou com você.

— Não, não pode fazer isso. Só vai piorar as coisas.

— Garanto a você que não ficará pior, está bem? Confie em mim, por favor.

Eduardo o olhou com gratidão e respondeu:

— Eu agradeço, mas eu preciso ser forte e reagir, você entende?

— Entendo, sim, meu rapaz. Mas você está muito traumatizado, e o medo tolhe suas reações mais efetivas. Confie em mim, vamos juntos e damos o primeiro passo. Assim você irá se fortalecer e obrigá-lo a te respeitar, está bem?

Olívia voltou com o lanche, olhou com receio para Eduardo. Ele, percebendo a reação da moça, abraçou-a e falou com sinceridade:

— Obrigado, obrigado por lutar por mim.

Fred se lembrou de seu compromisso com Adélia. Ligou na reitoria e avisou que tinha um problema sério para resolver, pediu desculpas e se comprometeu a marcar uma nova data.

❋

No plano físico, os estudantes da universidade estavam bem revoltados quanto às condições oferecidas em seus cursos; professores e funcionários tinham seus salários pagos com atraso, alguns benefícios adquiridos por lei não estavam sendo honrados há um bom tempo, e todos sabiam que havia um grande esquema de corrupção que minava os recursos necessários à manutenção do Campus.

Como em todo lugar, havia pessoas equilibradas que estavam dispostas a lutar a boa batalha, com ponderação e paz, enquanto outras aproveitavam para divulgar ideias revolucionárias assentadas na violência e no desequilíbrio; outros tantos aproveitavam para defender suas aspirações imorais, e para isso conduziam a massa, ainda amorfa, a um panorama de discordância entre eles, que desmoralizaria a intenção principal dos grupos: acabar com os desvios financeiros e mudar o quadro administrativo da universidade, dessa forma defendendo uma causa justa.

Demétrius voltou de sua missão junto à equipe socorrista em outro país, onde conseguiu informações valiosas para todos. Descobriu que o embuste armado por Tibérius era do conhecimento dos dragões, e logo seria desmascarado e feito prisioneiro, e avaliavam Bórgia para o cargo de comandante.

Passamos a circular entre os manifestantes. A energia se tornava mais e mais densa a cada minuto, os ânimos exaltados pelos discursos agressivos contribuíam para isso.

Beto subiu ao pequeno palco improvisado tentando acalmar seus companheiros. Falou sobre a verdadeira causa pela qual lutavam.

— Por favor, escutem o que tenho a dizer — falou aflito, pegando o microfone das mãos de Dácio, que o olhou com raiva. Continuou: — Estamos aqui hoje com a intenção de defender nossos direitos, cobrando à direção deste centro universitário uma conduta reta e honesta. Sabemos dos abusos cometidos com o dinheiro público que deveria ser usado na manutenção de nossa universidade. Sabemos da corrupção terrível que se instalou dentro da própria reitoria, e não é com violência ou destruindo o patrimônio já existente que vamos modificar esse estado. Nós temos voz e precisamos que a imprensa do mundo nos ouça; se houver desmandos ou atos tresloucados cometidos por nós, seremos considerados arruaceiros e nossa causa perde força moral. Dessa forma, não seremos levados a sério. Há entre nós pessoas contrata- das por eles, para nos incentivar a esses atos, desmoralizar nossas ações. Se agirmos assim, perdemos a razão.

Dácio tomou com violência o microfone das mãos de Beto e falou com raiva:

— Há quanto tempo sofremos com isso? Reclamamos, fa- lamos e reivindicamos direitos, e eles não respeitam. Quando manifestamos nossa insatisfação com tudo que vem aconte- cendo, eles nos jogam migalhas, que não fazem a menor di- ferença, e continuam roubando os recursos que deveriam ser usados para manter nossos estudos. Eles devem nos temer, caso contrário, quando acordarmos para a real situação do que acontece, não haverá mais escola, porque terão acabado com tudo. Vamos invadir e se for preciso quebrar instala- ções baratas, de péssima qualidade; merecemos melhor. E se preciso for manteremos os ladrões como reféns de nossa causa. Vamos lá! Avante, companheiros! Vamos tomar à força o que nos pertence!

Lucia, namorada de Beto, subiu ao palco, olhou com fir- meza para Dácio e falou entredentes:

— Me dê o microfone agora!

— Quer vir tomar de mim? — respondeu Dácio com sarcasmo.

— Com certeza! — Lucia se aproximou e tomou com gentileza o microfone das mãos de Dácio, já falando com serenidade. — Obrigada por permitir que eu fale um pouco.

O rapaz sorriu, ele invejava Beto por ter conquistado a moça, mas não respeitava essa relação; ainda sentia uma atração doentia por ela, e odiava mais o rapaz por privá-lo da oportunidade de conquistá-la. Lucia olhou-o de frente e continuou a falar:

— Eu compreendo a revolta de Dácio. Também sentimos essa revolta quando entramos em nossas salas de aula com os projetores quebrados; quando usamos os laboratórios com falta de material para trabalharmos; quando chegamos aos dormitórios destruídos pela falta de manutenção; quando frequentamos nossas praças tomadas pelo mato e pelo lixo; quando vemos nossos professores e funcionários com seus pagamentos atrasados. Enquanto isso, observamos os carros luxuosos utilizados para servir a direção, os patrimônios particulares que crescem assustadoramente, graças aos recursos destinados a dar qualidade aos nossos estudos, que são desviados. Concordo com Dácio sobre nossa revolta, mas não sobre usar violência para acabarmos com ela. Invadimos a reitoria, quebramos tudo, fazemos de refém funcionários que sofrem tanto ou mais que nós, e aí? Conseguiremos provar com isso o quê? Que também somos um bando de desajustados corrompidos pelo ódio e sem moral para delinear nossas ações?

Dácio, percebendo que o discurso simples e lógico de Lucia calou aos poucos a multidão, tentou tirar o microfone de sua mão, mas Beto e outro rapaz se interpuseram entre ele e a moça.

Dácio, percebendo que não dominaria mais a situação, olhou para a multidão e fez um gesto com a cabeça para um rapaz. Este sacou uma arma e atirou para cima, várias vezes, depois jogou a arma no chão e se misturou aos outros. Uma das balas voltou ao chão e atingiu uma menina na cabeça, matando-a imediatamente. A turba enlouquecida não percebeu esse fato e a pisoteou inúmeras vezes.

No plano espiritual isolamos aos poucos os espíritos ali presentes que tinham como missão insuflar o ódio e a violência, mas não pudemos impedir a ação do livre-arbítrio.

A tragédia estava consumada; a interpretação a esse fato ocorrido indicaria, agora, a qualidade deste movimento estudantil. Seriam estigmatizados como vilões ou como vítimas?

Lucia percebeu o movimento de Dácio e entendeu que ele havia ordenado a ação do atirador. Ela o confrontou:

— Foi você que fez isso. Se alguém se machucar, você levará essa culpa para sempre; você me enoja.

— É melhor ficar quieta, porque não estamos de brincadeira.

— Você se vendeu a eles, não é? É tão podre que não consigo olhar para você. E vou denunciá-lo, sim. Você se esqueceu de uma coisa muito importante: meu pai é comandante do exército e posso fazer algo, sim.

Dácio olhou para ela com raiva e falou segurando com força seu rosto:

— Não me provoque.

Beto e o outro rapaz, percebendo o confronto entre os dois, iam interferir, quando Lucia segurou as mãos do rapaz e com força o fez se ajoelhar a seus pés.

— Não tenho medo de você; é tão idiota que esqueceu que sou faixa-preta em judô. Eu que digo: não me provoque nunca mais.

Desceu do palco e foi ajudar os que estavam feridos, e deparou com a moça estirada no chão com uma bala na cabeça; os paramédicos acabavam de chegar, chamados por Beto. Lucia afastou-se ansiosa. Um rapaz a olhou e fez um sinal afirmando que não havia mais nada a fazer.

Ela olhou para o palco e Dácio ainda estava lá. Ele virou as costas e desceu, saindo do perímetro; estava com medo.

A imprensa se dividiu ao relatar o fato, alguns opinando e não apenas se atendo aos fatos a serem narrados, dessa forma criando uma divisão maléfica entre os próprios estudantes.

Lucia pediu ajuda ao pai. Este mandou investigar o rapaz e descobriu que recebia, semanalmente, uma boa quantia de dinheiro, informação obtida pela denúncia de uma das pessoas envolvidas no esquema de corrupção da universidade. Descobriu que a reitoria já estava sendo secretamente investigada.

Fred, que tinha marcado com Eduardo para acompanhá-lo na visita ao pai, manteve a promessa.

Eduardo se identificou na portaria e subiu pelo elevador, ao lado de seu mestre. O rapaz estava apavorado; não sabia o que o pai faria quando visse que estava acompanhado.

Bateu na porta e ele a abriu. Olhou para Fred e empalideceu; percebeu que algo estava diferente. Não só pela presença do outro homem, mas pela expressão do filho; não viu temor, mas muita raiva.

— Mandei chamar só você. Não me provoque — falou entredentes.

Fred empurrou a porta com delicadeza e entrou.

— Bom dia, Torres!

— O que você quer? — indagou Torres.

— Nada, estou apenas acompanhando seu filho e queria muito conhecer alguém como você. Só isso! — respondeu Fred.

— Alguém como eu? — questionou de maneira cínica.

— Não se faça de tolo, porque eu não sou. Sabe muito bem do que eu falo, não sabe? — Fred devolveu a pergunta.

— O que você quer? — Torres voltou a perguntar.

— Nada, só vou avisar: antes de vir aqui, fiz algumas pesquisas sobre você. Tem alguns casos de assédio e estupro contra você devidamente documentados. Até hoje seu dinheiro comprou, de alguma forma, o silêncio de muitos. Outra coisa, e bem séria por sinal, acredito que Eduardo nunca pensou nisso, mas ele tem direito a cinquenta por centro de todo o seu patrimônio; ele já é maior de idade. Esse direito ele adquiriu com a morte de sua esposa, que, aliás, é muito mal contada também. Soube ainda que toda a fortuna inicial de seu capital pertencia a ela, como herança dos pais, que também tiveram uma morte questionável.

— O que está insinuando? — inquiriu Torres, trêmulo e pálido, enquanto olhava para ver a reação do filho diante dos fatos narrados.

— Não estou insinuando, estou fazendo uma denúncia a você, e pedi a um amigo bastante influente que reabrisse os processos encerrados e investigasse outros fatos. O que quero? Deixe em paz seu filho. Sei que abusa dele emocional e sexualmente desde muito cedo, mas agora ele tem amigos, e em breve não terá mais motivos para temer qualquer ameaça que venha de você. Saberá que lixo você é, assim como o mundo todo. Enfrentará o inferno, pode acreditar nisso, e não falo do inferno criado por outros, mas por você mesmo. Ninguém foge das leis naturais, e você as vem burlando há muito tempo — falou Fred.

— E você, pirralho, o que tem a dizer? — desferiu as palavras carregadas de ódio para o filho.

— Eu? Nada, ele já disse tudo, e não me espantam os fatos que Fred expôs aqui — respondeu Eduardo com calma.

— O que foi? Agora ele é seu amante? — provocou Torres.

— Também não me espanta essa ideia ou provocação; esse é o seu mundo, não o nosso. Nunca mais me ligue. Se tiver algo a comunicar, vou contratar um advogado para liberar meu patrimônio. Quero você fora de minha vida para sempre, entendeu? Nunca mais me procure. Vamos embora, Fred — respondeu Eduardo.

— Vamos, sim, meu filho; vamos embora.

Torres, perturbado pela visita de Fred e Eduardo, assim que eles saíram, correu para uma pequena valise sobre a mesa, abriu-a, pegou uma embalagem contendo cocaína, espalhou o pó sobre a mesa e, com um instrumento de ouro, aspirou-o. Sentou numa poltrona e fechou os olhos. Falou em voz alta:

— Eles me pagam; estragaram minha diversão.

Eduardo entrou no carro que Fred dirigia e se recostou no banco. Estava trêmulo e ofegante.

— Calma, rapaz! Respire fundo. Está começando a transpirar; é um ataque de pânico. Devagar... Onde está seu remédio?

Eduardo tirou uma caixinha do bolso e a entregou ao professor.

— É a pílula menor e esverdeada.

Colocou o remédio embaixo da língua e, aos poucos, foi-se acalmando.

— Vamos para casa, está bem? Hoje não teremos mais aulas.

— Preciso ligar para Olívia, ela deve estar preocupada.

— Já passei uma mensagem, ela está bem. Agora apenas relaxe, está bem?

Eduardo fez sinal afirmativo com a cabeça e deixou que um pranto libertador o consolasse e aliviasse a tensão.

CAPÍTULO 16

A DOR ROUBA
A RAZÃO

467. Pode o homem se afastar da influência dos Espíritos que o incitam ao mal?

— Sim, porque eles só se ligam aos que os solicitam por seus desejos ou os atraem por seus pensamentos.

468. Os Espíritos cuja influência é repelida pela vontade do homem renunciam às suas tentativas?

— Que queres que eles façam? Quando nada têm a fazer, abandonam o campo. Não obstante, espreitam o momento favorável, como o gato espreita o rato.

(*O Livro dos Espíritos* — Livro II, Mundo Espírita ou dos Espíritos — Capítulo 9, Influência Oculta dos Espíritos sobre Nossos Pensamentos e Nossas Ações)

✳

Enquanto isso, Airton estava trancado em seu quarto, enquanto recebia instruções de seus recrutadores.

Parecia alheio a tudo; apenas ouvia aquela voz pausada e mansa. Estava hipnotizado e abraçava ideias e causas que não avaliava com lógica. Recebia imensa carga energética que o envolvia mais e mais, tornando-o incapaz de desenvolver pensamentos próprios.

Aproximamo-nos de seu campo vibratório e percebemos que criavam ao redor do perispírito do rapaz uma malha fina e resistente, ligada à sua mente. Essa ação provocava desconforto a cada pensamento contrário à causa.

Airton sentia dor e culpa; o material que o envolvia parecia ter vida e consciência. Quando nos aproximamos mais, percebemos ser uma parte das mentes que o aprisionavam, uma contenção inteligente e independente, que acordava feitos de outras vidas, que ainda o traumatizavam.

Espantados pela criação maléfica, passamos a trabalhar no reconhecimento das fontes originais, o que nos remeteu a uma grande sala no interior do prédio principal, onde estava o comando central dos dragões.

Precisávamos de informações a respeito do assunto. Agora sabíamos como eles conseguiam a fidelidade cega a que assistíramos durante nossas observações. Pedimos ajuda a Inácio, visto ser esse um assunto que deveria ser esclarecido pela psicologia e pela psiquiatria.

— Bom dia, amigos do bem! — cumprimentou-nos Inácio, sempre bem-humorado.

— Bom dia, Inácio! Precisamos de alguns esclarecimentos a respeito de uma descoberta que fizemos — coloquei.

— Sei bem do que se trata. É também uma prática nova por aqui, apesar de obedecer a um conceito antigo. Na realidade, adaptaram um método de hipnose, mas, pelo que pude observar do material que me enviaram, eles usam o conceito da consciência coletiva — disse Inácio.

— Consciência coletiva, baseada na teoria de Émile Durkheim, sociólogo francês, que a definiu como um conjunto de crenças e sentimentos comuns à média dos membros de uma mesma sociedade que forma um sistema determinado com vida própria? — contribuiu Maurício.

— Isso mesmo, meu jovem. Segundo ele, os fatos sociais têm existência própria e são independentes daquilo que pensa e faz cada indivíduo em particular. Embora todos possuam sua "consciência individual", seu modo próprio de se comportar e interpretar a vida, existem, no interior de qualquer grupo ou sociedade, formas padronizadas de conduta e pensamento. E, para que exista o fato social, é preciso que pelo menos vários indivíduos tenham misturado suas ações e que dessa combinação tenha surgido um produto novo. Esse produto novo, constituído por formas coletivas de agir e pensar, se manifesta como uma realidade externa às pessoas. Ele é dotado de vida própria, não depende de um indivíduo ou de outro.

Inácio continuou:

— Outra contribuição a essa teoria é a de Maslow. Ela diz que o indivíduo se submete à sociedade e é nessa submissão que ele encontra abrigo. A sociedade que o força a seguir determinados padrões é a mesma que o protege e o faz sentir-se como parte de um todo estruturado e coeso. Essa dependência da sociedade traz consigo o conforto de pertencer a um grupo, um povo, um país. Nesse sentido, não há contradição alguma na relação submissão-libertação. Essa interpretação guarda certa relação com as necessidades psicológicas que incluem a autoinclusão, a autoestima, o relacionamento e a amizade.

— Partindo dessa premissa, eles procuram pessoas fragilizadas e inseguras dentro de seu próprio sistema de movimentação. Usando essa "fraqueza aparente", entram em suas mentes, já propensas a receber ideias que os tornem mais confortáveis dentro de uma nova e sonhada realidade social, e projetam realidades alternativas que os escravizam? — perguntou Ana.

— Isso mesmo. Nesse contexto todo há influências do mundo material e do espiritual. O espiritual cria necessidades, aproxima afinidades e movimenta o mundo físico — explicou Ineque.

— Kardec, questionando os espíritos melhores sobre a influência do mundo espiritual em nossas vidas, na questão 459 de *O Livro dos Espíritos*, recebeu a seguinte resposta: "Nesse sentido a sua influência é maior do que supondes porque muito frequentemente são eles que vos dirigem." — lembrei aos amigos.

— E a questão 460 esclarece sobre termos pensamentos próprios e outros que nos são sugeridos: "Vossa alma é um Espírito que pensa; não ignorais que muitos pensamentos vos ocorrem, a um só tempo, sobre o mesmo assunto, e, frequentemente, bastante contraditórios. Pois bem, nesse conjunto há sempre os vossos e os nossos, e é isso o que vos deixa na incerteza, porque tendes em vós duas ideias que se combatem." — contribuiu Demétrius.

— Lei de afinidade, não canso de ressaltar a importância de tal conceito, afinal o movimento da vida está assentado nele. A afinidade consiste na semelhança, identidade ou conformidade de gostos, interesses, sentimentos, propósitos, pontos de vista. Por sua vez, a sintonia se estabelece em virtude da atração e da simpatia que passa a vigorar entre as partes que mantêm afinidade. E, pelos mecanismos da lei de afinidade, a sintonia constitui lei inquestionável. Quais as implicações, as consequências disso? Precisamos nos questionar sobre o assunto, afinal temos escolhas a fazer a cada minuto — contribuiu Inácio.

— Afinidade é "uma faixa de união" em que nos integramos uns com os outros. Em tudo, vemos integração, afinidade e sintonia. E de uma coisa não tenhamos dúvida: por meio do pensamento, comungamos uns com os outros, em plena vida universal. Tal o alcance de nossos desejos, que dirigem nossos pensamentos e nosso querer, contribuímos com a vibração universal, essa uma grande responsabilidade — disse Ineque.

— Fala-se muito sobre a influência do mundo dos espíritos sobre o mundo material, mas o caminho inverso também existe. Nós somos espíritos e, quando encarnados, não perdemos essa condição, e podemos influenciar da mesma forma, então podemos agir sobre os diversos planos da vida, apesar de limitados pela matéria, mas é verdadeira essa afirmação — disse Demétrius.

— Segundo os ensinamentos trazidos por Allan Kardec, organizador e codificador da Doutrina Espírita, a realidade é muito mais ampla. Pelo nosso modo de ser e de agir, não somente escolhemos os amigos e os ambientes de nossa preferência, como também atraímos os indivíduos que vivem no mundo espiritual, os espíritos, tanto quanto somos por eles atraídos, mesmo que não acreditemos ou sejamos conscientes dessa presença — contribuiu Laura com nossa discussão afortunada.

— Ainda em *O Livro dos Espíritos*, questão 484, temos: "Os Espíritos se afeiçoam de preferência por certas pessoas?", e a resposta é: "Os bons Espíritos simpatizam com os homens de bem, ou suscetíveis de se melhorarem; os Espíritos inferiores com os homens viciosos ou que possam vir a sê-los. Daí sua afeição, por causa da semelhança das sensações." — citou Ineque.

— Allan Kardec também comentou que *"Todas as imperfeições morais são outro tanto de portas abertas que dão acesso aos maus Espíritos"*. Cada um de nós constrói, de uma maneira muito particular, sua própria atmosfera moral. As desarmonias e transtornos existenciais são decorrentes das imperfeições morais, que, pelos processos naturais da afinidade e da sintonia, atraem espíritos igualmente imperfeitos e desequilibrados. E estes, ao envolverem com seus pensamentos perturbadores e doentios o indivíduo que se permite sofrer-lhes o assédio, influenciam negativamente o campo da vontade e do discernimento do encarnado, podendo empurrá-lo para situações difíceis, complicadoras ou calamitosas. Porém, não devemos isentar de responsabilidades aquele que permite tal assédio — completei, animado com a conversação.

— A querida mestra Joanna de Ângelis nos alerta sobre a presença do bem ao nosso lado, fato constante e inegável, mas não podemos esquecer que o mal nos assedia sem piedade. O bem nos respeita as escolhas, seremos mais livres quando optarmos com mais sabedoria, sabendo avaliar consequências diretas de nossa forma de pensamento — disse Ana, que parecia bastante atenta aos comentários benéficos.

Contribuí com carinho para a conclusão de nossa palestra:

— Lembro texto de autoria de Joanna de Ângelis e gostaria de partilhar com vocês: "Como não existem violências contra as Leis universais, nem privilégios para uns indivíduos em detrimento de outros, quem ora e procura situar-se em equilíbrio direciona ondas mentais que alcançam as Regiões felizes da Espiritualidade, despertando amor e interesse dos Guias espirituais, que acorrem pressurosos para auxiliá-lo. Assim, promovem encontros inesperados, inspirando um e outro a tomarem o mesmo caminho, de forma que se defrontarão em determinado lugar, casualmente, embora tenham sido telementalizados na escolha do roteiro.

'Noutras vezes, determinada aspiração ou necessidade que se apresente improvável, porque a mente se encontra em sintonia com o mundo transcendente, é inspirado a tomar tal ou qual decisão que terminará por solucionar o desejo.

'Repetidamente, pequenas ocorrências dão-se com naturalidade, propiciando encantamento e ventura, que enriquecem de esperança e de gratidão aquele que é eleito.'"

E acrescentei, emocionado:

— Cada um, no seu estágio de compreensão moral, assimila as forças superiores ou inferiores, conforme reconhece e se identifica no momento, mas devemos lembrar que Jesus recomendou a vigilância e a oração como antídotos contra as sugestões que trazem desequilíbrio, oriundas tanto dos encarnados como dos desencarnados. Lembrando sempre que somos espíritos, sempre, vezes libertos da matéria, outras atados a ela.

— Então Airton está em sintonia com seus hipnotizadores por livre vontade? — indagou Laura.

— Sempre. Vez ou outra, esse assédio recebe atenuantes, graças aos estados mentais, emocionais e morais comprometidos pela ignorância — esclareceu Ineque.

— Como somos espíritos imperfeitos, esse conceito deve ser interpretado de que forma? Oportunidade ou punição? — questionou Ana.

— Sempre será oportunidade, visto não haver erro consciente, apenas enganos, porque ainda não conseguimos uma linha de pensamento ideal, devido à imperfeição de nosso aprendizado, ainda tão rudimentar — expus minhas ideias.

— Dessa forma, quando falamos em livre-arbítrio, qual o significado dele para os espíritos? Qual o valor verdadeiro? — indagou Ana.

— Relativo. No estágio atual de funcionalidade e de sabedoria dos espíritos que habitam este adorável planeta, ele é rudimentar, experimental e direcionado — esclareceu Demétrius.

— Experimental? — questionou Maurício.

— Sim, como na escola terrena, antes a teoria, depois o exercício, que pode ser feito com sucesso ou não, gerando a necessidade de mais teoria e mais exercícios — Demétrius completou a ideia.

— Dessa forma, como definir o que é certo e o que é errado? — questionou Laura.

— Não podemos, já que tudo é relativo. As informações trazidas por Jesus obedecem à ordem de nossa capacidade de assimilar esses conceitos teóricos. Quando assimilados, passamos à nova etapa, exercitando-os. E, quando superamos o processo educativo, novas frentes de educação se abrem para o futuro, não raras vezes mudando conceitos assimilados, praticados, mas que apenas abriram caminho para outro maior — disse animado.

— Nunca saberemos o suficiente; esse caminho evolutivo é dinâmico. Isso me dá uma ideia desanimadora, como se nunca pudesse descansar — concluiu Maurício, com ar de preocupação.

— Não se preocupe. Cada fase que ultrapassamos gera uma nova forma de encarar esse movimento constante, afinal, somos eternos nesse conceito em que vivemos, não é? Imagine a eternidade sem função real, pois, se Deus ainda trabalha, algo semelhante nos será possível num futuro muito distante — completei minha ideia.

— Nesse contexto todo, e Deus? Como podemos compreendê-Lo? — indagou Laura.

— A cada momento, a sua própria finalidade Agora Ele é aquele que nos fortalece, que nos dirige o caminho, devido a nossa ignorância da própria função da vida. Posso apenas especular quanto ao seu movimento em meu futuro. Acredito que será o que precisamos que seja, apenas isso, tamanha a Sua compreensão pelo caminho que percorremos. Enquanto isso não acontece, o esforço e a boa vontade permitirão, por meio de aprendizado constante, que nosso pensamento evolua, e conquiste novos e interessantes espaços nesse cosmo de aventuras infinitas. A conversa está boa e produtiva, mas precisamos ir; parece que Torres planeja terrível vingança contra Fred — avisei os amigos.

CAPÍTULO 17

AFINIDADE E SINTONIA

469. **Por que meio se pode neutralizar a influência dos maus Espíritos?**

— Fazendo o bem e colocando toda a vossa confiança em Deus, repelis a influência dos Espíritos inferiores e destruís o império que desejam ter sobre vós. Guardai-vos de escutar as sugestões dos Espíritos que suscitem em vós os maus pensamentos, que insuflam a discórdia e excitam em vós todas as más paixões. Desconfiai sobretudo dos que exaltam o vosso orgulho, porque eles vos atacam na vossa fraqueza.

Eis por que Jesus vos faz dizer na oração dominical: "Senhor, não nos deixeis cair em tentação, mas livrai-nos do mal!".

(*O Livro dos Espíritos* — Livro II, Mundo Espírita ou dos Espíritos — Capítulo 9, Influência Oculta dos Espíritos sobre Nossos Pensamentos e Nossas Ações)

Demétrius nos esperava no posto de socorro mais próximo à universidade; pareceu-nos bastante preocupado.

— Bom dia, amigos! Um dos capangas de Torres foi instruído por ele a procurar Dácio, para oferecer a ele possibilidade de ganhos financeiros, caso aceite um trabalho terrível.

— Tem alguma relação com Fred? — perguntei bastante preocupado, conhecendo a índole gananciosa de Dácio.

— Tem, sim. Dácio participa de um grupo restrito de estudantes que se reúne com Fred duas vezes por semana, para estudos e pesquisas, na busca por mais informações sobre o mal de Alzheimer — informou Demétrius.

— E qual o plano de Torres para se vingar e afastar Fred de Eduardo? — inquiriu Maurício.

— Ainda não sabemos. Sabemos apenas que culpa Fred pelo afastamento do filho e pela raiva que o rapaz desenvolveu em relação a ele. O homem prepotente acredita ter direito a essa ascendência sobre o rapaz, e que Fred é um mal que precisa ser afastado de qualquer maneira — informou Demétrius.

Laura se juntou a nós nesse momento, trazendo outras informações.

— O capanga de Torres já se dirige a um encontro com Dácio neste momento. Torres decidiu usá-lo para dar um fim a Fred. Ele possui conhecimento suficiente para usar veneno, um assunto que sempre o atraiu bastante, e podemos entender isso, visto a história de sua família, os Bórgia.

— Ele pretende envenenar Fred? — indagou Ana.

— Sim, a ideia dele é essa. Será oferecida a Dácio uma boa quantia de dinheiro em espécie, para não levantar suspeitas. O capanga fará a proposta, mas omitirá o nome do mandante — informou Laura.

— E como Dácio fará isso? — perguntou Maurício.

— Acreditamos que será no horário dos estudos, a forma ainda não sabemos. Vinícius, por favor, designe alguém para acompanhar Fred e o alertar sobre o perigo iminente — falou Demétrius.

— Está bem. Eu irei, e você poderia auxiliar Adélia. A conversa com Fred ajudou bastante, mas ela ainda teme contar a verdade a Flávio — pedi ajuda ao amigo e a Ana.

Laura e Maurício foram comigo ao encontro de Dácio, que se encontraria com o capanga de Torres em um restaurante próximo ao Campus universitário.

Os dragões desconfiavam das atitudes dúbias de Tibérius, e iriam se reunir em breve, para tomar decisões a respeito do assunto. Bórgia fora convocado para esse encontro.

Refletia sobre a vida nos dois planos, e pensei que um espaço destinado à educação terrena, como também uma boa porção do plano espiritual, reforçaria a ação do bem sobre a Terra. A cada dia entendia mais e mais o valor do conhecimento adquirido e aplicado a cada um de nós, habitantes deste orbe bendito.

O esforço despendido pelas comunidades umbralinas associadas aos Dragões de Cristo nos exemplificava o valor desse processo para a evolução do globo.

Quando observamos o panorama descrito no livro *Comunidade Educacional das Trevas*, já antevíamos a ação deles sobre a sociedade humana. Apenas uma parcela, um grupamento a serviço de Tibérius, causava tantos danos. Compreendemos a dimensão do perigo em que se encontrava a evolução planetária, atrasando e alimentando a ignorância e o sofrimento, caso o mundo não passasse a enxergar o valor intrínseco da educação como um todo para a erradicação do sofrimento.

Agora estávamos ali, dentro de um centro universitário, observando processo semelhante e constatando que eles haviam se organizado muito mais que a humanidade. Tantas pessoas ainda se punham de joelho perante as ambições terrenas, permitindo se corromper e omitir diante de atrocidades cometidas em causa própria. Tantos ainda usavam a religião apenas como uma cortina de fumaça para os verdadeiros interesses da Comunidade dos Dragões.

Religiões baseadas em falsos princípios foram erigidas como forma de controlar massas e levar seus líderes aos vários segmentos do poder público, religioso e social.

Enxergávamos um futuro sombrio, desnecessário, afinal, a evolução do pensamento é um caminho sem volta, não há retrocesso, haja vista os desígnios para o futuro do planeta.

Eles tomavam de assalto os grandes e pequenos centros educacionais, destruindo possibilidades de avanço moral. No entanto, o bem agir e pensar estava lá; embora nos parecesse tímido perante o alarde de sua movimentação, os postos de socorro trabalhavam sem cessar, socorrendo e amparando aqueles que enxergavam sua própria dor e descobriam que não havia necessidade de subjugar as leis impostas por eles.

Respirei fundo. Precisava de um momento a sós com meus pensamentos, mas no momento isso não seria possível; estava ao lado daqueles que sublimavam as próprias necessidades em benefício do todo.

Senti uma mão amiga pousar em meu ombro. Sorri de felicidade; era a querida Miss Martha, mestra incomparável ao meu coração.

— Como vai, meu amado aluno?

— Assim, assim... Caminhando aos tropeços, refletindo sobre o desejo de como deveria ser o caminho percorrido pela humanidade e aquele que realmente foi escolhido por ela.

Miss Martha me abraçou com carinho e disse amável:

— Todos nós temos sonhos, e são eles que nos alentam para vencer os prováveis obstáculos, aqui e também aqui — apontou o coração e a cabeça, e continuou: — Assim deve ser para que o bem possa ser presente em nossas vidas. Refletir sobre o futuro é saudável, mas não podemos nos deprimir diante da realidade, que com certeza fica aquém de nossos desejos.

— Mas me diga... O que faz por aqui? — indaguei com interesse genuíno.

— Vou me juntar a vocês nesse socorro, como forma de educar meu espírito, em favor de minha próxima encarnação — respondeu Miss Martha Watts.

— Está próxima sua volta ao mundo dos encarnados? — perguntei à mestra.

— Está, sim, e estou ansiosa para realizar meus planos reencarnatórios.

— Na área da educação, com certeza.

— Inácio também faz parte desse planejamento. Pretendemos nos encontrar como irmãos, numa gestação dupla. Seremos gêmeos, continuando um relacionamento que surgiu neste plano. É uma ambição comum a nós dois.

— Terá amável parceiro ao seu lado. Uma figura ímpar, capaz de amar além do pensável.

— Sei disso, e olhe ele chegando por aqui; também se juntará a nossa equipe. Os espíritos nos conclamam para o trabalho redentor; nenhum filho de Deus estará fora desta bendita programação. Ineque nos disse que os anjos do Senhor descerão à Terra num momento de muito tormento, para resgatar a humanidade de seus mais torpes sentimentos, acordando consciências e mostrando a todos que o caminho da felicidade que liberta é direito de todos nós.

— Direito e dever de cada um — completou Inácio, que se juntava a nós.

— Devemos trabalhar com a verdade, eliminar os embustes sobre nós e para nós. Não mais devemos aceitar o uso de nosso nome em vão, em obras dúbias, que nos limitam o caráter. A irreverência é aceitável até o momento em que se torna perniciosa. Não é mesmo, querida amiga? — disse olhando com carinho para Martha.

— Isso mesmo, meu irmão. Médiuns limitados pela matéria permitem que espíritos falsamente sábios se aproximem e exortem sua vaidade, deixando de avaliar conteúdos. Assim, acabam divulgando o mal como verdade absoluta — falou Martha.

— Os encarnados que nos auxiliam no serviço de psicografia são alvos do mundo mais ignorante; eles assediam e sabem das fraquezas desses nossos amigos. Muitas vezes comprometem dignos trabalhos no bem, afinal, são instrumentos eficazes contra a propagação do mal, muito procurados por pessoas que sofrem e os veem como realizadores de milagres. Acabam sobrecarregados, sucumbem aos seus vícios ainda latentes, e os outros, que se serviam de sua bondade quando necessitavam, os abandonam à própria sorte quando são eles os necessitados — falei com emoção.

— Mas são espíritos fortes e ressurgem das cinzas, mais amadurecidos e experientes, mais sábios na maneira de auxiliar aos necessitados; aprendem a auxiliar sem se envolver. A verdadeira amizade ainda não faz parte deste mundo, pois, quando não vê suas expectativas atendidas e realizadas segundo sua verdade, a amizade é comprometida a ponto de se tornar relacionamento obsessivo, em que o pensamento persegue, em vez de acolher com preces reais — completou Ineque.

— É triste este panorama ainda existente na Terra, e principalmente dentro de segmentos espíritas — falou Maurício.

— Meu jovem amigo, pensemos com lucidez sobre a possibilidade real de cada um de nós externar seu eu dentro de conceitos filosóficos espiritistas. Isso não é real diante de nossa capacidade de entender tão linda e modesta filosofia de vida.

Quando algo nos foge à compreensão, nos afastamos, julgando e condenando o possível infrator; raros são os que procuram esclarecer as razões de tal ou qual comportamento — contribuí com o assunto.

— Talvez o receio de precisar reavaliar a própria vida? — questionou Maurício.

— Quando nos furtamos a aprofundar qualquer assunto, pode estar certo de que ele nos incomodará — disse Demétrius.

— Na realidade, ele ainda faz parte de nossas limitações; quando as vencemos, não as tememos, mas as compreendemos, não é assim? — falou Ana.

— Acredito que sim. Apesar de estar seguro de minhas intenções, quando Bórgia me provoca com meu passado, confesso sentir certo incômodo — confessou Maurício.

— Você ainda não provou a si mesmo sua compreensão de viver de forma mais harmônica; esse é um processo lento, o de substituir velhos hábitos por novos. Tenha paciência consigo mesmo; está mostrando evolução de pensamento que admiramos, pois ele se origina do esforço que faz para que isso aconteça — falei com carinho.

Há anos observava o jovem que chegara ao plano espiritual confuso e sofrido, e aos poucos, com firmeza, mostrava que o amor o havia cativado para sempre.

Maurício me abraçou com lágrimas nos olhos e falou:

— A vida é sempre surpreendente, não é?

— E lembre-se de que quem traça o caminho somos nós — respondi com carinho.

Enquanto conversávamos, caminhávamos pelo Campus em direção ao trabalho necessário. Na praça central, paramos por minutos para uma prece de amor e esperança. Cada qual seguiu em frente para realizar o que nos fora pedido.

Martha e Inácio andavam pelo Campus. Havia muito trabalho junto aos desencarnados que perambulavam pelo espaço universitário.

Eu, Maurício e Laura dirigimo-nos ao restaurante onde Dácio se encontraria com o capanga de Torres. Demétrius e Ana foram visitar Adélia, que se dirigia à casa de Flávio.

Rogério e Ineque se juntaram a Airton, que se preparava para algo além do limite imaginável.

Os dragões se movimentavam com facilidade e rapidez. Urgia que tomássemos providências, visto que os casos que relatamos aqui são apenas uma parte do que acontecia. Havia um frenesi por todo o espaço material e espiritual. As equipes coordenadas pelos dragões se reuniam e aumentavam suas instalações de forma assustadora, enquanto mais e mais entidades se juntavam a eles.

Os dias vindouros seriam sombrios, mas necessários. Ainda precisávamos da dor para entender a liberdade; precisávamos da escuridão para valorizar a luz.

Embora nossos sentimentos tivessem a intenção de poupar a humanidade, aproximava-se a época do "ranger de dentes".

Martha, em voz alta, lembrou-nos palavras de Santo Agostinho:

19 – Vossa terra é por acaso um lugar de alegrias, um paraíso de delícias? A voz do profeta não soa ainda aos vossos ouvidos? Não clamou ele que haveria choro e ranger de dentes para os que nascessem neste vale de dores? Vós que nele viestes viver, esperai, portanto, lágrimas ardentes e penas amargas, e, quanto mais agudas e profundas forem as vossas dores, voltai os olhos ao céu e bendizei ao Senhor, por vos ter querido provar! Oh, homens! Não reconhecereis o poder de vosso Senhor, senão quando ele curar as chagas de vosso corpo e encher os vossos dias de beatitude e de alegria? Não reconhecereis o seu amor, senão quando ele adornar vosso corpo com todas as glórias, e lhe der o seu brilho e o seu alvor? Imitai aquele que vos foi dado para exemplo. Chegado ao último degrau da abjeção e da miséria, estendido sobre um monturo, ele clamou a Deus: "Senhor! Conheci todas as alegrias da opulência, e vós me reduzistes à mais profunda miséria! Graças, graças, meu

Deus, por terdes querido provar o vosso servo!" Até quando os vossos olhos só alcançarão os horizontes marcados pela morte? Quando, enfim, vossa alma quererá lançar-se além dos limites do túmulo? Mas, ainda que tivésseis de sofrer uma vida inteira, que seria isso, ao lado da eternidade de glória reservada àquele que houver suportado a prova com fé, amor e resignação? Procurai, pois, a consolação para os vossos males no futuro que Deus vos prepara, e vós, os que mais sofreis, julgar-vos-eis os bem-aventurados da Terra.

Como desencarnados, quando vagáveis no espaço, escolhestes as vossas provas, porque vos consideráveis bastante fortes para suportá-las. Por que murmurais agora? Vós, que pedistes a fortuna e a glória, o fizestes para sustentar a luta com a tentação e vencê-la. Vós, que pedistes para lutar de alma e corpo contra o mal moral e físico, sabíeis que, quanto mais forte fosse a prova, mais gloriosa seria a vitória, e que, se saísseis triunfantes, mesmo que vossa carne fosse lançada sobre um monturo na ocasião da morte, ela deixaria escapar uma alma esplendente de alvura, purificada pelo batismo da expiação e do sofrimento.

Que remédios, pois, poderíamos dar aos que foram atingidos por obsessões cruéis e males pungentes? Um só é infalível: a fé, voltar os olhos para o céu. Se, no auge de vossos mais cruéis sofrimentos, cantardes em louvor ao Senhor, o anjo de vossa guarda vos mostrará o símbolo da salvação e o lugar que devereis ocupar um dia. A fé é o remédio certo para o sofrimento. Ela aponta sempre os horizontes do infinito, ante os quais se esvaem os poucos dias de sombras do presente. Não mais nos pergunteis, portanto, qual o remédio que curará tal úlcera ou tal chaga, esta tentação ou aquela prova. Lembrai-vos de que aquele que crê se fortalece com o remédio da fé, e aquele que duvida um segundo da sua eficácia é punido, na mesma hora, porque sente imediatamente as angústias pungentes da aflição.

O Senhor pôs o seu selo em todos os que creem nele. Cristo vos disse que a fé transporta montanhas. Eu vos digo que aquele que sofre e que tiver a fé como apoio será colocado sob a sua proteção e não sofrerá mais. Os momentos mais dolorosos serão para ele como as primeiras notas de alegria da eternidade. Sua alma se desprenderá de tal maneira de seu corpo, que, enquanto este se torcer em convulsões, ela pairará nas regiões celestes, cantando com os anjos os hinos de reconhecimento e de glória ao Senhor.

Felizes os que sofrem e choram! Que suas almas se alegrem, porque serão atendidas por Deus.

(*O Evangelho segundo o Espiritismo* — Capítulo II — O Mal e o Remédio — Santo Agostinho. Paris, 1863)

CAPÍTULO 18

PORTAS ESTREITAS

470. Os Espíritos que procuram induzir-nos ao mal, e que, assim, põem à prova a nossa firmeza no bem, receberam a missão de o fazer, e, se é uma missão que eles cumprem, terão responsabilidade nisso?

— Nenhum Espírito recebe a missão de fazer o mal; quando ele o faz, é pela sua própria vontade, e consequentemente terá de sofrer as consequências. Deus pode deixá-lo fazer para vos provar, mas jamais o ordena e cabe a vós repeli-lo.

(*O Livro dos Espíritos* — Livro II, Mundo Espírita ou dos Espíritos — Capítulo 9, Influência Oculta dos Espíritos sobre Nossos Pensamentos e Nossas Ações)

Nas proximidades do restaurante, observamos intensa presença das equipes de Bórgia; nos pareceu que faziam a segurança do local, para que não fosse comprometido com a presença das equipes socorristas.

Chegamos na mesma hora que Dácio. Um rapaz de aparência bem jovem se levantou e fez um sinal para o estudante; este se aproximou e foi convidado a sentar numa mesa reservada e distante do salão principal do restaurante.

— Não precisamos de apresentações, portanto vou logo ao assunto que nos interessa. Meu empregador me confiou tarefa de fazer a você uma proposta. E, desde que entrou aqui e está conversando comigo, vou avisando que você não tem mais como recusar sem sofrer consequências terminais, se me entende.

Dácio sentiu um calafrio pelo corpo todo e se questionou, com certo receio, se tinha feito a coisa certa. Com medo e a voz trêmula, perguntou:

— Está bem, do que se trata?

— Você convive com um professor que atrapalha bastante, o nome dele é Fred. Queremos que você nos sirva para dar um fim a esse incômodo.

— E o que eu ganho com isso?

— Muito dinheiro, em espécie. Dinheiro que, se souber usar, nunca será rastreado, e cairá nas graças de alguém que vale a pena ter como amigo.

— Quanto?

O mandante de Torres passou a Dácio uma pequena mochila e o instruiu a abri-la com discrição, o suficiente para ver o conteúdo. Dácio obedeceu e arregalou os olhos; estava abarrotada de dinheiro.

— É apenas cinquenta por cento do valor que receberá; esse já é seu.

— O que preciso fazer?

O rapaz passou a ele um pequeno vidro contendo um líquido viscoso.

— Durante quatro semanas deverá fazer o professor ingerir, duas vezes por semana, algumas gotas desse líquido. Ele não pode perceber; o líquido é inodoro e insípido. A maneira como vai fazer é problema seu. Se dentro de quatro semanas ele não morrer, quem morre é você. E já deve ter percebido que não estou brincando, então, recusar o trabalho tem consequências também.

O rapaz levantou, virou as costas e foi embora. Dácio ficou parado por um tempo; suava muito e os pensamentos eram desconexos. Abriu a mochila e olhou, novamente, o conteúdo. Tirou uma nota de cem reais, colocou no bolso, pediu o cardápio e torceu o nariz para o menu oferecido.

Levantou e saiu do restaurante. Andou três quadras, entrou em outro restaurante, com acomodações de luxo, e pediu o cardápio. Escolheu um vinho caro e um prato da alta cozinha *gourmet*; abriu a mochila, retirou mais notas de cem reais e sorriu.

— Tirei a sorte grande, estou rico. E o preço não é tão alto assim, Fred é um chato mesmo. — Sorriu e sentiu que podia dominar o mundo. Não podia imaginar as consequências futuras para seu espírito.

Temos escolhas a fazer a todo minuto de nossa vida, escolhas que sempre nos trazem consequências futuras. Estamos sujeitos à bendita lei de ação e reação, que nada mais é do que instrumento eficaz ao processo de educação que necessitamos viver.

Enquanto isso, Demétrius e Ana visitavam Adélia e Flávio. A moça abriu o portão da garagem e entrou com o carro na adorável residência. Era uma casa simples e bem cuidada, retrato de seu proprietário. Assim que entrou sentiu-se aliviada; parecia que o ar estava mais leve e perfumado, respirou fundo. O ambiente fluídico daquele espaço era admirável. Flávio impregnava o ambiente de energias salutares, originadas por sua bondade e crença no bem maior.

Flávio veio para fora e recebeu Adélia com um beijo amoroso.

— Estava com muitas saudades de você; há três dias não a vejo.

— Desculpe, precisava tomar algumas decisões que irão afetar nossas vidas para sempre.

Flávio olhou o rosto da moça e viu que estava apreensiva, mais do que o normal.

Durante todo o período que se relacionara com ela, nunca a vira em paz e descontraída, mas hoje percebia que estava pior: a mandíbula contraída, os olhos inchados e vermelhos, as mãos trêmulas e frias.

Ele levantou seu rosto, acariciando seu queixo, e falou baixinho, olhando em seus olhos:

— Você sabe que não precisa temer nada de mim, não é? Sou seu companheiro para todos os momentos, bons ou não.

— Sei disso, mas você não faz ideia de quem sou.

— Sei, sim, você é a mulher que eu amo, só isso. E a mulher que eu amo é produto de tudo que ela é, bom ou não, está bem?

— Vamos entrar, precisamos conversar a sério e definir o que faremos de nossas vidas.

Flávio olhou para ela e viu o sofrimento estampado em seus olhos. Calou-se; percebeu que ela precisava desse momento para exorcizar as dúvidas que ainda a impediam de ser feliz.

Adélia sentou-se no sofá, de olhos baixos, e contou a ele, de um só fôlego, sua relação com a equipe diretora da universidade, as concessões que fazia no relacionamento com o reitor, garantiu que não mantinha relações sexuais com ele, mas o provocava para controlá-lo.

Chorou muito e garantiu que não suportava mais isso, mas que temia pela reação dos bandidos que controlavam a parte financeira da empresa que geria a universidade.

Flávio estava em pé, encostado na lareira, localizada na parede em frente ao sofá. Apenas ouvia o desabafo da moça; não esperava algo assim, aliás, não sabia o que esperar de

Adélia, era muito fechada sobre a vida fora de seu relacionamento com ele, nunca comentava nada. Intuía que algo estava errado, mas não imaginava algo tão grave.

— Eu te dou nojo, não é?

Flávio respirou fundo e perguntou:

— Por que resolveu me contar tudo isso, e agora?

— Não quero mais viver isso, nem sei como cogitei participar disso, aliás. Na época achava que seria legal ter mais dinheiro, comprar um apartamento, um carro novo. Hoje isso não tem mais importância para mim, minhas ambições são outras. Quero ser uma pessoa boa, você me trouxe essa necessidade, não posso imaginar minha vida sem você. Você é um homem íntegro, honesto, amoroso, e quem tem que mudar sou eu. Eu estou errada.

Flávio passou as mãos pelos cabelos, andou de um lado a outro da sala, depois parou na frente de Adélia, que se recusava a olhá-lo de frente; estava envergonhada.

— Responda uma coisa: se eu não aceitar ficar com você, o que fará?

— Já assinei uma carta de demissão, imediata, sem retorno. Eu quero mudar, não estou mais feliz fazendo tanta coisa errada. Você me ensinou a amar, mas eu ainda não me amo, e preciso aprender a fazer isso.

Adélia levantou do sofá, pegou a bolsa e disse de cabeça baixa:

— Eu sei que não sou digna de você, e talvez para você seja difícil aceitar minhas más ações. Eu vou embora, não vou mais te perturbar. Vou modificar minha vida, por mim. Desculpe tê-lo decepcionado.

— Não disse que não a quero comigo, quero saber os motivos reais que a fizeram questionar seus atos. Estamos juntos há muito tempo e você nunca sentiu essa necessidade. O que mais você tem para me dizer?

Adélia arregalou os olhos e teve certeza de que Flávio desconfiava de sua gravidez. Sem pensar acariciou a barriga; ele percebeu o gesto e a abraçou.

— Vamos ter um filho, não é?

Adélia caiu num choro convulsivo, de alívio e dor ao mesmo tempo.

— Não quero te obrigar a me aceitar.

— Sei que não, mas eu quero você e nosso filho. Juntos, vamos resolver essa bagunça toda, está bem?

Ele a beijou com carinho e acariciou o ventre que abrigava seu filho.

Demétrius e Ana, emocionados, passaram a energizar o corpo de Adélia com amor e dedicação. A moça sentiu o corpo relaxar e a mente sossegar. Pensou aliviada: "Será que Deus vai me dar a oportunidade de agir melhor? Por amor a Flávio e a meu filho, faço isso de bom grado".

Enquanto nossos amigos socorristas auxiliavam o casal, Martha e Inácio auxiliavam algumas equipes de nosso plano no resgate de irmãos que não mais aceitavam a barbárie como norte ao comportamento pessoal.

Gratificados, lotaram vários veículos, que os conduziriam ao local certo para seu refazimento. Emocionados, os seareiros agradeceram ao Universo Amoroso a dádiva do surpreendente número de irmãos que já enxergava algo além da forma.

Ineque e Rogério visitavam Airton. O rapaz estava totalmente alheio a tudo que o rodeava; os companheiros de residência faziam a maior algazarra, mas ele não reagia, parecia não ser tocado por nada.

Ineque se aproximou, solicitou ajuda dos socorristas do Campus universitário, e logo estava cercado por amigos de afinidade moral. Percebeu a gravidade do estado de alienação de Airton, procurou envolvê-lo em vibrações de amor e paz, mas ele estava envolto por densa carga energética.

Pediu a presença de Inácio e Martha, com muito esforço conseguiram fazê-lo adormecer. Desdobrado pelo sono do corpo físico, seu perispírito foi levado ao posto de socorro em nosso plano. Martha se aproximou e procurou acessar imagens da infância do rapaz. Compadecida, percebeu o sofrimento da criança diante da indiferença de uma família fixada em adquirir cada vez mais bens materiais.

Percebeu uma lembrança, tênue e saudosa, de uma avó desencarnada precocemente, vítima de um câncer agressivo. Ouviu o som de uma risada alegre e festiva, da pequena senhora que o incentivava a andar. Airton era muito pequeno, ainda não tinha atingido o primeiro ano dessa encarnação, mas a lembrança feliz persistiu em seu íntimo como uma tábua de salvação.

Depois identificou a imagem de uma pequena menina, que segurava sua mão; ele ainda sentia esse toque agradável.

O rapaz abriu os olhos e balbuciou, chamando a avó. A senhora em questão, com os olhos brilhantes por lágrimas retidas, adentrou a pequena sala e disse:

— Estou aqui, meu amor, estou aqui. — Sorriu-nos agradecida e segurou com firmeza as mãos do moço.

Intentamos a reciclagem energética, o desligamento das consciências externas à mente de Airton, mas o envolvimento era profundo; ele aceitava a invasão como algo natural à sua essência. Magda, sua avó, cantava para ele baixinho. A voz emocionada o acolhia, e ele temia a sua partida e a separação. Voltou a se esconder entre aqueles que considerava amigos fiéis.

Magda o consolou e doou amor sem fim. O rapaz, relutante, tentava imergir das sombras, mas o medo da solidão o fazia regredir dolorosamente.

Abriu os olhos, relutante, sorriu e falou:

— Minha Mama, você voltou?

— Nunca parti, meu amor, sempre estive ao seu lado.

— Não, não me engane, você me abandonou como eles.

Fechou os olhos e refugiou-se no corpo material.

Apesar da relutância de Airton para aceitar a volta a uma realidade que insistia em ignorar, percebemos que, mesmo adormecido, seu pensamento guardava sensações do reencontro feliz.

Agradecemos a Inácio e Martha o auxílio.

Ineque nos alertou sobre a necessidade de nossa presença na reunião dos dragões que aconteceria para decidir o destino de Tibérius. A citada reunião teria início em poucas horas, precisávamos nos preparar.

Decidimos fazer nossa preparação espiritual procurando nos manter serenos e cientes de nosso trabalho, sem julgamentos ou mesmo ideias preconcebidas.

Cada qual estava fazendo exatamente o seu melhor, segundo sua compreensão. Nossas falhas se devem ao fator primordial da falta de educação de nosso espírito, da falta de informações gerais que nos capacitem a fazer escolhas melhores e mais sábias. Ou seja, é a ignorância que nos tolhe o movimento dinâmico e consciente da vida.

Nosso querido educador, Hippolyte Léon Denizard Rivail, conhecido entre os espíritas como Allan Kardec, aquele que por métodos científicos nos legou um dos maiores patrimônios da humanidade, a codificação da Doutrina dos Espíritos, este sim um educador por excelência, exalta o fato da importância da educação, nos dizendo: "há um elemento que não se ponderou bastante, e sem o qual a ciência econômica não passa de teoria: a educação. Não a educação intelectual, mas a moral, e nem ainda a educação moral pelos livros, mas a que consiste na arte de formar o caráter, aquela que cria os hábitos adquiridos", e ainda afirma: "é pela educação, mais do que pela instrução, que se transformará a humanidade".

Ficamos em silêncio, apenas absorvendo a energia da bela Praça da Paz, a bendita colônia espiritual que nos acolhia.

Ponderei por instantes sobre a beleza do trabalho que realizávamos e depois transcrevíamos em benefício do conhecimento para a humanidade, com o propósito de fazer chegar aos encarnados a ideia primordial da importância do movimento pessoal de cada um de nós, dos dois planos de bênçãos.

Literatura comprometida com a verdade e com o processo de educar.

Andava meio entristecido; com o tempo, constatamos como é vagarosa a aceitação desses ensinamentos, que chamam à razão, para que nos movimentemos com mais harmonia, cooperando com nossos guias espirituais na renovação de nosso mundo. Quanta literatura é designada como espírita e não tem bases na verdade de nossa origem. Ao contrário, cala consciências e circula entre mãos que poderiam estar se educando.

Cegos conduzindo cegos. Apesar das dificuldades, nós aqui estamos, sem titubear fazendo nossa parte, crentes no bem e na bondade, esperançosos no futuro e na bondade da alma humana.

Sabemos que a evolução tem o caminho certo, e o tempo é diretamente proporcional à nossa boa vontade em trocar antigos e rançosos conceitos por novas e iluminadas formas de pensamento. Sendo assim, reflito que está tudo bem.

CAPÍTULO 19

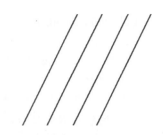

ALGO ALÉM DO SONHADO

471. Quando experimentamos um sentimento de angústia, de ansiedade indefinível ou de satisfação interior sem causa conhecida, isso decorre de uma disposição física?

— É quase sempre um efeito das comunicações que, sem o saber, tivestes com os Espíritos, ou das relações que tivestes com eles durante o sono.

472. Os Espíritos que desejam incitar-nos ao mal limitam-se a aproveitar as circunstâncias em que nos encontramos ou podem criar essas circunstâncias?

— Eles aproveitam a circunstância, mas frequentemente a provocam, empurrando-vos sem o perceberdes para o objeto da vossa ambição. Assim, por exemplo, um homem encontra no seu caminho uma certa quantia: não acrediteis que foram os Espíritos que puseram o dinheiro ali, mas eles podem dar ao homem o pensamento de se dirigir naquela direção, e então lhe sugerem apoderar-se dele, enquanto outros lhes sugerem devolver o dinheiro ao dono. Acontece o mesmo em todas as outras tentações.

(*O Livro dos Espíritos* — Livro II, Mundo Espírita ou dos Espíritos — Capítulo 9, Influência Oculta dos Espíritos sobre Nossos Pensamentos e Nossas Ações)

Após breve descanso, nos encaminhamos para a cidadela. Mais uma vez admiramos a disciplina desse agrupamento; não mais víamos a característica sujeira e miséria, estava tudo organizado. As entidades, uniformizadas com as cores de sua comunidade, marchavam resolutas, de cabeça erguida, impondo a nós uma visão na qual elas mesmas não acreditavam.

As aparências, que tanto nos influenciam os sentidos, não eram reais; desavisados poderiam acreditar que tudo saía de forma aceitável, quase perfeita, mas, observando mais de perto, era apenas um engodo.

Olhando mais de perto, tudo era característico às mentes doentias, farrapos humanos que transitavam pelas ruas, alienados de sua própria vida.

Pensei entristecido, pela visão grotesca, quanta energia gasta na aparência somente para mostrar aos outros uma falsa realidade, uma ilusão que apenas infelicitava os habitantes daquela comunidade.

Orei em benefício da humanidade, de toda a humanidade, pois não só aqui os espíritos insistiam nessa ilusão perversa, mas em todos os lugares desse planeta abençoado. Quanta energia gasta em fantasias que apenas atrasam o caminho, mais preocupados com a forma do que com o conteúdo; vagamos entre sombras espessas e avassaladoras.

Apesar de ser um lindo dia, a cidadela estava envolta em nuvens pesadas, escuras e fétidas. Observamos que no centro do prédio principal havia uma estrutura que não tínhamos visto da última vez. Uma cúpula negra, pontiaguda e em constante movimento energético opressivo, que emanava carga energética intensa, originada da mesma estrutura que víamos.

Ineque nos chamou a atenção para observarmos que, acima da cúpula, a mesma carga de energia se expandia em várias direções, como a atingir um destino certo.

Lembramos os esclarecimentos recebidos sobre hipnose coletiva e descobrimos que esse era o ponto de origem.

Entramos na cidadela e nos dirigimos para a grande praça central; estávamos invisíveis aos transeuntes, mas sabíamos que os dragões sentiam a oscilação que causávamos na corrente magnética que circundava a cidadela. Podemos entender esse fenômeno por meio do conceito de atração e repulsão entre os corpos. Semelhantes se atraem e diferentes se repelem; quando existe uma corrente eletromagnética ativa, é a somatória de energias que se atraem, e, quando há invasão da energia contrária, percebe-se que há oscilação na corrente original produzida – o que acontecia com nossa aproximação das instalações existentes no alto do prédio central.

Uma cúpula que abrigava mentes, que somava pensamentos semelhantes, com o mesmo propósito, a mesma afinidade, produzindo uma sintonia que emanava em todas as direções, ressoando no universo conhecido.

A cidadela estava fortemente protegida pelas entidades vestidas como a guarda suíça, característica usada na segurança do Vaticano. Percebemos o cuidado que tinham com o momento, tentando evitar a presença de espíritos melhores.

Nosso deslocamento era lento, mais difícil que o normal; precisamos ajustar a sintonia energética de nosso perispírito, a fim de alcançar nosso destino. Adentramos a grande cúpula localizada no alto do prédio principal.

Admirados, percebemos que era bem maior do que poderíamos imaginar. O ambiente se estendia ao longe, grupos formavam círculos concêntricos; estavam imóveis, perfeitamente concentrados, suas mentes alinhadas num único propósito.

Equipes externas aos círculos percorriam o imenso salão, munidas de aparelhos coletores de energia, semelhantes aos usados pelos amigos de nosso plano, que coletavam resíduos energéticos nas grandes tempestades.

A sensação que tivemos foi de estarmos imersos num grande oceano de águas turvas e espessas, sujeitos aos resíduos de uma tempestade avassaladora.

A sensação opressora se intensificava a cada instante, a ponto de sentirmos dificuldades para centrar nossos pensamentos; sentíamos que nosso corpo perispiritual era tão denso como quando encarnados, e tínhamos dificuldades para respirar.

As mentes alinhadas num único objetivo produziam tal energia, que fluía em direção à grande cúpula de formato pontiagudo, sendo depois lançada ao espaço para alimentar outra proteção que envolvia a cidadela .

Aproximamo-nos de um pequeno grupo, composto por cinco entidades, e perscrutamos seus pensamentos; estavam em sintonia com um encarnado, pastor de um segmento evangélico famoso sobre o orbe. Eles o vigiavam, e vez ou outra emitiam comandos mentais, entristecidos. Percebemos que sua mente funcionava como o sexto componente do grupo. Não era uma relação de invasão ou assédio moral, mas, sim, de afinidade. O pastor, que deveria levar ao mundo o conhecimento da bondade, do amor e do perdão, fora criado sob a cúpula do terror e do medo. Sua reencarnação estava baseada em planos dos dragões.

Afastamo-nos do pequeno grupo, aconselhados por Ineque. Estávamos ali, naquele momento, apenas para observar e aprender como lidar com esses irmãos desafortunados.

Aproximamo-nos de outro grupo, esse composto por nove entidades. Seus trajes eram diferentes dos outros, o que nos chamou a atenção. Passamos a observar seu padrão mental; eram espíritos mais esclarecidos, com mais conhecimento, mas ainda aquém da educação necessária ao seu benefício. Estavam ligados, também por afinidade, a importante dirigente de uma grande nação. Encontravam-se ali apenas para fortalecer a sua posição e protegê-lo da interferência de planos melhores da vida. No momento, o dirigente da nação reunia-se com seus assessores. Notamos que estes também estavam sob o controle de outro grupo, dentro desta mesma cúpula.

Ineque nos chamou a atenção para ligações sutis entre os grupos de hipnose. As nove pessoas presentes na reunião da cúpula do governo estavam sob o jugo dos dragões.

Demétrius nos alertou para um padrão diferente, existente na esfera psíquica de um dos presentes, que se diferenciava dos outros. Aproximamo-nos do grupo que o importunava e percebemos que não havia a mesma sintonia entre os outros membros.

Os hipnotizadores o assediavam de forma grotesca, impondo medo e dificultando sua ação mental. O encarnado tentava expor suas ideias, mas os pensamentos eram desalinhados e confusos. Por fim, contra sua vontade, assinou um documento que passava de mão em mão para, no instante seguinte, se questionar sobre por que o tinha feito.

Desligamo-nos do grupo e observamos mais uma vez o ambiente. Os agrupamentos centrais emitiam energia de padrão diferente; eles também formavam um grande círculo com seus companheiros, e novo perímetro se formava.

Aproximamo-nos dos agrupamentos periféricos e descobrimos que funcionavam na forma física do planeta Saturno: um aglomerado central, seguido de seus anéis.

A porção central, mais densa, composta de entidades altamente treinadas, era destinada ao monitoramento dos importantes personagens que dirigiam as nações, os segmentos religiosos e os grandes empreendimentos financeiros.

O primeiro anel era destinado aos seguidores dos dragões. Ele os mantinha seguros em seus postos e sob o controle dos ideais propostos por seus comandantes.

Descobrimos que o anel no centro da espiral era destinado a aglomerações espíritas. Dali se originava a perseguição aos membros mais ativos, aos condutores e divulgadores da Doutrina dos Espíritos. Esse grupamento de hipnotizadores era alimentado por energias residuais dos outros anéis, que convergiam como ondas poderosas.

Dessa terrível e hedionda zona de escuridão, vimos que a maioria de seus integrantes eram conhecedores da amável doutrina, treinados para utilizar seus conceitos amorosos e distorcê-los com a finalidade de levar ao destino de suas ações. Pretendiam gerar dúvidas e mágoas, dificultando assim o trabalho profícuo a ser realizado, e percebemos, não tão admirados, que a vaidade era o ponto fundamental para concretizar suas intenções.

O acolhimento tão divulgado pelas casas espíritas era elemento nulo diante da postura da maioria dos trabalhadores envolvidos pelas sombras de suas imperfeições. Envolviam-se em conversas desnecessárias, críticas infundadas diante do propósito da doutrina, grassavam à solta, como vermes sendo alimentados e corroendo as boas intenções.

Lembrei-me de antigo provérbio que dizia que o inferno estava repleto de boas intenções; essa ideia fazia sentido nesse momento. Com esforço controlei meus pensamentos; não deveria haver crítica nesse projeto amoroso de socorro, apenas perdão e amor.

Os anéis periféricos se destinavam à população do globo. Uma energia tão densa, como se fosse intransponível, irradiava à volta do globo, infiltrando-se em todos os lugares.

Ineque nos alertou sobre abundante carga energética que se concentrava no alto da torre. Aproximamo-nos o suficiente, mas, cuidadosos para não sermos tocados por ela, tamanha a intensidade que sentimos partindo desse ponto, a sensação era terrível, quase intolerável, quase física.

Centramos nosso pensamento e perscrutamos o raio dimensional que ali se formava; era destinado a manter o campo energético dos dragões. Uma única e poderosa entidade absorvia e transmutava os fluidos que chegavam a ela.

Estava ausente, solitária e isolada; uma cúpula delimitava a aproximação de qualquer força estranha àquela que ela invocava para si, um ciclone destruidor, semelhante ao ajuntamento de escorpiões. O ruído produzido incomodava a ponto de causar dor, e o odor era terrível, nunca havia presenciado algo semelhante. Uma criação demoníaca, originada com a cooperação dos outros oito comandantes.

Ineque nos convidou a voltar para um campo próximo da cidadela; precisávamos de descanso para podermos voltar e presenciar a reunião dos representantes dos Dragões de Cristo.

Há muito tempo não sentia a necessidade de adormecer, mas, neste dia, acomodei-me numa confortável poltrona e senti que me desligava, como no sono terreno. Vi meu corpo perispiritual acomodado e relaxado; olhei à volta e percebi que alguns de meus companheiros de trabalho faziam o mesmo.

Alçamos voo para fora do planeta, nosso destino um ponto luminoso no firmamento. Chegamos e fomos recebidos por irmão de luz admirável. Seu perispírito era menos denso que o nosso, translúcido e brilhante, coroado de admirável energia de amor que nos emocionou sobremaneira.

Ele sorriu com delicadeza e nos abraçou um a um. Olhei à minha volta, e lá estávamos eu, Ineque e Demétrius.

— Bem-vindos à casa do Pai, meus irmãos.

Não tivemos palavras para responder ao cumprimento, mas nossas feições traduziam as emoções sentidas.

— Pedimos que estejam atentos às instruções que serão passadas a vocês; nosso tempo é curto, precisam voltar ao corpo perispiritual rapidamente. O sofrimento que verão em breve não deve ser contido; ele precisa fluir de maneira harmônica e ser entendido como a bondade do Pai, permitindo a seus filhos um novo caminho. A bondade ainda nos faz acreditar que podemos livrar nossos irmãos da dor necessária. Isso dificulta a própria transformação do orbe. Precisamos viver as consequências de nossas escolhas, a sábia lei da ação e reação. Somente dessa forma mudamos o rumo de nossos desejos. Observem e aprendam! Nem sempre amamos o que vemos ou sentimos. Tibérius busca a dor como forma de punição a si mesmo, sem viver o movimento do bem. Por isso, está caminhando em círculos. O que viram na torre não é nada se comparado à bondade do Pai; assim como eles não os veem, vocês também não nos veem. Olhem! — alertou e apontou o firmamento.

Estávamos dentro de uma grande edificação no plano dos espíritos melhores. Um número incontável de trabalhadores transitava, sorridente e feliz. Veículos pousavam transportando enormes tubos, trazidos do universo, repletos de boas energias. Uma torre imensurável podia ser vista ao longe, no centro daquela comunidade cristã, espargindo bondade e amor para as diversas moradas de meu Pai.

Não havia escravos, hipnotizadores, apenas bondade e amor. O bem pelo bem!

Emocionados, choramos de alegria; a esperança e a paz eram reais, assim como o sofrimento sempre é uma escolha.

O irmão amado nos abraçou com carinho e nos disse baixinho em nossas mentes:

— Levem ao mundo o conhecimento da grandiosidade do trabalho do Senhor. Somos semelhantes às estrelas cadentes; viemos iluminar o caminho, abrir os olhos aos cegos, e, como um imenso exército, nos espalhemos sobre a Terra, auxiliando os filhos de Deus a acordar para a sua origem divina. Trabalhamos junto ao nosso irmão Jesus, nunca esqueçam esse fato animador. Vão em paz!

Abri os olhos e mentalmente orei, agradecendo a experiência ímpar, e em voz audível recitei o Prefácio de *O Evangelho segundo o Espiritismo*, texto sublime que nos foi enviado pelo Espírito de Verdade, e que neste trabalho assume profunda significação. Eu o repetirei e repetirei, pois traz esperança e a certeza de que não estamos sós:

> Os Espíritos do Senhor, que são as virtudes dos céus, como um imenso exército que se movimenta, ao receber a ordem de comando, espalham-se sobre toda a face da Terra. Semelhantes a estrelas cadentes, vêm iluminar o caminho e abrir os olhos aos cegos.
>
> Eu vos digo, em verdade, que são chegados os tempos em que todas as coisas devem ser restabelecidas ao seu verdadeiro sentido, para dissipar as trevas, confundir os orgulhosos e glorificar os justos.
>
> As grandes vozes do céu ressoam como o toque da trombeta, e coros de anjos se reúnem. Homens, nós vos convidamos ao divino concerto: que vossas mãos tomem a lira, que vossas vozes se unam, e, num hino sagrado, se estendam e vibrem, de um extremo do Universo ao outro.
>
> Homens, irmãos amados, estamos juntos de vós. Amai-vos também uns aos outros, e dizei, do fundo de vosso coração, fazendo a vontade do Pai que está no Céu: "Senhor! Senhor!", e podereis entrar no Reino dos Céus.
>
> *O Espírito de Verdade*

CAPÍTULO 20

ESPERANÇA SEM FIM

473. Pode um Espírito, momentaneamente, revestir-se do invólucro de uma pessoa viva, quer dizer, introduzir-se num corpo animado e agir em substituição ao Espírito que nele se encontra encarnado?

— Um Espírito não entra num corpo como entra numa casa; ele se assimila a um Espírito encarnado que tem os seus mesmos defeitos e as suas mesmas qualidades, para agir conjuntamente; mas é sempre o Espírito encarnado que age como quer sobre a matéria de que está revestido. Um Espírito não pode substituir-se ao que se acha encarnado, porque o

Espírito e o corpo estão ligados até o tempo marcado para o termo da existência material.

(*O Livro dos Espíritos* — Livro II, Mundo Espírita ou dos Espíritos — Capítulo 9, Possessos)

Ineque ficou encarregado de transmitir a mensagem aos irmãos de nosso plano, cada canto do planeta o ouviu e viu a maravilha da vida que presenciamos. Os ânimos educados para a verdade irrefutável do bem maior nos fortaleceram na esperança e na fé. Não estávamos sozinhos, nunca estivemos, apenas nossa imperfeição e nossas limitações eram aprendizagens a serem vencidas, para que tivéssemos a capacidade de enxergar além do ordinário. O resto estava certo. Na medida da compreensão de cada um, o caminho era de amor e paz, essa nossa certeza.

Respirei fundo, como a alimentar a liberdade recentemente conquistada; o ar estava mais leve. A união de nossos pensamentos felizes e crentes num futuro melhor realizou o milagre de alimentar a vida. Estávamos prontos, agora sim estávamos prontos.

Rogério nos pediu ajuda. Airton estava se preparando para um ato de violência e de autodestruição, amarrava ao corpo artefatos explosivos, com a intenção de se misturar aos outros estudantes, que se aglomeravam em frente ao prédio da reitoria.

Havia uma movimentação febril no local. Beto e Lucia tentavam conversar com outros estudantes, tentando dissuadi-los de invadir o prédio, instigados por Dácio.

Beto tentava fazê-los lembrar da tragédia recente, quando uma colega havia perdido a vida por causa da violência.

Airton arrumou com esmero seu tapete de orações e invocou Alá, oferecendo o sacrifício de sua vida em benefício da causa que acreditava ser real. Naquele momento, sentia-se um homem justo.

Aproximamo-nos de seu campo vibratório, mas ele nos rejeitou com violenta descarga magnética, que fortaleceu sua esfera psíquica.

Ineque e Demétrius se deslocaram à torre dos hipnotizadores na cidadela, seguindo o rastro vibratório que mantinha a mente de Airton cativa.

Identificaram o grupo com certa facilidade. Aproximaram-se, auxiliados por equipe de socorristas designada por Rogério. As mentes unidas concentraram potente descarga energética, rompendo parcialmente a ligação mental entre Airton e os três hipnotizadores. O encarregado dos grupos localizados na periferia dos anéis vibratórios já citados, percebendo o enfraquecimento da ligação mental, imediatamente ordenou a outros membros de sua equipe que se juntassem a eles.

Mentalmente fui avisado pelos amigos que teria pouco tempo para agir em benefício da libertação da mente escrava. Airton respirou fundo e sentiu certa vertigem; parecia incomodado, mas não saberia dizer com lógica o que estava errado.

Sentou no tapete, lembrou-se de sua avó. A pequena senhora se aproximou; com delicadeza, passou a trabalhar a energia que o envolvia. Semelhante a um emaranhado de fios vibrantes e sombrios, os miasmas criados a partir de mentes presas na escuridão pareciam ter vida própria, resistindo bravamente ao toque amoroso. Aos poucos, o rapaz se sentiu melhor. Olhou para o próprio corpo, envolvido por uma espécie de cinto largo, carregado de explosivos, e pensou em agonia: "O que estou fazendo?"

Envolto por forte emoção, sucumbiu ao estresse e resvalou ao chão, desacordado.

Inácio veio ao nosso encontro, acompanhado por Miss Martha. Auxiliaram no desdobramento de Airton, libertando parcialmente seu perispírito, e o levaram para uma sala de atendimento psicológico no plano espiritual.

❉

Fred havia sido alertado para tomar cuidado, pois a vida de seu corpo material corria perigo. O professor estava atento, mas nunca imaginou que sofreria agressão por parte de algum de seus alunos. Dácio já havia ministrado duas doses de veneno em sua garrafa de água gasosa; o professor tinha o hábito de manter garrafas dentro da geladeira para o uso no cotidiano. O rapaz, aproveitando-se desse costume, enchera seringas com agulhas finas e aplicara o conteúdo na água. Sabia que apenas Fred as tomaria, pois morava sozinho e, quando os alunos o visitavam, oferecia água em garrafas maiores e sem gás.

Fred andava sentindo fraqueza muscular, muita náusea, dores abdominais seguidas de diarreia, e naquela noite teve várias crises de vômito; achou esquisito, visto que gozava de boa saúde, então lembrou o alerta recebido e foi a um médico, colega de trabalho na universidade, e relatou suas suspeitas. Doutor Gustavo, esse o nome do médico, solicitou alguns exames de urgência, alguns relacionados ao uso de substâncias nocivas à saúde. Mesmo acreditando ser paranoia do colega, optou por ser mais criterioso em seu diagnóstico, pois conhecia Fred, e era um homem calmo e ponderado.

Admirado com os resultados, pediu a Fred que fosse encontrá-lo no hospital em que dava plantão médico. Explicou sobre os resultados e o alertou que de alguma forma estava ingerindo substâncias tóxicas em pequenas doses. Tirou mais sangue e colheu mais urina para repetir os exames laboratoriais. Pediu urgência e logo recebeu os resultados; Fred estava sendo envenenado. O colega o medicou e aconselhou a procurar a fonte contaminada.

O professor foi para casa. Estava deprimido e magoado; tentava entender o que poderia estar acontecendo.

Lembrou-se de Eduardo e do momento em que enfrentara Torres para defender o aluno. A cena veio em sua mente muito clara, e lembrou-se da ameaça que lhe fora feita. Procurou se livrar das emoções que o desequilibravam; raciocinou com lógica sobre o local onde o fato poderia estar acontecendo.

Era difícil se alimentar na universidade ou fora de casa; era diabético e preferia fazer a própria comida. Em sua casa, era difícil receber visitas; as únicas pessoas constantes eram seus alunos de pesquisa, que estudavam com ele a teoria do projeto desenvolvido e que seria utilizado como assunto de tese.

Pensou e desconfiou de que algo em sua geladeira devia estar contaminado. Abriu a porta e foi pegando alimento por alimento, e examinando com uma lente de aumento. Pegou uma garrafa de água ainda lacrada e descobriu um pequeno orifício junto ao gargalo. Examinou as outras garrafas, num total de seis, e descobriu que duas delas apresentavam a mesma irregularidade. Colocou as garrafas numa sacola e levou para o laboratório da universidade.

Chamou o colega médico que o estava auxiliando e mostrou sua descoberta.

— Vamos mandar examinar e ver os resultados. Fábio, um aluno de confiança, está estagiando por lá, e está no horário de trabalho. Vamos lá. Agora quero saber no que vai dar tudo isso. Você sabe quem pode ter sido? Foi em sua casa?

— Talvez um dos alunos que vão até lá duas vezes na semana para estudarmos: Dácio, Vanda e Jerson.

— Dácio é um aluno brilhante, mas de caráter duvidoso.

— Também pensei nele, e vou te contar um caso, mas preciso que fique em segredo, está bem?

— Não se preocupe, nos conhecemos há muito tempo e sabe que pode confiar.

Fred contou a Gustavo o caso de Eduardo e seu pai, e como tinha enfrentado o sujeito.

— O homem é muito rico, e sua fortuna foi amealhada de forma duvidosa. Há muita lenda em volta do nome dele. Fala-se até mesmo que assassinou o irmão, por causa de mulher. A mãe de Eduardo, que antes era namorada de seu irmão, e não dele — Gustavo comentou.

— Quanto tempo para os exames ficarem prontos? — perguntou Fred.

— Algumas horas. Até lá, vamos comer algo, estou faminto. Estela está fazendo almoço em casa e já avisei que você iria. E pode ficar sossegado, ela usa temperos normais. Diga-me uma coisa... Se der positivo, o que você vai fazer a respeito? — falou Gustavo pensativo.

— Ainda não sei. Depois pensamos nisso. Posso consultar o Álvaro — respondeu Fred.

— Nosso colega de escola na época do segundo grau. Ele virou delegado, não é? — questionou Gustavo.

— É, sim, um bom sujeito. Depois converso com ele.

Adélia estava bem, com receio de pedir demissão, afinal estava envolvida com pessoas de má índole e precisava se desligar dessa situação que apenas a fazia sofrer e perder a paz de espírito.

Entrou no prédio da reitoria com muito custo. Os estudantes ocupavam cada canto da praça, gritando palavras de ordem, portando cartazes que denunciavam a corrupção abrigada na reitoria.

Entrou em seu escritório, imprimiu a carta de demissão e a levou para o reitor. Colocou-a na frente do homem e avisou:

— Estou pedindo demissão e espero que não me obrigue a cumprir aviso prévio. Estou grávida e preciso me afastar disso tudo.

O homem pegou o papel nas mãos, leu o conteúdo e riu com cinismo:

— Acredita mesmo que eles irão aceitar isso assim numa boa?

— Você não me ouviu? Eu estou grávida e não posso ter meu filho correndo o risco de ser presa a qualquer momento; estou cansada disso. Não quero mais participar desse roubo que nunca acaba.

— Mas com o dinheiro roubado você quer ficar, não é?

— Você não tem nada com minha vida particular, apenas assine.

O homem balançou os ombros, assinou o documento e disse:

— Você sabe que terá consequências, não é?

Adélia saiu da sala. Passou no departamento pessoal, entregou a demissão, respirou aliviada e pensou: "Agora vou fazer o que Flávio aconselhou. Vou denunciar o esquema de corrupção e pagar por meus crimes; só assim poderei ter paz".

Saiu do prédio e viu Beto e Lucia tentando convencer Dácio a não invadir a reitoria. Adélia conhecia os três. Eram excelentes alunos e viviam sempre envolvidos com os diretórios acadêmicos. Aproximou-se. Os jovens se calaram.

— Dácio, o Beto e a Lucia têm razão. Fiquem aqui fora, sejam pacíficos; esse povo é muito ruim. Aposto que darão um jeito de transformar a ação de vocês em algo condenável. Não aconselho a nenhum de vocês se juntar a eles, não vale a pena, é perigoso — Adélia falou com firmeza olhando para Dácio.

— Lá vem a queridinha do reitor fazer sermão. Ele mandou você aqui? — perguntou Dácio.

— Não trabalho mais aqui, pedi demissão. É apenas um conselho de quem conhece esse povo — respondeu Adélia, já se afastando do grupo.

Lucia achou estranho o comportamento de Adélia e a seguiu.

— Adélia, você sabe de alguma coisa, não sabe?

A moça olhou para Lucia e falou baixinho:

— Não posso dizer muito, mas não confie em Dácio; esse moço não presta e já o vi conversando com os capangas do reitor. Depois conversaremos mais. Eu procuro vocês, está bem?

Lucia procurou por Beto e contou a ele o alerta de Adélia sobre o colega de curso.

Beto respirou fundo e falou:

— Já tinha desconfiado. Ele tem um comportamento agressivo sempre, mas nos últimos dias me pareceu estar seguindo um roteiro para conseguir alguma coisa; não há mais vibração em prol de uma causa. Além do mais, o cara não tem recursos financeiros, sempre lutou para conseguir terminar o curso. Mas apareceu com uma moto cara, desfila com roupas de grife. É bem estranho. Vamos tentar dissuadir o pessoal de invadir a reitoria, depois veremos no que vai dar isso tudo.

Eduardo e Olívia estavam bem. O rapaz, depois que enfrentou o pai, sentiu-se mais forte. Estavam ambos em casa, devido às aulas suspensas por causa do movimento estudantil. A esfera psíquica do ambiente era mais saudável; ficamos tranquilos.

Havia muito a ser feito. Somente Airton nos preocupava no momento, Inácio cuidava dele com carinho.

Em segundos nos deslocamos e alcançamos a cidadela. Olhamos uns para os outros e sorrimos; a crença na densa energia que criavam ao nosso redor é que nos dificultava o movimento. A sensação ainda era bastante material, mas menos intensa, e não nos dificultava a movimentação. Sentimos leveza e liberdade, e isso nos encantou; aprendemos hoje muito mais do que em anos vivendo por aqui. Senti que esse estado de graça alcançado veio na hora certa para esse espírito, ainda tão ignorante. Talvez, caso tivéssemos vivido essa experiência ontem, ela não tivesse o mesmo valor e o mesmo efeito sobre nossas mentes.

Adentramos a cidadela e sabíamos o que fazer. Dirigimo-nos para a grande sala de reunião; a comunidade parecia ansiosa e animada com as providências que seriam tomadas pelos comandantes dos dragões.

Estavam insatisfeitos com a direção de Tibérius. Havia uma divisão dentro da comunidade, que era fomentada pela ambição de Bórgia.

Fomos alertados por nossos coordenadores de que apenas Bórgia e Tibérius estariam, fisicamente, presentes na reunião. Os outros oito comandantes se comunicariam com o comando da cidadela por meio de recurso semelhante ao usado pelos humanos atualmente: a videoconferência.

Cada comandante estaria em seu próprio território, mas as providências seriam tomadas por todos. Afinal, o objetivo de tal encontro era julgar o comportamento de um de seus comandantes.

Bórgia apresentou as acusações contra Tibérius e ofereceu a palavra a este, para sua defesa.

— Temos uma causa a ser defendida e nem todos os métodos que usamos evoluíram o suficiente para mantermos nossa unidade. As leis que ainda usamos são as mesmas usadas em tempos longínquos. A ordem é mantida pelo medo, e não pelo respeito e pela crença da verdade. Punimos aqueles que mostram insatisfação, no lugar de ouvir suas razões. A Terra é domínio dos dragões, mas, se não mudarmos a maneira como dirigimos nosso povo, teremos em breve um levante, causado pela insatisfação. O que julgam fraqueza de minha parte é o resultado de pensamentos e avaliações lógicas. Permiti que me levassem para conhecer de perto seus métodos e posso dizer que muito do que dizem e falam faz sentido. Com inteligência, podemos usar esse conhecimento para ter parceiros fiéis e não apenas escravos que, num simples movimento das ordens rivais, se rebelam contra nós.

Bórgia sorriu com sarcasmo e falou:

— Acredito não precisar me esforçar para provar que ele é um traidor; ele mesmo confessou seus crimes contra a ordem dos dragões. Peço que façam justiça e substituam o comandante Tibérius, que provou com as próprias palavras ser um traidor. Dessa forma, estará entregando nossa morada a eles. E, no final, seremos expulsos daqui como vermes indesejados. Ele nos traiu e está nos arremessando aos poços da escuridão.

Bórgia olhava para Tibérius por sob os cílios, e percebemos o ódio e a raiva a ele dirigidos.

Admirados, percebemos que Tibérius não devolvia o mal com o mal, mas sua mente trabalhava, frenética e desorganizada, tentando reciclar tal energia.

— Vejam! Ele se cala, aceitando a acusação; é um covarde e não nos serve mais. Peço o posto de comandante e que me deem a incumbência de punir o vil de forma adequada, para que aprenda a ser submisso a nossa causa. Ele cede ao Deus deles, uma farsa dentro do universo.

Toda a cena descrita era exibida em grandes telas distribuídas por toda a cidadela. A multidão assistia, apática, às considerações de Tibérius e de Bórgia sobre o destino de sua comunidade. Não havia partidários, apenas assistentes, impessoais e anestesiados pela dor. Há muito tempo a esperança se fora daquela comunidade; estavam ali apenas porque acreditavam que não tinham escolha, privados da liberdade pela hipnose profunda, acorrentados por remorso e culpa, que os mantinham inertes diante da dor; apenas existiam de forma incompleta.

Não havia fidelidade de ideais ou ideias, apenas seguidores amorfos, sem personalidade.

Os dragões criaram, por meio da força bruta, uma identidade para a cidadela, mas seus componentes estavam ali como marionetes, apenas um elemento a mais no conjunto, sem que pudessem optar numa livre escolha, coagidos e abatidos, mas obrigados a se manterem em movimento em nome de uma falsa fé.

No plano material, essas características são usadas pelos dirigentes de vários segmentos, falsamente, em nome de

Deus, em um constante processo de reeducação ideológica, que leva em conta a flexibilidade mental do seguidor por meio de suas necessidades primordiais, como a culpa, o remorso, a necessidade de alcançar prestígio dentro de uma comunidade, não ser segregado por suas limitações, a ambição desmedida e o temor da rejeição.

O incauto, quando se apresenta a um desses segmentos, passa por estágios principais de reconstrução de seu eu, e o primeiro é o rompimento social. As características pessoais que formaram sua personalidade, até a aquisição de hábitos e costumes mentais, são atacadas furiosamente, desconstruindo sua personalidade social e pessoal. Sem apoio ao pensamento, pois os parâmetros que conhecia já não são mais admitidos, o seguidor sente repulsa por sua história. Acontece neste momento terrível prostração mental, pois o indivíduo se vê segregado de tudo que viveu até o momento; está amorfo, sem identidade. Nessas circunstâncias, o condutor de mentes aparece como o salvador de sua vida e tem início a fase de recondicionamento do incauto, quando é construída uma nova identidade, com as características professadas pelo novo grupamento, alimentada pelo pensamento constante em suas ambições. Há uma crença muito forte de dependência entre os dirigentes e os dirigidos; a figura central é sempre a divindade, também reconstruída nos moldes de interesse da comunidade.

Observamos através dos tempos de trabalho realizado junto a essas comunidades, no plano dos espíritos, que seus idealizadores nem mesmo creem em Deus, mas usam seu nome abençoado para manipular e realizar seus intentos duvidosos. Num pensamento lógico, essa rejeição ao Criador é compreensível, diante da ideia do modelo de perfeição proposto pelas religiões. Caso aceitem a existência pacífica e bondosa do Pai, como poderão manipular essa ideia sem delinquir contra si mesmos?

CAPÍTULO 21

DOR QUE CURA

474. Se não há possessão propriamente dita, quer dizer, coabitação de dois Espíritos no mesmo corpo, a alma pode encontrar-se na dependência de um outro Espírito, de maneira a se ver por ele subjugada ou obsedada a ponto de ser sua vontade, de alguma forma, paralisada?

— Sim, e são esses os verdadeiros possessos; mas ficai sabendo que essa denominação não se efetua jamais sem a participação daquele que sofre, seja por sua fraqueza, seja pelo seu desejo. Frequentemente se têm tomado por possessos as criaturas epiléticas ou loucas, que mais necessitam de médico do que de exorcismo.

Comentário de Kardec: A palavra "possesso", na sua acepção vulgar, supõe a existência de demônios, ou seja, de uma categoria de seres de natureza má, e a coabitação de um desses seres com a alma no corpo de um indivíduo. Mas, como não há demônios nesse sentido, e como dois Espíritos não podem habitar simultaneamente o mesmo corpo, também não há possessos, segundo a ideia ligada a essa palavra. Pela expressão possesso não se deve entender senão a dependência absoluta da alma em relação a Espíritos imperfeitos que a subjuguem.

(*O Livro dos Espíritos* — Livro II, Mundo Espírita ou dos Espíritos — Capítulo 9, Possessos)

O pretenso julgamento continuava. Bórgia, inclemente, usava todos os artifícios para manipular a verdade relativa. Tibérius apenas ouvia e, de cabeça baixa, de certa maneira contribuía para as falácias verbalizadas por seu acusador.

O supremo comandante dos dragões, cuja identidade não era divulgada, opinava vez ou outra. Nós apenas escutávamos a sua voz, de som gutural e de rompantes nervosos, entrevistos entre uma palavra e outra. Ele nos passava a impressão de estar entediado com o caminhar daquela sessão. Interrompeu a todos e falou com altivez:

— Que as telas se apaguem e apenas os comandantes possam estar em contato. Voltaremos com uma decisão.

Com cinismo e petulância, Bórgia sorriu para Tibérius e falou:

— Acabou para você!

Tibérius olhou para nós. Nesse instante percebemos que ele nos via; seu pensamento era tranquilo e firme.

— Hoje vocês saberão quem é o comandante supremo.

— Este era seu intento?

— Não podem lutar ignorando esse fato, precisam conhecer a identidade dessa entidade.

— Querido Tibérius, entenda que tudo está sob controle; não importa o nome dele, os melhores o conhecem e se apiedam de seu espírito. Ele terá um futuro; creia de verdade, respeite a vida como ela segue, segundo a própria capacidade — falei com carinho.

— Ainda não posso fazer o que me pede, ainda não entendo essa submissão sem ação, sem usar a minha inteligência para vencer aquilo com que não mais concordo. Estou do lado de vocês e vou lutar da forma que sei.

— Essa não é uma contenda ordinária pelo poder de ter a razão, mas sim o esforço de todos que entendem que o perdão e o amor são as respostas perfeitas para a liberdade da humanidade. E não é por meio da imposição forçada de nossas ideias que conseguiremos isso. Se assim o fizermos, estaremos repetindo os mesmos enganos desses irmãos. Não estaremos contribuindo para o esclarecimento e a paz de cada um, mas impondo condições pela obrigação criada pelo medo.

— Os fins não justificam os meios? O que importa é eliminar a ação desse grupo — insistiu Tibérius.

— Lembra-se da primeira cidadela? Aquela que dirigia? — perguntei ao amigo.

— Sim, eu me lembro — ele respondeu.

— É apenas um lugar, hoje utilizado por mestres amados, que ensinam o amor e o perdão. Os instrumentos têm a qualidade que damos a eles.

— Os antigos moradores a reconstruíram em outro lugar, aprenderam com a derrota, estão mais organizados, disciplinados, mais eficientes na forma que acreditam ser a correta. Então, é uma luta insana, que nunca terá fim. Por que lutamos, então? — questionou Tibérius.

— Terá fim e um novo começo para muitos, para aqueles agraciados com a educação de seus propósitos, com o esclarecimento sobre felicidade e liberdade. Para aqueles que permanecerem na retaguarda do aprendizado, num planeta em evolução moral, a eles será destinado outro orbe, local onde terão afinidade com espíritos semelhantes, e o processo seguirá. A evolução é certa; poderá ser atrasada, mas nunca anulada. Além do mais, estamos discutindo a forma e não o conteúdo. Quem nos garante que os mesmos que observaram os últimos acontecimentos na cidade Origem de Fogo também não se transformaram, apesar de resistirem a isso? A natureza não dá saltos e as transformações são lentas diante de nosso imediatismo.

— Confesso não entender o seu raciocínio de forma coerente. Ainda entendo que preciso reagir de forma firme e não apenas observar como fazem. Sei do seu poder, do poder de seus semelhantes. Por que apenas não fazem o necessário?

— É como castigar alguém que não entenderá por que está sendo castigado. E nosso Pai não castiga, mas oferece oportunidades de aprender a fazer o melhor.

Tibérius abaixou a cabeça, estava confuso, ainda não entendia que a humanidade se transformaria dentro do processo educativo, e não apenas pela aquisição de conhecimentos, visto que, dentro do atual período evolutivo, o conhecimento é deturpado em benefício de manter a dúvida. Temos tristes exemplos dentro dos vários segmentos religiosos que surgem para controlar a humanidade, cegos que conduzem cegos para atender ambições consumistas.

Bórgia olhava para Tibérius e não entendia como o grande dirigente dos dragões hoje se resumia a um homem covarde e humilhado diante de todos, e permanecia calado. Sentia raiva de seu oponente, queria castigá-lo, mostrar a ele que podia voltar a ser forte; seria seu subalterno, o faria se ajoelhar a seus pés e segui-lo como um cão na coleira.

Seu ódio crescia, e ele avolumava em tamanho. Os mais próximos aos dragões e que tinham permissão para assistir aos momentos finais dessa contenda observavam amedrontados e em silêncio.

Tibérius levantou os olhos; havia paz em seu semblante. Desejou a Bórgia o melhor do seu coração, perdoou sem questionar as atitudes do outro. Admirado, sentiu paz, mesmo sabendo que em breve estaria sendo subjugado pelos dragões; mas não se importava com isso, sabia agora que era uma época de sofrimento, mas de libertação.

Bórgia enlouquecia diante do fato que não entendia. Ouviu-se uma voz que ressoou por toda a cidadela:

— Tirem-no da sala, não nos serve como comandante; sua causa é pessoal, e não é isso que queremos. Será encerrado em uma cela. Por enquanto mandaremos um soldado de Cristo para substituir Tibérius, que deverá ser preso nas masmorras do abismo sem fim; aliás, levem os dois juntos e os trancafiem na mesma cela. Será interessante ver o resultado. Em breve elegeremos um novo comandante. Que sirvam de exemplo os fatos ocorridos no dia de hoje.

As telas se apagaram e a cidadela voltou ao movimento normal.

Olhei para Tibérius e o adverti de que se quisesse poderia nos acompanhar. Ele sorriu e falou mansamente que esta era uma oportunidade de auxiliar de verdade e ser perdoado por Bórgia.

A identidade do comandante supremo continuou anônima.

Voltamos ao posto de socorro mais próximo da cidadela. Sabia que Tibérius tinha um longo caminho à frente, mas também percebi em seus olhos a aceitação pelo que a vida apresentava a ele, para viver em paz. Estava feliz; nos últimos dias havia presenciado situações que modificaram os sentimentos desse filho divino. Estava em paz!

No posto de socorro, encontramos várias equipes que saíam e outras que voltavam. Vários veículos chegavam abarrotados de irmãos em busca de paz. Apesar do esquema bárbaro de hipnose sobre os moradores da cidadela, alguns conseguiam resistir ao controle dos dragões e, quando vislumbravam uma réstia de luz entre as sombras de suas mentes, suplicavam por paz.

Essa a prova irrefutável de nossa condição original: filhos da Luz.

Descansamos um pouco e retornamos à crosta terrestre. Airton sucumbia novamente ao assédio do grupo terrorista que havia escravizado sua mente. Sua avó, por mais que tentasse trazê-lo de volta à razão, não conseguia penetrar a couraça espessa e sombria que ele permitia que o isolasse da vida. Cada vez mais ele se isolava.

Nós o encontramos em seu quarto, em posição de oração sobre o tapete de sempre, sua mente fechada num mundo pessoal. Criava para ele imagens de uma recepção no mundo dos espíritos por uma multidão que o ovacionava como um deus. Ele era o centro desse universo particular e doentio; várias virgens o encantavam, mulheres carinhosas seriam suas esposas, para servi-lo e atender a todos os seus desejos. Ele seria recompensado, seria amado e querido, não mais rejeitado como aleijão da vida.

Levantou, meio trôpego, sentiu fraqueza e tontura, não se alimentava nem dormia há dias, mas, imediatamente, vários companheiros espirituais o socorreram, fortalecendo-o e o incentivando a continuar.

Airton era o instrumento de que se valiam para a manifestação de sua ira contra o mundo ocidental; eram religiosos fanáticos, executores de outras barbaridades, e acreditavam estar defendendo uma causa justa. Eram fantoches dos dragões; assemelhavam-se a um grande polvo, que estendia seus tentáculos para controlar o rumo da história da humanidade.

Organizavam células terroristas por todo o planeta; não era mais uma guerra em prol de uma crença em particular, mas pelo domínio do orbe.

O mal não mais se travestia de convicções relativamente verdadeiras para as mentes envolvidas nesse processo destruidor. Não existiam mais valores, ideias ou conceitos a respeito de comportamento que seguissem regras de conduta diretamente proporcionais à fé. Era apenas a luta pelo poder.

Os incautos eram manipulados por uma crença falha e doentia, mas os dirigentes eram espíritos inclementes, manipuladores, dotados de conhecimentos milenares, lúcidos em sua ambição de comando; usavam a crença ingênua e fiel de seus seguidores para alcançar objetivos pessoais.

E para isso a escravidão física deu lugar à escravidão mental, sofisticada e difícil de ser combatida. Não era mais uma luta de armas mortais, um duelo entre pessoas. Usavam a crença fatídica sobre o mal, como se fosse o bem, e destruíam sonhos; os inocentes, assim, sucumbiam sob o peso da ganância e do ódio.

A crueldade era vista como forma divina de poder e destruição. Um fanático se responsabilizava pela morte de muitos, numa causa hedionda e grotesca.

Não havia mais território a ser defendido, o mundo estava sob o ataque do terror.

A população do globo, encarnados e desencarnados, sofria seriamente a ação desses elementos, impondo danos físicos e emocionais por meio de ação psicológica, desestruturando a sociedade atingida de forma violenta; pragas se alastravam ceifando vidas.

Os seres sofrem quando compreendem a terrível fragilidade social que vivenciam neste momento e, amorfos, se deixam conduzir por dirigentes educados no submundo, preparados para conduzir a humanidade com braço de ferro e impedir a evolução dos seres planetários.

São espíritos que já foram exemplos da barbárie sobre a Terra, dirigentes enlouquecidos pela ideia da própria onipotência, deuses do caos. A história da humanidade está saturada de biografias que espelham a demência e a crueldade, e os altos postos em segmentos religiosos e governamentais são a ambição dos ignorantes morais.

A corrupção destrói esperanças, trazendo dor e submissão.

O estado social crítico atingirá um ponto de saturação emocional; as pessoas perdem a esperança e desacreditam do bem maior, e acabam reagindo de maneira semelhante à dos opositores, acreditando que somente o mal consegue combater o mal, dessa forma perpetuando esse círculo vivencial de sofrimento e desajustes morais e éticos.

Assim acontece a destruição do progresso, pois, sem esperança, o povo segue o primeiro que lhes acena o lenço da paz fictícia. E tristemente chegamos à conclusão de que um dos primeiros passos que assumimos nesse processo é a destruição do direito à educação.

Nesse processo maléfico, jovens como Airton, sedentos de carinho e amor, são alvos certos nas mãos dos malfeitores. E lá estava ele, com o corpo envolto em explosivos, e a mente crente no bem que o receberia após a morte do corpo físico. O jovem abriu os olhos, ausentes e estáticos; parecia sedado para a visão da vida. Levantou o corpo cansado e caminhou a passos lentos e pesados, de encontro a um destino terrível, acreditando no paraíso projetado por mentes doentias.

Saiu da bela mansão, presente dos pais, que o compensavam pela ausência de amor, e seguiu para a praça da universidade, apinhada pela juventude que tentava manifestar seus desejos e ver seus direitos observados e respeitados.

Misturou-se à multidão. Não sentia nada, estava entorpecido, isolado do mundo, surdo aos sons da vida, às sensações que poderiam despertá-lo para a responsabilidade que assumia diante da tragédia iminente. Não via ao redor seus companheiros de estudo. Em sua mente eram monstros que corroíam sua esperança e sua fé. Fechou os olhos e sabia que o momento tinha chegado. Estremeceu antes de acionar a bomba, que explodiu com um som surdo e rouco. Sentiu o corpo ser arremessado no ar e despedaçar; a dor era terrível. Num primeiro momento, o desejo de estar livre corrompeu seus sentidos, para em seguida descobrir que não morrera e o paraíso não existia.

Olhou à sua volta e sentiu estar fragmentado, mil pedaços de si mesmo, e todos eles doíam e queimavam; a dor era terrível. Os gritos o enlouqueciam e, desesperado, pensou estar sendo punido porque não fizera a parte que lhe coubera de maneira eficiente.

Estava morto, mas não estava. Será que havia mesmo explodido a bomba? Prestou atenção ao redor e viu corpos dilacerados pelo explosivo. Então, o que estava errado?

Corria de um lado a outro da praça procurando respostas, e se questionava como estava ali, correndo aos pedaços. Era dolorosa a sensação de ver seu corpo explodindo e caindo, e voltando ao mesmo lugar. Essa imagem se repetia à exaustão, e ele não conseguia parar. Não foi isso que lhe prometeram. Revoltado, ajoelhou-se no chão sujo de sangue e gritou enlouquecido.

Parado, imóvel, se viu entrando na praça novamente, da mesma maneira, o momento em que detonou a bomba e a sensação de ter seu corpo pulverizado. Estupefato, percebeu que vivia a mesma cena, sem interrupção, sem parar, e a sensação era terrível. Onde estavam seus mentores? Precisava de ajuda. Onde estava o paraíso prometido?

CAPÍTULO 22

AMOR QUE CURA

475. Pode uma pessoa por si mesma afastar os maus Espíritos e se libertar do seu domínio?

— Sempre se pode sacudir um jugo, quando se tem uma vontade firme.

476. Não pode acontecer que a fascinação exercida por um mau Espírito seja tal que a pessoa subjugada não a perceba? Então, uma terceira pessoa pode fazer cessar a sujeição e, nesse caso, que condição deve ela preencher?

— Se for um homem de bem, sua vontade pode ajudar, apelando para o concurso dos bons Espíritos, porque, quanto mais se é um homem de bem, mais poder se tem sobre os Espíritos imperfeitos, para os afastar, e sobre os bons, para os atrair. Não obstante, essa terceira pessoa seria importante se aquele que está subjugado não se prestasse a isso, pois há pessoas que se comprazem numa dependência que satisfaz os seus gostos e os seus desejos. Em todos os casos, aquele que não tem o coração puro não pode ter nenhuma influência; os bons Espíritos o desprezam e os maus não o temem.

(*O Livro dos Espíritos* — Livro II, Mundo Espírita ou dos Espíritos — Capítulo 9, Possessos)

Cansado e prostrado, Airton se entregou nas mãos de seus companheiros, que o levaram para a cidadela. Foi recebido como herói, aclamado e feito de modelo perante a comunidade. Mas o jovem estava sem condições de perceber qualquer movimentação ao seu redor. A sua exposição serviu mais à causa dos dragões do que a qualquer outra motivação. Estava apático e alheio, ainda vítima de hipnose profunda.

A praça era o caos absoluto. Pessoas gritavam desesperadas, feridas; outras, em pânico, não conseguiam se mover, um espetáculo doloroso.

Jovens vidas ceifadas, sonhos desfeitos. E a dor semeada que trazia insegurança e roubava a paz daquela comunidade estudantil.

Nunca mais seria esquecido esse dia, um local amaldiçoado por um fato tão hediondo. Respirei fundo e fui oferecer auxílio aos necessitados.

Espíritos bondosos desciam dos céus, como luzes do firmamento. Não estávamos abandonados.

Um perímetro foi traçado e isolado, a presença dos ignorantes foi proibida naquele momento de dor; era hora de acolher e proteger.

Após a morte prematura, mantemos uma grande quantidade de fluido vital, e os espíritos perdidos do bem se comprazem vampirizando corpos inertes, absorvendo essa importante energia à manutenção da vida física. A sensação que experimentam é de materialidade, de ter ainda um corpo denso.

No caso de destruição do corpo físico, por autoextermínio ou não, os fluidos vitais ainda permanecem aderidos aos órgãos do corpo físico. As equipes de socorristas auxiliam os acidentados, que sofrem pelas tragédias, na queima rápida dos fluidos, enquanto os causadores da própria morte, por sua própria culpa, repelem esse auxílio.

Trabalhávamos sem cessar dentro daquela cúpula abençoada, enquanto amigos bondosos cuidavam da assistência curiosa e esclareciam aqueles que se gabavam do feito.

A notícia provocou a vinda de parentes e amigos dos estudantes. Preocupados com seus entes queridos, acrescentavam insegurança e dor ao quadro da trágica situação.

Os dragões agiam aproveitando os sentimentos menos nobres. Professores e estudantes do curso de Medicina tentavam socorrer os feridos.

Os policiais e bombeiros chegaram e, estupefatos diante do quadro de dor e violência, descobriam que havia mais crueldade do que jamais poderiam imaginar.

O reitor se preparava para conversar com os estudantes. Chegou diante da porta do prédio e sentiu todo o impacto da explosão. Levantou do chão e olhou para baixo; lá estava seu corpo destroçado e mutilado. Inconformado, lembrou-se da família, lamentou suas atitudes, sua desonra, e chorou.

Aproximei-me dele, o amparei e ofereci ajuda, e ele me disse:

— O que houve? O que foi isso?

— Atos insanos de uma humanidade imperfeita, apenas isso, irmão.

— Como? Você diz *apenas isso*? E eu estou morto, olhe meu corpo, ele está em frangalhos. Eu morri.

— Apenas seu corpo, a matéria que abrigava seu espírito nesta bendita encarnação. Mas acredito que já saiba disso, não é?

— Acho que sim, tudo tem sentido, estou aqui, conversando como se ainda estivesse vivo. Sinto muitas dores, mas elas não me limitam. São apenas reflexo de meus sentidos como encarnado, não é?

— Isso mesmo. Guardamos em nossas memórias sensações do corpo físico, e elas acabam se manifestando como reais. Parece que você passou a ter essas sensações após observar a matéria danificada pela explosão, não é assim?

Apenas acenou afirmativamente. Olhava fixamente para o corpo destroçado à sua frente e lágrimas caíam de seus olhos. Levantou a cabeça e observou a cena; socorristas auxiliavam os espíritos recém-desligados da matéria sob a cúpula iluminada, protegendo o perímetro de dor. Entendeu o auxílio que vinha em forma de bálsamo para acalmar o sofrimento e a agonia moral. Abaixou a cabeça e disse consternado:

— Eu não mereço ajuda!

— Mesmo acreditando nisso, venha comigo para um lugar melhor, onde poderá avaliar sua encarnação e resolver dignamente a melhor forma de recuperar seus enganos.

— Minha esposa é espírita e tantas vezes me falou sobre isso — falou, apontando o caos, e continuou: — Ela sempre me alertou de que todos os nossos atos geram consequências, mas eu estava mais interessado em ganhar mais e mais. Fui desonesto e a traí. Fui desleal a ela, que nunca me abandonou.

— Em homenagem ao bem que recebeu dela, venha e recupere a boa moral; lembre-se do amor que alimentou sua vida, esse é o único caminho.

O homem abaixou a cabeça e aceitou a mão que eu lhe estendia. Levei-o até um veículo de resgate de nosso plano e prometi que assim que pudesse iria visitá-lo.

Observei por instantes a figura patética, sofrida, aniquilada pela dor do momento final nessa encarnação; se soubéssemos o valor de cada pensamento, cada ação, cada palavra, teríamos mais cuidado em nossa movimentação pelo mundo. Não há fatalidade que destrua o caminho; vivenciamos o que construímos para nós mesmos, modificando comportamentos por necessidade de sermos livres e felizes. Vivemos um movimento constante de autoeducação, ainda pela dor, mas um dia teremos condições de considerar e avaliar alternativas com mais coerência, como espíritos mais sábios.

Voltei ao trabalho e lá estava Dácio de volta à praça do Campus, com uma expressão perplexa nos olhos, desvairado, gritando em pânico. Maurício e eu nos aproximamos e passamos a energizar seu campo vibratório, livrando-o dos miasmas opressores. Ele foi se acalmando, resvalou ao chão. Enfermeiros bondosos o recolheram e acomodaram numa maca de material translúcido e vivo, em constante movimento, auxiliando e curando dores.

Os socorristas agradeceram nossa ajuda e o levaram para um veículo de resgate. Dácio havia perecido com a explosão. Ignorante da vida após a morte, ainda não tinha condições para entender a beleza de estar vivo. Precisaria de muita ajuda para reequilibrar sua mente. Ao me aproximar dele, a sensação era estar em pedaços, fragmentado, mas ainda vivo, apesar da visão grotesca da morte.

Naqueles momentos que antecederam a explosão, Beto e Lucia foram intuídos a abandonar o Campus. Era próximo ao horário de almoço, e a moça reclamou estar com fome. Beto sorriu, concordou e se afastaram em direção ao restaurante do Campus. Na grande alameda, não muito distantes do local fatídico, sentiram o impacto causado pelo deslocamento violento do ar e foram arremessados ao chão.

Assustados, levantaram e correram em direção ao caos, com a intenção de auxiliar os colegas. Inconformados com a desgraça, choravam muito, tentando minimizar dores e encontrar pessoas vivas.

O ato insano provocou a morte de 58 jovens, feriu gravemente centenas de pessoas, entre eles, cinco professores que chegavam ao local. Um momento de dor e tristeza para a humanidade, um legado insano, desnecessário aos olhos leigos, mas que no final teria um valor inestimável para a mudança de atitude de muitas pessoas.

Entre os que tiveram suas vidas ceifadas pela desgraça estavam os amigos de residência de Airton, outros jovens tão equivocados com a vida quanto ele próprio. Insanos diante dos acontecimentos, seguiram um caminho tortuoso, em busca de suas afinidades. Entristecidos, os vimos sair do perímetro protegido e serem aprisionados.

Durante dias permanecemos no local da explosão, auxiliando e esclarecendo, doando amor àquelas criaturas irmãs. A praça passou a ser um local de peregrinação. Fotos, presente, flores e velas eram expostos à visitação para que a lembrança da tragédia não fenecesse. Parentes e amigos dos mortos, um número que aumentava dia a dia, com os feridos mais graves sucumbindo aos ferimentos, traziam sua dor a público, exigindo explicação sobre o triste acontecimento.

Os pais de Airton foram notificados no mesmo dia sobre a possibilidade de sua morte. Estavam fora do país, e sua reação foi de alívio, como se um fardo tivesse sido retirado de seus ombros. Justificavam os sentimentos desprovidos de amor afirmando a esquisitice de seu filho; na realidade, nunca o amaram como deveria ser o amor de pais para com seu filho. A necessidade social e de um herdeiro, essa foi a base da escolha de contribuir com a vida do rapaz para este mundo; porém, tomados pela insegurança e pelo sentimento de rejeição, abandonaram o rapaz, que buscou de forma desequilibrada compensar a solidão.

Aos poucos, a polícia começou a entender os acontecimentos e chegou à casa dos jovens, tão imaturos perante a vida, descobrindo materiais que serviram para a confecção da bomba. Airton foi descoberto e suas ações vieram a público; o ódio o cercou e alimentou sua insanidade.

Airton, enlouquecido, precisou ser contido por seus companheiros, elementos que serviam à causa dos dragões.

Apesar de ter sido socorrido, se furtou ao auxílio e voltou à cidadela em busca das compensações prometidas. Foi encerrado na masmorra, ao lado da cela de Tibérius. Nesse momento, entendemos um pouco mais as providências divinas, que nos possibilitavam oportunidades infinitas a cada minuto de nossa efêmera eternidade, num movimento promissor e educativo, pois, sem atenção e serenidade, elas passariam ao largo sem que pudéssemos aproveitá-las.

Frisamos mais uma vez o conceito de "providência divina", tão divulgado no orbe e entendido como algo sem movimento. Muitos vivemos à espera do milagre divino quando não damos conta da dor e do sofrimento vivenciados num movimento contínuo de estímulo ao exercício de nossa mente, e que não corresponde à verdade. Mas a providência divina se fez no momento da criação, por meio do presente ofertado a nós, no processo da evolução: a inteligência, a ser aprimorada, vivenciada, experimentada e educada.

Os milagres são arquitetados por nossas escolhas, por meio do aprendizado constante, a cada dia mais sábio e consciente, do movimento que a vida nos oferece, como decorrência da qualidade de nossas opções mentais e funcionais — nada mais do que isso, nada mais.

Foram dias de muito trabalho, socorrendo os espíritos colhidos pela catástrofe, acolhendo os parentes em seu sofrimento atroz, auxiliando os sobreviventes traumatizados pelo trágico acontecimento e assistindo as equipes médicas terrenas no socorro aos feridos.

Os dias foram passando e os sentimentos, arrefecendo pelo cansaço e pela dor. O luto é um momento doloroso no qual precisamos lidar com sentimentos de solidão e a ideia da perda de nossos entes queridos. E, quando o desenlace acontece de forma violenta, o impacto é muito mais intenso e cruel, pois a mente rejeita a informação e, ao mesmo tempo, precisa viver com ela.

Sentimentos menos nobres florescem como erva daninha, dificultando mais e mais esse processo de aceitação, tais como: tristeza, revolta, culpa, susto, choque, solidão, ausência, desamparo. Em contrapartida, outros podem sentir alívio e mesmo se sentir libertos de um fardo, o que mais tarde pode provocar descontroles emocionais graves, pois rejeitam a si mesmos, acreditando que são desumanos e fracos.

Esse estado atormentado pode refletir no futuro várias doenças físicas e comportamentais. Pessoas predispostas a descontroles psíquicos acabam por manifestar essas doenças, principalmente a depressão e a bipolaridade, que são manifestações de descontrole comportamental muitas vezes ativado por traumas profundos.

Num primeiro momento, a maneira de lidar com a perda é a negação dela, afinal, se aceitar esse fato, você precisará lidar com a certeza do afastamento definitivo, a ideia de que nunca mais verá seu amor perdido; mesmo aqueles que já entendem a continuidade da vida após a morte o sentem ainda como morte, e não desencarne.

Num segundo momento, vem a raiva pelo acontecimento fatídico, o descontrole emocional e o ressentimento. Esse questionamento se dá num panorama mental de vitimização; há a procura obscura de motivos e razões para o afastamento, que ainda é visto como definitivo. Não raras vezes, nesse momento acontece o terrível panorama mental da vingança, razão por que é importante que estejamos acompanhados de pessoas que nos chamem à razão, caso contrário, inimigos invisíveis acabam por dominar nossa mente e nos arremessar a caminhos dolorosos.

Caso consigamos passar por esse período de raiva e revolta, permitir a aproximação de espíritos melhores que nos auxiliem a tomar um caminho mais ameno, passamos a outro estágio, em que nos culpamos de alguma forma pelo acontecimento, como se nós fôssemos os alvos da punição de Deus. E, submissos ao próprio descontrole, passamos a barganhar o futuro, amedrontados por nossos próprios atos e pelo medo de precisar pagar da mesma forma pelos mesmos enganos. Prometemos, mendigamos, nos sacrificamos, fazemos pactos em prol de uma causa considerada justa em nossas mentes, esperando o perdão e a compensação de nossos erros.

Quando percebemos que negar o fato da morte, sentir raiva por ela, barganhar os sentimentos de perda não resolvem o problema, vem o momento da depressão; sentimo-nos impotentes diante do fato consumado e não podemos fazer nada a respeito, aconteceu e pronto. Esse momento é importante no processo, mas precisa ser vivido com o movimento constante em busca da aceitação do fato; com ideias de esperança no futuro, acreditando que nossa parte por aqui ainda existe e sobreviveu à tragédia que vivemos. Isso não quer dizer que devemos "esquecer", mas sim "aceitar" o fato, num movimento contínuo e promissor para todos, com ações específicas que valorizem a vida. O sofrimento deverá ser substituído por expectativas novas no futuro, com metas novas que preencham o vazio existente naquele momento.

Podemos citar um exemplo edificado pela mãe do cantor Cazuza, senhora Lucinha Araújo, que viu na passagem do filho uma forma de auxiliar outros como ele e criou a Sociedade Viva Cazuza, que tem como objetivo a assistência e prevenção à Aids, possibilitando dar dignidade e qualidade de vida àqueles afetados direta ou indiretamente pelo HIV, principalmente à população carente ou com menor acesso a informações corretas sobre os meios de prevenção, diminuindo assim a mortalidade pela Aids. Como também em nosso plano, o espiritual, várias equipes coordenadas por profissionais da saúde mental foram encarregadas de acompanhar os jovens que tiveram suas vidas interrompidas pela tragédia no Campus universitário.

Também nós precisamos nos esforçar para entender com mais sobriedade e compaixão os acontecimentos que presenciamos. Apesar de termos mais informações, que nos possibilitam uma compreensão maior dos acontecimentos, nos sentimos entristecidos, e Inácio, percebendo os ânimos cabisbaixos de nossa equipe, sugeriu uma reunião para que pudéssemos discutir nossas ideias e sentimentos a respeito do fato.

Dirigimo-nos à Praça da Paz, um lugar amado por nosso grupo de amigos. Sentados na relva úmida pelo orvalho da manhã, ficamos em silêncio por instantes, tentando absorver as imagens dos últimos acontecimentos.

Ana, com sua sublime sensibilidade, elevou a voz e iniciou um canto de esperança e fé. Outros espíritos que por ali transitavam se aproximaram e juntaram suas vozes à melodia de amor.

A união de sentimentos elevou nosso ânimo. Soube naquele momento, muito mais do que em qualquer outro, que a humanidade era amor e união de propósitos cristãos. Havia esperança, e a crença no futuro nos fez irradiar doce energia, que foi direcionada por criaturas divinas ao pedaço de dor no Campus da universidade. Intensa luminosidade varreu o espaço marcado pela tragédia. Percebemos que as pessoas que por ali caminhavam pararam e respiraram fundo, como se sentissem alívio no grande peso carregado.

Uma jovem estudante, como se escutasse nossa prece cantada, juntou sua voz à nossa, no que foi seguida pelos presentes.

A dor se foi como algo massacrante, que nos roubava a alegria de estarmos vivos; sobrou o sentimento de consternação pelo acontecido. Mas sabíamos que apenas o amor cura as grandes e profundas feridas, e esse deveria ser o norte de nossas ações.

O tempo da dor nos é necessário, mas não deve nos roubar a alegria da ação no bem, e muito menos as possibilidades de felicidade que o futuro nos reserva.

Inácio nos olhou com carinho e falou:

— Acredito que já tivemos nosso momento de terapia, não é? Então voltemos ao trabalho, Adélia precisa de nosso socorro.

Adélia havia contado a Flávio sobre seu passado, sobre seus sentimentos de rejeição a tudo que vivia. Garantiu a ele sobre suas aspirações de fazer a coisa certa. Num primeiro momento, o rapaz aceitou auxiliá-la nesse processo de renovação, afinal, desconfiava de que na vida dela havia algo que não compartilhava com ele; mas nunca imaginou algo tão grave. Lutava com seus pensamentos de colocar em dúvida algumas coisas, principalmente em relação à paternidade da criança que ela gestava.

Naquela noite acordou em pânico; suava muito e percebeu densa energia no ambiente de sua casa. Lúcido, fez uma prece e pediu ajuda aos bons espíritos. Mas a dúvida quanto à honestidade de Adélia em relação a ele já estava lá e causava danos ao relacionamento com a moça. Ele não confiava mais nela, e não sabia como seria dali para a frente.

Aflito, tentou racionalizar as informações que ela lhe dera:

— Deus do céu, me ajude! Ela disse nunca ter tido relações sexuais com o reitor, que apenas o provocava e prometia coisas obscenas, mas eu não a conheço de verdade. E se ainda estiver mentindo para mim? Quem garante que essa criança que ela espera é meu filho? Se já me traiu, quem garante que não o fará novamente?

Atormentado por pensamentos conflitantes, não percebia que mais e mais entidades perversas se aproximavam para agravar seu estado emocional já tão debilitado.

Sentado no sofá, com a cabeça apoiada nas mãos, chorou sentido. Tinha saudades do tempo que ignorava esses fatos; talvez preferisse permanecer na ignorância. Talvez ela não precisasse ter contado tudo a ele; que apenas refizesse seu caminho, em silêncio, poupando-o desse martírio.

Penalizados pelo sofrimento do moço, nos aproximamos de seu campo vibratório e passamos a reciclar a densa energia que o envolvia; entidades ignorantes do bem maior estavam atentas ao processo de hipnose. Logo verificamos a ligação energética com a comunidade dos dragões.

Com carinho desfizemos a ligação maléfica, ação que não foi difícil, pois Flávio era um espírito mais esclarecido. Então o rapaz respirou fundo, levantou a cabeça e pensou: "O que estou fazendo? Deve ter sido muito difícil para ela contar toda a história, preciso valorizar isso. Ela não mentiria sobre a paternidade de seu filho. Além do mais, isso não importa, afinal, eu a amo e devo amar seu passado, pois faz parte de sua trajetória e construiu a mulher que admiro hoje, muito mais do que ontem. Preciso de ajuda para passar por este momento e manter minha sanidade".

Adélia não dormira a noite toda; sabia que Flávio deveria estar sofrendo com tudo o que contara a ele. Afinal, era um homem íntegro e sua história não era das mais equilibradas. Agora ele sabia de tudo; sentia que um grande peso fora retirado de suas costas. Ele prometera auxiliá-la nesse processo de reconstrução da própria vida, afirmara que a amava, que precisava apenas de um tempo para assimilar tantos fatos novos.

Depois, soubera da tragédia ocorrida no Campus e que ela acabara de sair de lá quando aconteceu. Ainda abalada emocionalmente, pois conhecia os jovens que pereceram naquele momento de desvario, não tinha condições para continuar a conversa que iniciaram, precisava pensar. Sensibilizada, percebeu que Deus a presenteara com mais uma oportunidade e comprometeu-se a fazer o melhor, a seguir os aconselhamentos de Jesus.

Saíra da casa de Flávio tocada por um sentimento de alívio e dor. Deixara o carro na garagem, preferira andar. Passou na frente de uma igreja e entrou, sentou no banco de madeira e orou com fé.

Respirou fundo, acariciou a barriga e prometeu ao filho que, não importava o que acontecesse a partir daquele momento, a única certeza que ela tinha era de amá-lo acima de tudo, e que nunca permitiria a ele o abandono físico ou emocional.

Levantou, agradeceu o momento de oração e foi para sua casa. Estava bem, mas sentia que Flávio não estava. No entanto, não sabia o que fazer: devia permitir a ele esse momento ou falar com ele tentando acalmar seu coração?

Ela era uma mulher prática, sempre fora, apenas havia direcionado essa característica comportamental de forma errada, então agora precisava parar e pensar: "Ir à casa dele e repetir a mesma história não é producente, não vai modificar nada. Preciso agir, provar a ele minhas intenções". Sorriu, sabia o que fazer.

Não dormira nada, mas estava bem-disposta. Saiu logo cedo e providenciou algumas coisas que faziam parte do processo de refazimento que decidira empreender em sua vida.

Satisfeita com as decisões tomadas, pegou o caminho da casa de Flávio. Era sexta-feira, um dia espetacular, ensolarado, mas não estava quente; a temperatura era amena e agradável.

Sentiu receio quando se aproximou do portão de entrada; parou e sentiu medo. Refletiu: "Preciso fazer isso. Independentemente do resultado, está feito, então, coragem, apenas isso. Coragem".

Tirou a chave da bolsa e entrou na agradável moradia. Sentiu conforto e afirmou a si mesma que estava tudo bem.

Entrou e encontrou Flávio adormecido no sofá, pálido e abatido. Compadeceu-se do companheiro; percebeu que tivera uma noite difícil. Procurou não fazer barulho. Foi para a cozinha e preparou o desjejum.

Flávio acordou com o cheiro de café fresco e sorriu; sabia que Adélia estava lá. Abriu os olhos e encontrou a moça sentada à sua frente,

— Bom dia! Acordou cedo? — cumprimentou Flávio.

— Na realidade, não dormi nada, mas estou muito bem hoje, tenho algumas coisas a dizer a você. Algumas decisões que tomei, e já estão tomadas. Vou informar a você porque não quero mais dúvida alguma entre nós.

— O que você fez?

— O necessário para viver em paz e com honestidade. Aqui estão alguns documentos. Esta pasta contém comprovantes de uma conta corrente fora do país, num paraíso fiscal; é todo o dinheiro que recebi como propina, eu nunca toquei em um centavo, está todo aí. Nesse envelope estão todos os documentos que o autorizam a movimentar esses valores; precisamos apenas de cópias dos seus e de sua assinatura.

Flávio fez menção de falar algo, mas Adélia o interrompeu com firmeza.

— Por favor, me deixe terminar, depois você pode falar o que quiser. Meu carro e meu apartamento são aquisições minhas, comprados com meu salário como funcionária do Campus. Eu não ganhava mal, o suficiente para viver muito bem. Eles são financiados, as parcelas do financiamento do carro terminam ainda este ano. Para terminar de pagar o apartamento ainda faltam dois anos. Tenho uma poupança das sobras de meu salário – entregou a ele outra pasta –; não é muito, mas é meu dinheiro. Fui a um laboratório e pedi um exame de DNA de meu filho; está marcado para a próxima segunda-feira, você precisa estar presente, e não quero saber de rejeição a esse respeito. Eu entendo se houver dúvidas quanto à paternidade de meu filho, eu as teria também. Por último, fui a um advogado e contei todo o caso para ele, todo o esquema de corrupção, e entreguei a ele cópia dos documentos que comprovam tudo; ele vai me chamar assim que estudar o assunto. É isso, fiz tudo isso por mim, e o resultado de todo esse processo vai deixá-lo mais tranquilo também. Não sei o que fará daqui para frente, mas estou me afastando de você por um tempo, acredito que você precisa disso. Sei de suas intenções, você é um homem bom, e estou feliz que seja o pai de meu filho, ou filha. Ele, ou ela, sempre sentirá orgulho desse fato; mas precisamos desse tempo para colocar as ideias em ordem. Quando estivermos mais fortes, poderemos nos unir novamente, mas agora não — terminou Adélia com lágrimas nos olhos.

Flávio sorriu e abraçou a moça com carinho.

— Esta noite foi terrível, pensei mil e uma coisas, todas ruins. Duvidei de você, pensei em castigá-la pelo meu sofrimento. Pensei mesmo que estava impondo a mim a paternidade dessa criança, que era apenas para resolver um problema seu. Então... imaginei minha vida sem você e entrei em pânico, porque a amo muito e de verdade. Amo nosso filho e não duvido de forma alguma que seja meu, está bem? Não concordo que nos separemos, e acredito que essa decisão não pertence só a você. Quanto aos seus assuntos, a decisão é sua, sim, e eu posso apoiá-la nesse processo. Quanto ao nosso filho, você não pode me privar de viver cada momento que ele vai precisar de nós, os pais dele, então não quero me afastar de você. Se fazer o exame de DNA é importante para você, eu faço, mas não é importante para mim. Eu sei que é meu filho, eu creio no compromisso que assumi com vocês, e essa certeza ninguém me tira, está bem?

Adélia olhava para ele e chorava mansamente; amava seu companheiro e agora o admirava mais e mais. Aquela vida que antes levava parecia tão longe, tão estranha. Esse momento seria para ela de renascimento e paz. Tocou com carinho o rosto do moço, beijou seus lábios e falou com mansuetude:

— Está bem, eu não sabia mesmo como tocar minha vida sem você, seria muito doloroso. Venha, vamos tomar café e depois dormir; quero estar com você, abraçada, e acordar para uma nova vida.

Saímos da residência encantados com o que presenciamos; emocionados, agradecemos a Deus pelos filhos divinos com os quais povoou a Terra.

CAPÍTULO 23

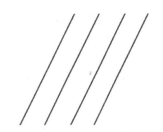

UM MOMENTO DE DESCANSO

477. As fórmulas de exorcismo têm qualquer eficácia contra os maus Espíritos?

— Não; quando esses Espíritos veem alguém tomá-las a sério, riem e se obstinam.

478. Há pessoas animadas de boas intenções e nem por isso menos obsedadas; qual o melhor meio de se livrarem dos Espíritos obsessores?

— Cansar-lhes a paciência, não dar nenhuma atenção às

suas sugestões, mostrar-lhes que perdem tempo; então, quando eles veem que nada têm a fazer, se retiram.

(*O Livro dos Espíritos* — Livro II, Mundo Espírita ou dos Espíritos — Capítulo 9, Possessos)

Os acontecimentos se desenrolavam conforme planejamos; tudo parecia estar sob controle, mesmo a cidadela estava mais calma após a tragédia protagonizada por Airton.

Tínhamos algumas providências a tomar, visto que Torres ainda se ressentia da interferência de Fred em seu relacionamento com o filho. Ele apenas estava dando um tempo em suas providências; chamaria muito a atenção se algo acontecesse a um professor da universidade, ainda mais alguém que era muito querido e popular. Com a morte de Dácio, o plano de envenenar o professor tinha ido água abaixo, então precisava de um novo, e mais terrível. Queria que ele sofresse, pretendia tirar dele o que mais amava.

Torres tinha investigado a vida de Fred e não achara nenhum fato que o desabonasse. Com raiva, constatou que, se quisesse desacreditá-lo, não encontraria motivos reais para tanto.

Ele estava sentado numa confortável poltrona na varanda de sua casa, e a ideia de vingança não o abandonava. Era uma obsessão alimentada por entidades que se afinavam com ele, cuja sintonia era quase perfeita; eram antigos companheiros da era da escuridão.

Sua mente criava mil maneiras de trazer sofrimento a Fred; o fogo era uma imagem constante em suas fantasias maldosas. Via Fred preso a uma estaca, rodeado de madeira e palha secas; jogava uma porção de querosene sobre elas e ateava fogo com uma enorme tocha nas mãos. Ria endoidecido, cada vez mais alto e desequilibrado.

Abriu os olhos. Estava sob o efeito de hipnose, seus companheiros o faziam relembrar um passado distante. Levantou da cadeira, parecia a ele ser um trono confeccionado em madeira trabalhada e coberto por veludo grená. Sorriu com maldade.

— Sei o que devo fazer. Ele não tem um passado que o condene, mas posso criar um presente mais terrível do que possam imaginar — falou alto, como se soubesse da assistência que o acompanhava.

Tomou o aparelho celular nas mãos e ligou para seu comparsa:

— Venha aqui, tenho serviço para você.

Depois de uma hora, chegou à mansão de Torres um sujeito de feições bestiais. Sua passagem deixava um rastro de maldade.

— O que manda, chefe?

— Quero que pesquise, na universidade que meu filho frequenta, alguns jovenzinhos que possam nos servir. Devem ser atraentes fisicamente, ter menos de vinte anos e gostar de dinheiro. Que tenham um caráter duvidoso, assim como nós — disse Torres, rindo alto da última consideração que havia feito.

O sujeito, de nome Patrício, acompanhou seu chefe num riso estranho e debochado.

— Pode deixar, acho que sei o que quer. Estou precisando me divertir um pouco mesmo. É só oferecer a eles dinheiro pelo serviço do sexo, que vou saber quem é nosso. Tem preferência por homem ou mulher?

— Caso tenha a sorte de encontrar o que procuramos, tanto faz que seja homem ou mulher.

Saímos do local penalizados pelo comportamento de nossos irmãos e preocupados com Fred. Ana se encarregou de procurá-lo e intuí-lo do perigo.

Enquanto isso acontecia, soubemos que Beto e Lucia tinham sido contatados pela direção da universidade; um novo reitor havia sido escolhido. O casal ainda estava bem perturbado pela morte dos amigos durante a tragédia acontecida no Campus.

O novo reitor os esperava em uma sala improvisada localizada num dos prédios administrativos.

— Por favor, entrem e sentem. Obrigado por atenderem ao meu pedido — falou o senhor de aparência sóbria e amigável; parecia estar próximo aos quarenta anos. — Meu nome é Heitor, e fui nomeado para o cargo de reitor desta universidade.

Os jovens o cumprimentaram com cortesia, estranhando o fato de ainda ser jovem.

— Sei que devem estar bastante sensibilizados pelo triste acontecimento da semana passada, mas eu preciso de ajuda para conhecer as dificuldades que vou enfrentar nesse novo trabalho, e alguns professores citaram o nome dos dois como pessoas confiáveis e que poderão me auxiliar nesse processo — continuou Heitor.

— Temos muito a falar, sim, inclusive denúncias sérias a serem feitas, porque entendemos que o movimento grave de corrupção dentro da universidade não deve ter sido arruinado totalmente. Sabemos que o antigo reitor fazia parte disso, assim como alguns funcionários — disse Beto.

— Esse é o principal problema que encontramos desde que passamos a frequentar esta instituição. Toda a deficiência de ensino está baseada nesse assunto, pois as verbas desviadas causam consequências graves, até mesmo a falta de pagamento de salários, sem citar materiais necessários a diversas matérias, sem os quais os cursos perdem qualidade. Contamos com professores excepcionais e que não conseguem atingir o grau de qualidade em seu trabalho, que nos é de direito — completou Lucia.

— Sei que não me conhecem, mas posso disponibilizar meu currículo, para que conheçam um pouco de meu trabalho — afirmou Heitor.

— Desculpe, currículos podem ser escritos de acordo com as necessidades do autor. Faremos nossas próprias pesquisas quanto a esse assunto, mas o que nos fará colaboradores seus serão as atitudes que tomar em sua nova função, que deverá ser de confiança não só da cúpula diretora, mas dos estudantes — disse Beto.

— Eu estou comprometido com a universidade; tenho um planejamento de como fazer isso, ainda bem rudimentar, mas já uma diretriz. Eu os chamei aqui porque uma dessas providências será indicar representantes dos vários cursos, com os quais preciso trocar ideias e formar opinião sobre necessidades mais urgentes. O professor Fred os indicou veementemente como pessoas ativas e honestas, e garantiu que conhecem a maioria dos alunos que mostram liderança. Este cargo me foi oferecido no final de semana, não estava previsto nada assim; estou assumindo, confesso, sem noção plena dos problemas que encontrarei — falou Heitor.

— Estamos dispostos a colaborar com sua gestão, mas ainda não deu sua opinião sobre o movimento corrupto que acontece nesta instituição. O que pretende fazer? — indagou Lucia.

— Hoje é meu primeiro dia aqui, ninguém me procurou ainda oferecendo qualquer coisa, então não posso dizer que sua denúncia procede. Pretendo contratar uma pessoa conhecida, que sei ser honesta, e que faz auditoria financeira e administrativa. Vou investigar os funcionários e, se houver dúvidas sobre seu comportamento, serão afastados. E conforme for sendo necessário tomarei atitudes mais contundentes — respondeu Heitor.

— Há uma funcionária, Adélia, que era secretária do reitor. Parece que pediu demissão no dia em que a bomba explodiu, e temos certeza de que recebia propina e fazia parte da gangue. Há um burburinho por aí de que ela está disposta a denunciar as fraudes ocorridas. Pode ser um caminho — informou Beto.

Nesse momento, uma senhora bateu na porta e entrou.

— Heitor, estamos atrasados. Desculpem interromper, mas temos muitas reuniões hoje; há muito a fazer.

— Desculpem, só espero que tenham entendido um pouco minhas intenções. Esta senhora que viram é minha irmã; ela está aqui para me ajudar no momento, não será funcionária da universidade. Já está aposentada, serviu a uma grande empresa mais de trinta anos, é muito competente e de início preciso dela. Temos um contrato de trabalho por sessenta dias. Nesse período, preciso encontrar alguém tão competente quanto ela para contratar, e ela vai fazer o treinamento; se souberem de alguém, ficarei grato.

Os estudantes saíram do prédio e passaram a trocar impressões sobre a reunião com Heitor.

— Beto, eu até gostei da postura dele — falou Lucia.

— Conversar ele sabe, mas só acredito vendo acontecer. A corrupção só se instala porque ninguém participa ativamente de todos os processos; é mais fácil largar nas mãos dos outros, mais cômodo. Não pensam que a facilidade de trabalhar com muito dinheiro, controlar o seu uso, também é uma tentação, principalmente quando vem a necessidade pessoal. Lembra o amigo de meu pai, aquele que perdeu tudo? Ele só se meteu naquela confusão quando a mulher adoeceu, uma doença rara, e ele precisava de muito dinheiro para custear o tratamento dela. Era um cara legal, e continua sendo, mas cedeu à pressão do momento — falou Beto.

— Fico aqui pensando se não faríamos a mesma coisa; estamos lidando com imperfeições de caráter. Às vezes, há pessoas que lutam uma vida inteira contra suas fragilidades comportamentais e, de repente, por estarem emocionalmente fragilizadas diante de situações que as atingem, são levadas ao deslize — completou Lucia.

— É difícil julgar os atos dos outros, não é? Nosso falecido reitor estava no cargo há muitos anos, sempre foi correto, mas também cedeu. Quais teriam sido suas razões? Será que de uma hora para outra ele cedeu ao seu lado negro? — comentou Beto.

— Sabe, eu aprendo com a Doutrina dos Espíritos que as mudanças de comportamento acontecem primeiro aqui, na nossa mente. Então, quando mudamos a maneira de encarar as situações que nos debilitam, conseguimos transformar o nosso interior. Caso contrário, se ainda estamos exercitando novas formas de pensamento, ainda não mudamos, apenas sabemos que é errado, e da teoria para a prática leva tempo. Trocar hábitos antigos por hábitos novos não é tarefa fácil — explicou Lucia.

— Da forma como você expôs suas convicções, chego à conclusão de que não há erros, porque cada um faz de acordo com o que sabe. É isso? — perguntou Beto.

— É, sim. Difícil de entender, não é? — questionou Lucia.

— Muito difícil, porque me faz concluir que punir não é o caminho — completou Beto.

— E não é mesmo; reeducar é o caminho. Todas as falhas de caráter vêm de um aprendizado falho também — disse Lucia.

— E as leis sociais? Como você as vê? — perguntou Beto, bastante interessado no assunto.

— Uma forma de organizar a sociedade. Precisamos de regras e normas, ainda. Enquanto não formos educados o suficiente para fazer o certo porque é certo, precisamos normatizar condutas. É o caminho ético, e ainda não moral — respondeu Lucia.

— Interessante! Toda essa argumentação vem de onde, um livro? — questionou Beto.

— Muitos livros, principalmente, as obras básicas, que nos foram trazidas pelo intelecto de um educador, Allan Kardec. São obras magníficas, e sem a compreensão de seus conceitos não entendemos essa maravilha de filosofia. Há obras atuais, livros importantes que usam esses conceitos doutrinários e nos trazem informações importantes sobre a coexistência de vários mundos, que se completam num todo universal; obras importantes de autores confiáveis — respondeu Lucia.

— Autores confiáveis, como assim? — indagou Beto.

— Lembra que falei a você sobre psicografias, autores desencarnados que se associam a autores encarnados? — perguntou Lucia.

— Sim, pela mediunidade dos encarnados há uma conexão viável entre as mentes, não é? — questionou Beto.

— Isso mesmo. A obra espiritista tem a função primordial de confortar, educar, esclarecer num processo de educação evolutivo. Então, é importante analisar o conteúdo dessas obras. A mensagem tem que obedecer aos princípios evolucionistas, trazendo informações que eduquem o ser para a verdadeira serventia da vida. Há obras não comprometidas com isso; são apenas romances recreativos que, lidos, não mudam nada na cabeça do leitor, porque não trazem informações que o levem a refletir sobre a própria existência. Há ainda aqueles que divulgam informações que visam impedir a reflexão correta; são os autores assistidos por falsos sábios — explicou Lucia.

— Quanta informação! Mas me diga: o que são falsos sábios? — perguntou Beto.

— Em *O Livro dos Médiuns*, item 265, Kardec afirma: "A inteligência está longe de ser um sinal seguro de superioridade, porque a inteligência e a moral nem sempre andam juntas. Um Espírito pode ser bom, afável e ter conhecimentos limitados, enquanto um Espírito inteligente e instruído pode ser moralmente bastante inferior". Esses espíritos, apesar de possuírem muitos conhecimentos, moralmente não evoluíram, e muitas vezes são utilizados pelos maus como instrumentos para corromper mentes, usando nossa vaidade e nosso orgulho para que aceitemos suas mensagens — explicou Lucia.

— Chegamos. Achei bem interessante essa conversa. Qualquer dia irei com você nessa instituição que frequenta. Você também poderia me emprestar alguns livros? — pediu Beto.

Lucia retirou da mochila um exemplar de *O Livro dos Espíritos* e o entregou ao namorado.

— Vai lendo e, qualquer dúvida, pergunte — ofereceu, feliz com a disposição de Beto em aprender sobre a Doutrina dos Espíritos.

— Vamos fazer melhor. Já que estudamos todos os dias, então vamos reservar uma hora para estudar este livro, está bem? Pelo que falou até agora, é bem complexo e vou precisar de sua ajuda — disse Beto.

Felizes, constatamos a bondade do Pai, que nos apresenta a todos os instantes oportunidades benéficas.

Em nosso plano, o espiritual, ainda tínhamos muito trabalho a fazer. Ana se juntou a nós e informou que fora bem-sucedida em sua tarefa. Fred encontrava-se em reunião mediúnica na casa espírita que frequentava e logo percebeu sua presença; ela o advertira sobre ter cuidados especiais nos próximos dias.

No dia seguinte, o professor foi surpreendido pela recepção dos alunos na faculdade. Percebeu que estavam hostis, fazendo piadas de mau gosto; como era uma pessoa direta, perguntou a eles o que estava acontecendo.

Olívia e Eduardo entravam na sala de aula nesse momento e mostraram a ele seus celulares; em redes sociais, alguns alunos o acusavam de assédio sexual e moral. O professor empalideceu e sentiu forte mal-estar.

— Tenho certeza de que isso é coisa do meu pai, professor; é bem a cara dele — falou Eduardo.

Fred respirou fundo, controlou as emoções e falou para sua turma de alunos:

— Trabalho com jovens há mais de trinta anos. Vocês me conhecem, muitos de um convívio amigável e instrutivo. Vocês acreditam mesmo que eu seria capaz de fazer algo assim? Fui casado uma única vez, minha esposa Célia me presenteou com uma filha linda. Seu nome era Beatriz. No dia em que completava cinco anos, a caminho da festa de aniversário, elas foram vítimas de um acidente fatal. Nunca mais tive outro relacionamento físico, amo minha esposa até hoje. Cada um de vocês para mim é um filho, a quem devoto o amor que me foi tirado quando minha Beatriz se foi. Até hoje, nunca contei essa história a ninguém; poucas pessoas com as quais convivo aqui sabem disso. Não me surpreende essa maldade, mas machuca minha alma ver que poderiam acreditar nessa calúnia. — Desalentado, Fred olhou um a um os rostos que o olhavam surpresos e sacudiu a cabeça; lágrimas escorriam por seus olhos.

Nesse instante, vários professores adentraram a sala de aula e se juntaram a ele num abraço fraterno. Os alunos, ainda estáticos diante da cena emocionante, foram, um a um, se juntando ao grupo.

Heitor, o novo reitor da universidade, entrou na sala de aula e observou o quadro com emoção, pensando: "Ele foi meu mestre quando ainda era muito jovem, nunca faria algo assim; devo a ele não estar no caminho errado. Vou ajudá-lo, mas neste momento preciso tomar decisões difíceis".

Aproximou-se do professor, tocou seu braço com carinho e falou alto para que todos ouvissem:

— Eu o convido a me acompanhar, e quero ressaltar a honra de tê-lo nesta instituição como professor, um verdadeiro mestre, a quem amamos e somos fiéis. Prometo a todos que vamos descobrir de onde vem essa infâmia, e os autores serão punidos de acordo com a gravidade da calúnia.

Fred se deixou conduzir, muito emocionado. Os professores presentes e alunos o acompanharam no trajeto pelos corredores; seus seguidores iam abrindo a porta das salas ainda em aula e convocando os estudantes para engrossar o cortejo.

Nesse momento, alegrei-me com a humanidade; emocionado, juntei-me aos irmãos desencarnados, erigindo uma cúpula de proteção à multidão fiel e amorosa de jovens. Membros da comunidade dos dragões assistiam, impotentes e admirados, a manifestação de paz e fidelidade, estupefatos diante da força de nossa união.

Pela primeira vez, eu a vi nos observando. Era Lucrécia, eleita como comandante dessa comunidade de dor. Ela olhou firme em meus olhos e senti toda a ira de que era possuída; apiedei-me de sua terrível dor, dirigindo a ela o mais puro amor de que era possuído naquele momento. Sem ser tocada pelo nobre sentimento, ela sorriu com escárnio e disse baixinho:

— Você nunca enfrentou alguém como eu.

— E nunca enfrentarei, minha irmã querida, nunca enfrentarei.

— Veremos!

Ela saiu do ambiente, andando devagar e com firmeza. Seus escravos mentais a seguiam como lunáticos despersonalizados. Pensei com carinho: "Será um dia de alegria e muita tristeza quando perceber que não possui seguidores, que eles não a admiram, que não a seguem por convicção; descobrirá que a escravidão cria laços de dor que nos perseguem por tempos terrificantes. Passarei a amá-la nesse momento, porque é uma criatura de Deus, e Ele a ama, como eu devo amar".

Ela se voltou para mim e disse entredentes:

— Pare e não me afronte com seu amor.

— Não posso fazer isso, querida Lucrécia; esse amor banha meu peito e o alimentarei para sempre.

— Eu o escravizarei em breve, verá!

Abaixei a cabeça e sorri com gratidão ao Pai. Sua reação fora causada pelo receio de ser tocada pelo amor; havia luz em seu coração, e nós a ajudaríamos e faríamos brilhar.

CAPÍTULO 24

REENCONTROS

297. A afeição que dois seres mantiveram na Terra prossegue sempre no mundo dos Espíritos?

— Sim, sem dúvida, se ela se baseia numa verdadeira simpatia; mas, se as causas de ordem física tiverem maior influência que a simpatia, ela cessa com as causas. As afeições, entre os Espíritos, são mais sólidas e mais duráveis que na Terra, porque não estão subordinadas ao capricho dos interesses materiais e do amor-próprio.

(*O Livro dos Espíritos* — Livro II — Capítulo VI, Vida Espírita — Item VII, Relações Simpáticas e Antipáticas dos Espíritos — Metades Eternas)

Laura pediu ao nosso grupo socorrista que nos juntássemos a ela; tinha algumas informações que seriam interessantes para o bom andamento de nosso trabalho.

Reunimo-nos numa sala confortável, ocupando nossos lugares ao redor de uma mesa ovalada. Nossa querida Miss Martha estava presente, acompanhada pelo psiquiatra Inácio.

Laura solicitou a Miss Martha que fizesse uma breve prece para que déssemos início à palestra.

— É sempre feliz o momento em que trabalhadores da Seara Bendita se reúnem em propósitos salutares. Unimos nossos pensamentos em prol da evolução de nossos irmãos, ainda tão equivocados em suas escolhas, assim como somos beneficiados modificando nossas próprias atitudes, refletindo sobre o bem maior, e isso sem julgar ou condenar atos praticados sem reflexão, pois o saber nos eleva a condições de melhor avaliação dos instrumentos utilizados em nossa caminhada. Ora utilizamos a pá para revolver a terra, plantando sementes e no futuro colhendo seus frutos, ora a utilizamos como instrumento de destruição, que também vingará em frutos amargos, mas que terão de ser colhidos. Aprendemos sempre sobre o relativo, que os enganos são decorrentes da ignorância, que o sofrimento é um caminho, e todos nos conduzem a um único lugar: a consciência de cada ser, que desperta conforme é necessário. Agradecemos à vida o momento que vivemos, sem nunca nos acomodar diante da sucessão de aprendizado; o amanhã sempre nos trará novas questões a serem respondidas, esse o presente do Pai a todos nós: a inteligência.

Anos se passaram do tempo de garotinho, quando pude desfrutar da presença amorosa e firme desta educadora, Miss Martha Watts. E aqui, hoje, após uma vida longa e feliz, exercitando sempre seus conselhos amorosos, estando desencarnado há um bom tempo, revivo feliz a certeza de que ela ainda tem muito a partilhar com a humanidade. Antevejo sua volta à Terra, como encarnada, com esperança e muita fé de que aqueles que tiverem o privilégio de desfrutar seus ensinamentos, como a mim foi dada a oportunidade, se sentirão afortunados e poderão refletir sobre sua manifestação na vida.

A linda mestra me olhou com carinho e sorri. Estava feliz demais, o mundo era esperança e liberdade. Senti o coração aquecer; aprendia a amar a todos, igualmente, sem exceção, e sabia que aqueles considerados maus eram os mais necessitados desse amor. Lembrei o rosto de Lucrécia e soube que em breve ela estaria bem.

Laura nos tirou dos devaneios tão necessários à edificação da esperança num futuro melhor; o que muitos consideravam utopias, nós sabíamos ser a verdade.

— Amigos queridos, vocês sabem que os dragões elegeram um novo comandante para o lugar de Tibérius; é Lucrécia. Sabemos ser a original, e não apenas um nome em homenagem à figura histórica. Um espírito perturbado por encarnações caóticas, uma mente sagaz, manipuladora, de inteligência educada, visando objetivos de ambição e poder. Temos notícias de uma encarnação também famosa na história da humanidade como a imperatriz consorte romana do imperador Claudio, Valéria Messalina.

— Uma encarnação também voltada a muitos desequilíbrios emocionais, então? — comentei com carinho.

— Sim, meu amigo, um espírito sofrido, uma alma que nunca se sentiu amada livremente. Sabemos também que desde há muito tempo ela se aliou aos dragões, inclusive a encarnação como Messalina já foi um planejamento encarnatório deles — informou Laura.

— Mas... Messalina nasceu no ano 17 d.C. e desencarnou em 48 d.C. — Maurício falou admirado.

— Essa comunidade, Dragões de Cristo, é tão antiga assim? — indaguei atônito.

Laura explicou:

— Temos notícias desse agrupamento desde a época de Sócrates, o filósofo da humanidade, que nasceu em 470 a.C. Não com esse nome específico, mas como um grupo de filósofos que acreditavam que o mundo tinha seu próprio movimento, independentemente de qualquer divindade, ou seja, a ideia de que o universo é dotado de animação e que a matéria é viva; e, se houver alguém que conduz essa movimentação, é produto de evolução intelectual, assim como a matéria evolui pelo próprio progresso intelectual do homem.

"Naquela época havia uma infinidade de deuses, que eram responsabilizados tanto pela bondade como pelos atos maldosos e pelo sofrimento imposto como castigo. Eles desenvolveram sua teoria central com o poder da vida, com as escolhas que fazemos. Eram lógicos e sagazes, porém não souberam direcionar esses conceitos; eram perseguidos e considerados loucos.

"Podemos entender esse panorama lembrando que a humanidade era pobre em conhecimento filosófico para poder avaliar novas ideias."

— Essas ideias não são de todo ruins. Sabemos hoje que a evolução é ponto primordial no processo de melhoria de qualquer mundo, físico ou não, e que a ideia de um Deus Uno é até mesmo recente, mas entendida dentro desse quadro de evolução. É lúcida a ideia de responsabilidade individual para com o todo. Como se deu a distorção de conceitos e valores até chegar aos dragões? — indaguei a Laura.

— É mais fácil manipular do que educar, levar o outro a fazer exatamente aquilo que você planeja. O processo de educação do ser leva tempo; ele acontece por meio da aquisição de conhecimentos, sabemos disso, mas é necessário um tempo de assimilação dessas informações. É nesse momento que passamos a exercitar a inteligência, e esse exercício pode levar a resultados positivos ou não. Aprendemos com os resultados, e o entendimento adquirido nos possibilita outras formas de ação e pensamento — explicou Laura.

— Esse processo é relativo à compreensão da própria vida — opinou Miss Martha.

— Isso mesmo, querida amiga. Neste processo evolucionista passa a contar a nossa própria compreensão; quanto mais adquirimos conhecimentos sem experimentação, e sentimento de humildade e respeito ao próximo, mais a vaidade e o orgulho crescem em nosso âmago. Essa combinação é letal aos iniciantes no amor, pois passam a considerar os menos eruditos seus inferiores; eles são portadores de uma inteligência mais aguçada, mais ainda sem ética e moral. Além disso, acreditam no direito de distorcer fatos em favor de suas causas e crenças — continuou Laura, explicando a movimentação que levou os dragões ao estágio de desequilíbrio em que se encontravam.

— Acredito que foi nesse estágio de evolução que se criou a ideia de um Deus Uno, mais punitivo e ameaçador, não é? — indagou Ineque.

— Como fato histórico, sabemos que Moisés conduziu o povo hebreu para Canaã, a Terra Santa, e no caminho árduo que percorreu recebeu o chamado de Deus. Foi quando recebeu uma comunicação divina que portava os dez mandamentos, ou seja, regras normatizadoras da boa conduta para um povo bárbaro, que estava cansado e descrente pelos sofrimentos da longa caminhada e das privações de suas necessidades básicas. Apesar de a nova ordem trazer alento e esperança ao povo, ainda havia muita resistência. Conta-se que Moisés se recolheu para refletir sobre o assunto e chegou à conclusão de que, naquele momento, seu povo não tinha condições para compreender a magnitude da bondade do Pai. Para sobreviverem às penúrias do deserto, precisavam estar unidos num só propósito. Dessa maneira, instituiu o castigo aos rebeldes, falando-lhes sobre a ira divina quando Deus fosse contrariado em Suas leis — disse Laura.

— A figura de um Deus punitivo nasceu nesse momento, e os mais evoluídos intelectualmente perceberam que a imagem de um Deus quase humano seria a forma eficaz de conduzir massas. Porém, o fator educativo se perdeu nesse propósito, passando a ser apenas condicionamento pelo terror da desobediência e o preceito da submissão às leis divinas. Assim, a figura do ser que não avalia o próprio aprendizado foi moldada à revelia da evolução — refleti com admiração.

— A submissão passou a ser entendida como forma de subjugação, desrespeitando a própria criação, pois Deus, em sua infinita compreensão na evolução do todo, permite a todos a educação da inteligência — opinou Inácio.

— Exato, meu amigo. Que linda linha de pensamento temos aqui, pois a submissão às regras divinas, na forma dos dez mandamentos, ganha a força da docilidade e da humildade. Podemos entender esse processo de forma bem simplificada ao estudarmos o Livro Terceiro de *O Livro dos Espíritos*, que discorre sobre as Leis Morais — falou Maurício. — Inclusive Kardec comenta brilhantemente sobre o processo de evolução planetária, de cada um de seus habitantes como parte de um todo, na questão 617.a:

> Que são de fato alguns anos para se adquirir tudo o que constitui o ser perfeito, embora não consideremos mais do que a distância que separa o selvagem do homem civilizado? A mais longa existência possível é insuficiente e com mais forte razão quando ela é abreviada, como acontece com um grande número.

> Entre as leis divinas, umas regulam o movimento e as relações da matéria bruta: são as leis físicas; seu estudo pertence ao domínio da Ciência.

> As outras concernem especialmente ao homem e às suas relações com Deus e com os seus semelhantes. Compreendem as regras da vida do corpo e as da vida da alma: são as leis morais.

— Podemos perceber em todo esse processo, até os dias de hoje, que há uma insistência constante que a cada dia se torna mais distante da verdade — comentou Miss Martha.

— Na época de Moisés podemos entender essa decisão do profeta. Havia urgência, não havia tempo de aprendizado pela assimilação de um conceito de liberdade tão amplo, baseado na lei de ação e reação, não como castigo, mas, sim, como consequência de procedimentos assumidos diante de fatos acontecidos. Moisés instituiu o Deus punitivo como ferramenta de união obrigatória para o momento, visto que seu povo não era culto o suficiente para refletir sobre as novas leis, que os chamavam à razão e responsabilidade pessoal e da comunidade. Acredito que em seu pensamento, como homem de bem, pensou ter tempo para empreender um caminho de educação. Porém, os quarenta anos que passaram juntos trouxeram como primeira preocupação para o profeta a sobrevivência em um meio hostil, que os privava, na maioria do tempo, das condições básicas de sobrevivência da matéria — explicou Laura.

— Caso ele tivesse esse tempo, as ideias de punição e castigo seriam equacionadas de forma diferente, mais caridosa e libertadora. O futuro da humanidade, talvez, não fosse tão caótico nesse assunto — opinei reflexivo.

— A ideia de coletivo, ainda nos dias de hoje, não é bem-aceita. Sabemos que o progresso material antecede o moral, haja vista tantas criaturas dotadas de conhecimento e que o utilizam de forma equivocada, considerando, em primeira instância, suas necessidades particulares; daí vem o sofrimento, que é atribuído a Deus, como punição ao erro cometido. Ainda não entendemos direito a lei de causa e efeito, delegando ao Pai a sua aplicação, o que nos faz compreender a rejeição à própria responsabilidade sobre o feito — opinou Inácio.

Rogério permanecia calado e reflexivo; olhei para o amigo socorrista e ele sorriu.

— Não se preocupe, estou apenas absorvendo o que já conhecia, mas não compreendia em sua grandeza, que é marcada pela liberdade proposta por Jesus. Basta lembrar suas palavras nos alertando sobre "a cada um conforme suas obras". Seguindo a reflexão dessa conversa profícua, penso e reflito sobre o que planejamos para cada encarnação, baseados no conhecimento que temos dos feitos errôneos de outras passagens por aqui. Geralmente expiamos pela dor, pedindo uma experiência semelhante à que fizemos aos outros. E se no processo de educar nosso espírito concluíssemos que apenas recuperamos débitos pelo amor e não tanto pela dor? Seríamos missionários neste mundo tão necessitado. Auxiliaríamos com mais presteza e felicidade.

Ineque sorriu e contribuiu com uma lembrança bastante feliz.

— Esse comentário que fez me faz lembrar um caso que presenciamos em trabalho realizado no mundo dos espíritos. Acompanhamos uma senhora em seu planejamento encarnatório. De início, ela estava certa de que deveria sofrer o que havia imposto a outros, como esposa de um coronel proprietário de fazendas de cana-de-açúcar, na época do Império. Ela odiava as escravas porque o marido infiel sentia atração por elas e acabava engravidando-as, gerando uma grande prole de filhos considerados bastardos e produtos da escravidão. A senhora, em sua ira insana, punia as mulheres sem piedade, açoitando-as e mesmo mutilando seus corpos para não parecerem tão atraentes aos olhos do coronel. Após o desencarne, sofreu muito, foi perseguida por suas inimigas. Foi aprisionada e torturada, e uma das moças que, cruelmente, assassinou, e que era ama de leite de seu filho, é que a resgatou do martírio. Inconformada com seu comportamento maldoso, decidiu que sofreria o mesmo mal; estava pronta para isso e solicitou o início de seu planejamento expiatório. Ficou amiga da moça que a auxiliou e esta foi visitá-la. Conversaram sobre os planos futuros de reencarnação, quando a antiga escrava a abraçou e disse: "Não seria mais proveitoso ser livre e fazer o bem, estendendo as mãos aos aprisionados?". A moça foi embora, mas conseguiu seu intento; a senhora pensou e pensou, então decidiu mudar seus planos: seria uma revolucionária para sua época. Gastou um tempo a mais para se preparar e foi lecionar para os descendentes de escravos, indo de fazenda em fazenda, levando conhecimento e cooperando com a evolução da vida.

— Uma bela história, recuperada pela compreensão da senhora, mas fico aqui matutando sobre nossos meios de resgate ainda tão rudimentares; sem críticas ferrenhas, pois fazemos e agimos como nossa compreensão nos possibilita a ação efetiva. O mal foi feito, e sabemos que nossa consciência cobra a reparação. Quando empreendermos a educação de nosso espírito, continuaremos a exercer essa função pela dor? Insistiremos em sofrer o que fizemos sofrer? Ou poderíamos ter a lucidez de estender as mãos no socorro aos que se enganam pelo caminho da vida, erguendo os caídos, como nos aconselhou Allan Kardec? — questionou Inácio.

— Um caminho caridoso para nós e pela humanidade, exercitando o fazer ao outro o que gostaríamos para nós. Obedecer a máxima de amar a Deus sobre todas as coisas, e ao nosso próximo como a nós mesmos — contribuiu Ana, que até o momento estava calada, apenas observando, escutando nossa prosa e refletindo sobre o assunto.

— Podíamos sair um pouco da tão comentada zona de conforto, famosa para o mundo, e passar a recuperar nossas dores construindo otimismo, leveza de pensamento comprometido com a verdadeira origem do ser. Afinal, Jesus já nos alegrou a mente ao lembrar que também somos deuses e podemos fazer muito mais do que podemos imaginar — disse com alegria genuína.

— E essa criação mental deverá um dia acordar para a felicidade; saberemos de verdade que a movimentação que ainda enxergamos como sofrimento é apenas consequência de nosso querer. Afinal, posso querer ser livre e feliz e fazer por conquistar esse estado luminoso por meio do esforço em educar meu pensamento — falou Inácio.

— Acredito que entendemos um pouco o processo pelo qual a humanidade vivencia esse momento de nossa história; pela sua própria fragilidade ética e moral, atravessa o caos necessário à transformação do globo. Podemos deduzir que nossos irmãos, que se reúnem sob o codinome de Dragões de Cristo, hoje acreditam estar no caminho correto. Porém, isso não lhes dá o direito sobre as mentes que escravizam, dessa forma desrespeitando a liberdade de escolha de cada um. Agir pela força, seja ela física ou emocional, acaba por roubar ao autor autonomia nessa bendita movimentação. Há um limite na liberdade de ação, e ela é determinada quando a interferência acaba por dementar a outros, roubando o direito do livre pensamento. Esta reunião tem como objetivo primordial o esclarecimento sobre a evolução de nossos trabalhos e as medidas que serão tomadas para que esse movimento do submundo espiritual não atinja um ponto de ebulição que passe a ser danoso para todo o planeta. Nossos sábios mestres avaliaram o momento, e a hora está chegando; é necessária a separação do joio e do trigo. Ainda haverá oportunidades para aqueles que entenderem a necessária evolução do pensamento, e, mesmo àqueles que ainda relutarem e permanecerem na retaguarda evolutiva, um novo mundo de oportunidades será oferecido.

"Precisamos entender que não há castigo do Pai Maior para nós, seus filhos amados, mas sim uma nova direção. Há uma escola mais adequada para cada um, conforme suas necessidades. Ainda veremos ranger de dentes, mas devemos enxergar esse momento como bênção a cada um, pois as lágrimas um dia secarão, o sal purificador aliviará a revolta, e os olhos antes cobertos pelo véu da ignorância moral se abrirão para enxergar o brilho do sol.

"Que nossas mentes estejam esclarecidas e iluminadas em direção ao futuro promissor, pois a luz intermitente se manifestará em breve, para que o futuro das criaturas divinas seja de felicidade e liberdade.

"Meus queridos, agora preciso voltar e trabalhar com amor; deixo a vocês o meu agradecimento, feliz por sua presença de amor junto às falanges de paz. Peço ao Pai Maior fortalecimento e bênção de luz ao nosso pequeno mundo de amor e paz." — falou Ineque com carinho.

Senti o coração pulsar forte, como a espera de algo muito esperado e ansiado. Estava aqui ao lado das equipes amorosas de nosso Pai e, quando abri os olhos, observei, admirado, que a assistência de nossa palestra era composta por milhares de almas afins. Sorri; acreditava que estávamos apenas nós, nosso pequeno grupo de amigos socorristas, mas ia muito além. Felizes, nós nos misturamos aos companheiros de lides espirituais.

CAPÍTULO 25

A AMIZADE VERDADEIRA

479. A prece é um meio eficaz para curar a obsessão?

— A prece é um poderoso socorro para todos os casos, mas sabei que não é suficiente murmurar algumas palavras para obter o que se deseja. Deus assiste aos que agem, e não aos que se limitam a pedir. Cumpre, portanto, que o obsedado faça, de seu lado, o que for necessário para destruir em si mesmo a causa que atrai os maus Espíritos.

(*O Livro dos Espíritos* — Livro II, Mundo Espírita ou dos Espíritos — Capítulo 9, Possessos)

＊

Voltamos ao posto de socorro do campus universitário. Rogério solicitou nosso auxílio junto ao professor Fred; ele se encontrava na sala da reitoria, acompanhado por alguns colegas que o apoiavam nesse momento doloroso. Vários estudantes permaneciam atentos do lado de fora, prontos a intercederem pelo mestre.

Heitor se sentia constrangido diante das providências que precisariam ser tomadas. Sabia serem injustas, mas era preciso afastar Fred de suas funções até que o assunto fosse esclarecido. Entristecido, olhou os rostos, que o observavam ansiosos e belicosos, e com calma falou:

— Também estou sentindo grande revolta pelos últimos acontecimentos; sei da idoneidade do professor Fred, mas preciso tomar algumas providências para que o assunto não se agrave. — E, olhando para o mestre com firmeza e delicadeza, falou: — Sei de seu comprometimento com a função que exerce junto a esta instituição, de seu amor pelo ensino, pelos alunos e por todos nós, mas preciso afastá-lo de suas funções até que tudo seja esclarecido. Você compreende isso, não é?

Os amigos de Fred, revoltados, tentaram falar ao mesmo tempo, causando certo alvoroço, mas o professor os interrompeu com um gesto amigável e pediu:

— Por favor, agradeço muito a interferência de vocês, sei que têm a melhor das intenções e o fazem porque me consideram com respeito e carinho. Mas Heitor está certo; ele precisa me afastar. Acredito que em breve saberemos o porquê de tudo isso.

— Fred, seu aluno, o Eduardo, ainda na sala de aula, disse a você que tinha certeza de que essa farsa foi causada pelo pai dele. O que você sabe a respeito disso? — indagou uma colega dele.

Fred coçou a cabeça, respirou fundo e falou reticente:

— O pai de Eduardo, o Torres, é uma figura controversa, inclusive um grande filantropo desta instituição, e andei tendo uma conversa com ele cujo teor não o agradou. Sinto muito, mas não posso entrar em detalhes sobre os motivos que me levaram a essa ação.

— Sei de quem fala; ele está sendo investigado pela Polícia Federal. Parece que sua riqueza foi conseguida de forma duvidosa, inclusive está ligado ao crime organizado — disse Heitor. Depois, dirigindo-se a outro professor, *expert* em informática, perguntou: — Marcos, você tem condições de rastrear as mensagens que foram colocadas nas redes sociais?

— Tenho, sim. Conheço um delegado que trabalha no departamento de crimes cibernéticos, vou conversar com ele, pois, se fizer isso sem autorização, não teremos bases legais. Vou fazer isso agora mesmo; por favor, peço licença para sair.

Marcos saiu da sala da reitoria e logo estava conversando com seu amigo. Feliz, conseguiu que ele o autorizasse a fazer algumas pesquisas para conseguir identificar a fonte das acusações infundadas.

Fred saiu do Campus e foi para sua casa. Assim que estacionou seu carro em frente de onde morava, percebeu uma grande movimentação; eram repórteres que o esperavam para falar sobre o caso. Ligou o carro novamente, entristecido; não sabia para onde ir. Seu telefone tocou. Era uma amiga, professora na universidade.

— Fred, onde você está? Não vá para sua casa ou volte aqui.

— Eu sei, vi a movimentação de repórteres em frente ao prédio onde moro. Não desci do carro, já estou bem longe de lá.

— Aqui também está um caos. Vou te dar meu endereço; o porteiro do prédio onde moro tem uma cópia da chave. Vá para lá. Depois conversamos, está bem?

— Obrigado. Vou aceitar sua oferta, pois não sei o que fazer.

Tereza, esse o nome da professora, conversou com seu coordenador de curso, pedindo para ser liberada das aulas do dia. Logo ganhou a rua e foi se encontrar com o amigo. Estava muito preocupada com ele; não conseguia nem imaginar seu estado emocional. Conhecia o caráter reto do homem, e essa situação deveria estar debilitando seu ânimo.

Torres, matreiro, colocara um de seus capangas para seguir Fred. Assim que o professor entrou no prédio, ele avisou seu patrão. Em poucos minutos, os mesmos repórteres que faziam tocaia na universidade e na residência de Fred se dirigiram para a frente da casa de Tereza.

A moça, encabulada pela rapidez com que as coisas tinham acontecido, estacionou o carro longe do prédio e passou a observar a rua com atenção. Logo localizou um sujeito mal-encarado dentro de um carro estacionado. Sorriu e pensou: "Se for o que estou pensando, vai ser fácil descobrir; esse sujeito deve estar doido para botar fogo na situação".

Aproximou-se e fingiu observar a multidão com interesse. Logo tirou seu celular da bolsa e falou alto com ele:

— Ei! Você sabe o que é essa multidão? Sou *freelancer* de um jornal de fofocas e parece que posso ganhar algum dinheiro aqui.

O homem mais que depressa saiu do carro e falou:

— É um caso muito interessante. Vou te contar se me der seu telefone, gostei de você.

— Conta primeiro. Depois, se for interessante mesmo, eu te dou meu telefone.

— É um professor da universidade, do curso de Medicina. O nome é Fred Antunes, anota aí.

— Vou fazer melhor, vou gravar as informações, assim não erro a história e ainda dou uma pincelada para ficar mais interessante.

— Gostei disso. Esse professorzinho assediava os estudantes e andou brincando de sexo com eles em troca de notas. Parece até que houve estupro.

— Como você sabe disso tudo? Tem certeza? Porque, se for falsa essa informação, posso ser processada.

— Fica fria, trabalho para um sujeito que enfia muito dinheiro lá. Agora me dê seu telefone.

— Melhor, me dê o seu; confirmo a história e depois te ligo.

Tereza gravou o número do celular do sujeito e se despediu. Ligou para Fred, que se encontrava acuado em seu apartamento, e o instruiu a ir ao apartamento vizinho. O senhor que morava ali o ajudaria a sair do prédio escondido e o levaria até ela.

Assim foi feito. Fred estava trêmulo e, assim que entrou no carro de Tereza, desabou num pranto sentido. Aos poucos foi se acalmando. Tereza o abraçou e afirmou:

— Vai ficar tudo bem, já tomamos algumas providências. Marcos está rastreando as contas usadas para fazer essa porcaria toda, e o amigo dele, que é delegado federal, está ajudando. Tinha um sujeito parado em frente a minha casa; eu o interpelei, o achei estranho, e estava certa: você estava sendo seguido, e ele disse que trabalha para um sujeito muito rico que doa muito dinheiro para a universidade.

— Torres!

— Provavelmente, mas agora vou levar você até minha casa de praia; ninguém vai te encontrar por lá.

— Estou sem nada, nem uma troca de roupa.

— Compramos algo, está bem? E, se tiver que pegar dinheiro, vamos sacar no caixa eletrônico, certo?

— Tenho cartões de banco; não é necessário.

— É necessário, sim, afinal, parece que esse sujeito, o Torres, compra qualquer coisa. Ele pode rastrear o uso dos cartões para descobrir onde você está.

Fred olhou para ela admirado e perguntou:

— De onde vêm essas ideias tão práticas?

— Meu pai foi delegado a vida toda, então sei uma porção de coisas que achava desnecessárias, mas hoje estão servindo. Graças a esse conhecimento, suspeitei do sujeito na frente de minha casa e pensei na facilidade de encontrar alguém pelo simples e cotidiano ato de usar um cartão bancário.

Fred sorriu e falou animado:

— Gostei, afinal, minha vida é sempre tão igual; hoje está bem movimentada.

Tereza olhou para ele e viu que a expressão era de alguém que estava em paz, então perguntou:

— Agora há pouco estava chorando e desalentado, o que mudou?

— As lágrimas aliviam o estresse. Além do mais, eles não falam de mim, não sou esse sujeito que tentam desmoralizar, então não preciso me preocupar tanto. Veja como as pessoas se mobilizaram para me proteger! Você está aqui desafiando esse mal para estar comigo e me apoiar. Estou descobrindo em poucas horas que minha vida é mais colorida do que pensava.

— Até que enfim parece que me notou.

Fred olhou para ela, sorriu e falou:

— É... O dia está prometendo mudar minha vida e estou gostando muito.

Durante esse tempo, percebemos a presença de entidades malignas, a comando de Lucrécia, que apoiava os atos de Torres. Com carinho nos aproximamos e procuramos auxiliar, reciclando energias mais densas e esclarecendo àqueles que estavam mais flexíveis a ideia de uma nova e produtiva vida. Um espírito que identificamos como o dirigente desse pequeno grupo nos afrontou com violência, porém Ineque se aproximou e o tocou com carinho e atenção; com poucas palavras respeitosas e de esperança o desarmou, e ele aceitou nos acompanhar.

Mais uma vez, sentimos que, à simples menção à liberdade de escolha, aqueles já exauridos em suas forças cedem à esperança de um futuro mais feliz. Não era assim tão difícil o socorro aos escravizados da dor. Senti meu coração pulsar, pensando em quantos ainda seriam resgatados antes que a hora se aproximasse, e esse número crescia em fé e esperança, diante do sucesso do amor.

Mais tranquilos a respeito de nosso amigo professor, dirigimo-nos ao escritório de Torres. O homem estava impaciente por notícias, ávido em causar sofrimento; ligava de minuto em minuto ao seu comparsa, querendo notícias do vexame imposto ao seu inimigo. Sua mente, excitada por companheiros que vibravam igualmente no mal, criava cenas que o satisfaziam de forma física.

Aproximamo-nos de seu campo vibratório e descobrimos a mesma couraça que envolvia Bórgia. Pacientes, passamos a um trabalho lento e constante de vibração em alta frequência. Em dado momento, sentimos a presença de entidade maléfica; Lucrécia nos dava a honra de sua visita. Imediatamente, uma equipe de nosso plano veio em nosso auxílio.

— Devem me temer mesmo, já que acham necessário um batalhão para me conter — falou a mulher nos olhando com indiferença.

Vagarosamente, passou a caminhar à nossa volta, observando e aprendendo; olhava-nos como se estivesse gravando cada detalhe, atentamente, sem desviar sua atenção do propósito que a levara para junto de nós.

— Não dizem nada? Não tentam nada? Não vão ao menos dizer sobre a bondade de seu Deus?

Ineque a olhou com carinho e respeito, e respondeu em voz baixa:

— Não há necessidade.

Ela sorriu e o enfrentou, posicionando-se rente ao corpo perispiritual de nosso amigo, o rosto próximo, os olhos nos olhos, sem piedade e sem limites.

Ineque, impassível, apenas tocou de leve o rosto deformado e triste, e falou, emanando doce energia de cura:

— Nós a amamos.

Ela se afastou. Andou ao redor de Ineque, sempre sorrindo com desfaçatez. Aproximou-se de Torres, tocando-o com volúpia e beijando-o freneticamente. O homem cedeu e desabou sobre a poltrona, os pensamentos tumultuados, caóticos e infelizes. Sentia uma necessidade sexual incontrolável; lembrou que tinha uma criada nova, jovem e bonita. Pegou o interfone e a mandou lhe trazer uma bebida.

Ele a esperava atrás da porta, ansioso. O corpo doía, ansiava por uma relação violenta. Ficou furioso quando viu a velha governanta de sua casa entrando na sala; olhou-a com ódio.

— Mandei vir a menina.
— Eu sei! Você me falou. O que está querendo? Arranjar mais confusão? Já tem muitos casos a explicar. Quer arranjar mais um? Sei quais eram suas intenções e prometi a mim mesma não permitir mais isso aqui, está ciente?

O homem, furioso, se dirigiu à garagem e ordenou ao motorista, um homem também de índole duvidosa, que o levasse ao bordel que costumava frequentar.

Após essa cena, Lucrécia nos olhou com cinismo e falou:
— Entenderam?

Ela se foi, deixando atrás de si um rastro de densa energia. Ineque instruiu um grupo de trabalhadores de nosso plano para que continuassem na casa e procedessem à limpeza dos fluidos tóxicos que envolviam o ambiente.

Eduardo, inconformado com as maldades dirigidas a Fred, tentava encontrar uma maneira de punir e desmascarar o pai. Olívia, preocupada com a ansiedade que via nos olhos do namorado, tentava pensar numa forma de ajudar o moço. Não queria ligar para Fred, ele já tinha muitos problemas a resolver, mas não tinha a quem recorrer.

Eduardo resolveu ir até a casa do pai e enfrentá-lo; sentia-se um covarde diante de tudo o que andava vivendo, e a única pessoa que o tinha defendido estava sendo prejudicada por isso. Pegou a jaqueta e ia saindo, quando Olívia o interpelou:

— Não faça isso, fale com o professor Fred primeiro, ele vai aconselhá-lo melhor, por favor. Seu pai é um homem mau, perigoso e vingativo; ele pode fazer algo terrível com você.

— Falar com Fred? Você está louca? Ele deve me odiar, está nessa situação por minha causa. E aquele marginal pode fazer o que comigo? Ele já me destruiu, você não vê? Por mais que eu tente ser melhor e ter uma boa vida, ele sempre vai me perseguir e, se você ficar comigo, ainda vai te machucar. É melhor você ir embora — desabafou o moço com raiva.

Olívia o abraçou e falou emocionada:

— Ir embora? Nunca, nunca vou deixar você.

Fred estava sentado numa espreguiçadeira observando o mar. Pensava em Eduardo, em como ele estaria se virando nessa situação. Pensou em ligar para ele. Pegou o telefone, e foi quando sentiu a presença de Maurício.

— Eduardo precisa de mim, não é?

— Sinto muito trazer mais um problema para você, mas precisamos de sua ajuda com ele.

— Pode deixar, estou ligando para ele.

Tereza ouviu Fred conversando e foi até ele descobrir quem era seu interlocutor. Espantada, viu o homem encerrar a conversa e depois ligar para outro alguém. Sem pensar, tomou o celular da mão de Fred e falou:

— Antes de fazer essa ligação, fale comigo. O que está acontecendo? Você não está mais sozinho, estou com você para o que precisar, mas precisamos estar na mesma sintonia.

— Desculpe, você tem razão. Agora o que vou contar é bem diferente do normal, então preciso contar com sua confiança em mim. Eu vejo e ouço os espíritos, tenho uma sensibilidade muito aguçada para perceber movimentação energética, e agora, neste momento, aconteceu. Percebi que Eduardo não estava bem e pensei em ligar para ele, e Maurício, um amigo espiritual, veio até mim e pediu que ajudasse nosso rapaz.

— Então você é médium e sente o mundo dos espíritos com muita nitidez. E pela maneira que falou sua vidência parece ser dupla vista, é isso?

— Isso mesmo.

— Está certo, também sou estudiosa da Doutrina dos Espíritos. Muito interessante como filosofia, ciência e norte moral. Mas não é daqueles bitolados, é?

— Não.

— Ligue para Eduardo, diga para ele e Olívia virem para cá, mas depois quero falar também, não podem ser seguidos.

— Está bem.

Eduardo ouviu o telefone. Ia ignorar o chamado, mas Olívia o tomou em suas mãos e atendeu a ligação.

— É Fred — disse, passando o telefone para Eduardo.

— O que está havendo, rapaz? Que ideias são essas?

— Como sabe disso? Olívia já te ligou?

— Não, mas tenho meus informantes. Aliás, quero que venha se encontrar comigo. Vou dar um endereço a você, é de uma casa na praia. Quero que passem o fim de semana comigo. Vou passar o telefone para Tereza, ela vai ensiná-los a chegar aqui.

Tereza passou a eles as instruções para chegar à sua casa e afirmou categórica:

— Eduardo, tome cuidado! Devem estar sendo vigiados por capangas de seu pai. Usem outro carro, venham de ônibus, mas de forma a não serem seguidos, porque ele, descobrindo onde estamos, manda os repórteres para cá e não teremos paz, está bem?

— Nós vamos, sim; vou pensar numa maneira de sair daqui sem ser seguido.

Eduardo e Olívia combinaram de ir a um grande centro de compras. Antes, observaram ao redor de sua casa e logo descobriram o capanga de seu pai vigiando-os.

— Espere, não precisamos dessa confusão toda, ir ao centro de compras, trocar de roupas no banheiro, nos disfarçar e tudo o mais. Atrás de nossa casa há um terreno vazio; pulamos o muro e fugimos a pé. Logo estaremos na avenida, pegamos um ônibus e vamos à rodoviária — falou Olívia.

Assim fizeram e, em pouco tempo, estavam a caminho de uma cidade próxima de seu destino, onde Tereza e Fred os pegariam. Era sexta-feira, teriam o final de semana todo para trocar ideias e decidir o que fazer.

Enquanto isso, Heitor e Marcos descobriram a origem das mensagens e avisaram o delegado, que para lá se dirigiu junto com sua equipe especializada no assunto.

Eduardo e Olívia chegaram ao seu destino e logo foram recepcionados pelos amigos. Após se acomodarem, Eduardo pegou uma grande e pesada mochila que trouxera. Abriu e retirou alguns documentos e vários *pen-drives*, olhou para seus companheiros e falou:

— Aqui tem o suficiente para denunciar o monstro que é meu pai. Minha mãe começou isso, acredito que ele descobriu e a matou, disso não tenho provas, mas ela pressentiu que algo assim poderia acontecer e entregou para um advogado um pacote lacrado, com instruções de me entregar depois dos dezoito anos. Quando abri e vi o que era, passei a estudar informática e os meios de hackear computadores *on-line*; esses *pen-drives* contêm informações dos computadores pessoais de meu pai e de suas empresas. Estão numerados e catalogados por data e locais. Não fiz nada até hoje porque tinha muito medo. Não tenho mais, e sei que agora não estou sozinho, que posso confiar em algumas pessoas. E esse assunto precisa ser resolvido.

Fred pegou a pasta de documentos e depois a pequena embalagem com vários *pen-drives* contendo informações necessárias para prender Torres.

— Rapaz, você tem certeza disso? Ele pode ser um monstro, mas também é seu pai; depois que entregarmos isso à Polícia Federal, não há retorno — falou Fred.

— Você me pergunta isso? Ele acabou com seu sossego e ainda o defende? — perguntou Eduardo, estupefato diante da reação do professor.

— Não defendo, mas você precisa ter certeza do que está fazendo. Teremos um caminho de muito estresse pela frente, e deverá conviver com isso pela vida inteira — afirmou Fred.

— Pior do que vivi até hoje, eu duvido; fazer isso para mim será libertador. Vocês sabem que desconfio que ele matou minha mãe; pior que isso não existe. Antes de entregar tudo à Polícia Federal, tomei algumas precauções. Tenho cópias de tudo em vários lugares e, para evitar possíveis e certas interferências por corrupção, visto que ele é muito rico e pode comprar muita gente, deixei um gatilho pronto a ser disparado na internet. Qualquer dúvida, tudo vem a público — afirmou Eduardo.

— Mas, Eduardo, faça isso porque é certo, e não por vingança — aconselhou Tereza.

— Desculpe, Tereza, mas faço com as duas intenções. Neste momento eu não consigo deixar de querer me vingar por tudo o que ele fez comigo. Você tem noção de que esse monstro abusava de seu próprio filho desde muito pequeno? Vivi momentos de terror naquela casa; ao anoitecer, queria que algo me tirasse a vida. Via minha mãe machucada e sabia que ela tinha tentado me defender; eu escutava suas súplicas e ouvia o barulho dele espancando-a. Os empregados o temiam e nunca ninguém fez nada para nos ajudar. Quando saí de casa, aos dezesseis anos, acreditei que estaria livre, mas, na primeira noite, sozinho e aliviado, descobri que ele tinha uma chave. Foi um inferno, e então não me culpe por odiá-lo e querer vingança; eu quero que ele apodreça na cadeia, e vou fazer tudo por isso — desabafou Eduardo.

— Desculpe, eu não sabia disso, que horror! — confessou Tereza.

— E eu tenho certeza de que ele matou minha mãe — completou Eduardo.

— Certo, e como vamos fazer isso? Alguém conhece algum delegado federal de confiança? — perguntou Tereza, com lágrimas de compaixão nos olhos.

— Marcos tem um amigo assim, o mesmo que o está ajudando no rastreamento das mensagens.

Nesse momento, o celular de Fred tocou; era Marcos, avisando que estava indo ao local de onde as mensagens tinham se originado. Era um quarto no dormitório coletivo da universidade.

A moradia estava vazia, ainda estavam em horário de aula. Estudantes que passavam por ali informaram que o aluno que ocupava aquele quarto específico havia se mudado no dia anterior e inclusive tinha se gabado de estar rico, mas não sabiam o novo endereço. O delegado Moacir, amigo de Marcos, foi à administração perguntar se o rapaz havia informado seu destino. De posse da informação, dirigiram-se a um luxuoso apart-hotel. Identificando-se na portaria, soube que ele se encontrava em sua unidade alugada. Subiram e prenderam o moço, levando também seu *notebook*.

O equipamento foi periciado e foi comprovada a origem das mensagens caluniosas. O rapaz amedrontado falou ter sido pago por um sujeito de quem nem ao menos sabia o nome, e uma grande quantidade de dinheiro foi apreendida com ele.

As investigações continuavam. Algumas fotografias foram mostradas ao rapaz; eram de pessoas ligadas a Torres, e logo o rapaz identificou o homem com quem havia negociado.

Marcos recebeu um telefonema de Fred, convidando ele e o delegado Moacir para se encontrarem na segunda-feira na delegacia. Tudo se encaminhava de forma saudável.

Voltamos ao posto de socorro da cidade universitária. Rogério nos convidou a encontrar Laura na entrada da cidadela e também nos informou que Lucrécia havia decidido renomear a cidadela; voltaria a ser conhecida como Origem de Fogo. Dessa forma, diferenciaria a cidadela da instituição educacional que abrigava a Comunidade Educacional das Trevas.

Estava inclusa também uma nova equipe de trabalho, com novas metas para anular o processo evolucionista do globo. Ela faria uma demonstração pública de seu poder transmutando, pessoalmente, os perispíritos de Bórgia e Tibérius. Usaria a licantropia, afirmando que fariam parte de seu séquito de proteção, como farejadores da presença de seus inimigos.

Dirigimo-nos para a entrada da cidadela. Há muito tempo não víamos tal movimentação de seus habitantes. Nos últimos tempos, presenciamos a quase total destruição da personalidade de cada um deles. Mas haviam sido libertados da hipnose profunda, não mais agindo como marionetes de um algoz; a hipnose utilizada por Lucrécia visava a satisfação de prazeres carnais.

Conforme avançávamos pela cidadela, observamos que a região genésica de seus habitantes estava aumentada e apresentava várias e variadas deformações.

Ela os controlava pelas sensações físicas, que eram intensificadas várias vezes ao dia. A mesma cúpula que descrevemos anteriormente lá estava, com os mesmos elementos especializados na arte da hipnose, porém não mais a culpa e o remorso eram exacerbados, anulando suas vontades, mas a intenção era direcionada aos desejos e às sensações materiais do sexo.

Percebemos que as criaturas mais ignorantes ansiavam pela hora em que eram visitadas pelas mentes doentias, tendo estimuladas sensações intensas. Não mais agiam como infelizes por estarem ali, mas como viciados em algo sobre o qual não tinham mais controle, ainda privados da livre escolha.

As cores sóbrias, adotadas pelos religiosos, foram substituídas por um colorido berrante e por uma música alta, que estimulava a sexualidade latente. O odor era terrível, e as feições que passavam por nós, desvairadas em busca de algo que as satisfizessem, deformavam-se a cada instante, impregnadas por fluidos densos e animalescos.

A cúpula que protegia a cidadela apresentava imagens grotescas, corpos nus em posições comprometedoras, que serviam aos propósitos de Lucrécia.

Uma algazarra nos chamou a atenção. A governante daquele lugar infernal vinha em nosso encontro, e era saudada como uma deusa à sua passagem. Olhou-nos de longe e disse, sorrindo sensualmente:

— Sejam bem-vindos à minha cidade Origem de Fogo. Venham, vou lhes mostrar as novas instalações de nosso educandário, assim saberão que não valerá a pena lutar contra mim. Faço devotos e não escravos; eles me são fiéis, e as minhas propostas os agradam, pois lhes ofereço o paraíso na terra. Em breve verão meus esforços serem compensados, e verão isso dentro de sua adorável universidade, o lugar ideal para expandir meus domínios: a volúpia das sensações levada aos extremos, muita bebida, muita droga, muito sexo violento. Vou provar aos dragões como se age de forma eficiente, não anulando a vontade, mas estimulando os vícios, que são agradáveis e nos permitem viver desafiando os limites. E aqueles jovens ainda encarnados que perecerem pelos abusos serão recolhidos como heróis e engrossarão nossas frentes de tomada do poder. Em breve serei eleita a primeira comandante; sou sábia no que faço, educada na arte da manipulação. Não usarei mais o medo e a submissão a um Deus em quem não creio, mas sim os prazeres do fogo, do inferno. Vocês sabem que há mais sombras que luz nas mentes que se juntam a mim, então não se iludam; preparem-se para deixar o meu planeta em paz. Vocês serão os exilados, e não nós; saberão em breve que seu destino fatal é ir pregar em outro orbe, e, se eu puder interferir, serão mandados para os selvagens os consumir.

A mulher falava devagar, sem alterar sua voz ou sua aparência. Apenas falava sem cessar. Não nos atacava, só nos colocava a par de seus planos, sem medo e sem compaixão pela humanidade.

Não a afrontamos com o bem, com o amor que brotou em nosso coração, como uma semente necessária a saciar a fome dos aflitos; apenas a escutamos com respeito.

Ela sorriu, entendeu o que sentíamos, mas isso não alterou sua decisão. Fez um sinal para nosso grupo segui-la. Orei ao Pai pedindo esperança e fé para aquela criatura da luz.

CAPÍTULO 26

DECISÕES NECESSÁRIAS

480. Que se deve pensar da expulsão dos demônios, de que se fala no Evangelho?

— Isso depende de interpretação. Se chamais demônio a um mau Espírito que subjuga um indivíduo, quando a sua influência for destruída, ele será verdadeiramente expulso. Se atribuís uma doença ao demônio, quando a tiverdes curado, direis também que expulsastes o demônio. Uma coisa pode ser verdadeira ou falsa, segundo o sentido que se der às palavras. As maiores verdades podem parecer absurdas quando não se olha senão para a forma e quando se toma a alegoria pela realidade. Compreendei bem isto e procurai retê-lo, que é de aplicação geral.

(*O Livro dos Espíritos* — Livro II, Mundo Espírita ou dos Espíritos — Capítulo 9, Possessos)

Enquanto acompanhávamos Lucrécia na excursão proposta por ela, Ana e Maurício estavam ao lado de Fred, que estava sentado na varanda da casa. Ao longe ouvia o barulho das ondas batendo nas rochas; um espetáculo da natureza a ser admirado com emoção. O dia despontava no horizonte, o sol se refletia nas águas calmas do oceano. A sua frente, a areia morna brilhava ao contato dos primeiros raios de sol. À sua esquerda, admirava uma formação rochosa banhada pelas ondas gentis que chegavam a ela; as rochas pareciam pedras preciosas aos olhos do rapaz.

Fechou os olhos e sentiu a brisa matinal bater em seu rosto. Sorriu e pensou: "Hoje ainda é sábado, posso limpar minha mente dos problemas e desfrutar essa maravilha. Sempre pensei em me aposentar e morar na praia, em um lugar assim, retirado do burburinho da cidade, tranquilo, tendo por vizinhos pessoas simples e trabalhadoras. Isso aqui é o paraíso".

Tereza acordou e viu que o quarto ocupado por Fred estava vazio e que a cama nem havia sido desarrumada. Preocupada, foi à sua procura e o encontrou na varanda. Sorriu e pensou: "Ele é um homem incrível, sempre o admirei, mas agora percebo que posso amá-lo de verdade e passar o resto de minha vida com ele".

Ela se aproximou do rapaz e acariciou seus cabelos.

— Bom dia. Acho que nem usou a cama, não é?

Fred sorriu e olhou com carinho para a moça. Acariciou sua mão e respondeu:

— Não tive coragem de abandonar essa maravilha. Dormi aqui na espreguiçadeira; acordei com o nascer do sol. Você tem aqui uma joia rara, sabia?

— Eu também amo este lugar. Foi meu pai que o construiu quando ainda éramos crianças. Todo final de semana vínhamos para cá, ansiávamos por isso. Minha mãe passava a semana fazendo pães e doces, acondicionava tudo em latas, já destinadas para isso, e na sexta-feira, quando meu pai chegava a casa, era só para trocar a roupa por uma bermuda, uma camiseta e um chinelo, e já estávamos na estrada — contou Tereza.

— Deve ter sido uma infância muito feliz! — concluiu Fred.

— Muito. Quando eles faleceram, meus irmãos queriam vender; eu não deixei e comprei a parte deles. Eles tinham as mesmas lembranças que eu, mas são pessoas mais práticas. Os dois têm filhos e são muito preocupados com os estudos, a faculdade. Eu já não me casei, então posso realizar sonhos particulares — falou Tereza sorrindo.

— Por que não se casou? Desculpe, mas quantos anos você tem? — perguntou Fred.

— Nunca me casei porque não encontrei ninguém que valesse minha liberdade; acredito que sou muito exigente para os dias de hoje. Sempre vi mais virtudes nas pessoas do que matéria, então... Estou com quarenta e dois anos — respondeu Tereza.

— Ainda é bem jovem, estou com quarenta e oito anos, fui casado uma vez e muito feliz. Tinha uma filha de cinco anos, mas elas se foram para sempre, sofreram um acidente fatal, então também não me casei de novo por motivos semelhantes. Uma vez fui noivo, mas não deu muito certo; ela era uma boa pessoa, mas muito ambiciosa. Estimava demais a ideia de acumular bens, então acabamos nos desentendendo. Somos amigos, ela acabou se casando com um poderoso empresário do ramo da metalurgia — contou Fred.

— E ela é feliz? — questionou Tereza.

— Não sei, somos muito diferentes para que eu possa formar uma opinião a respeito, mas acredito que sim, eles têm dois filhos, meninos incríveis, um deles é prático como os pais, mas o outro é um sonhador — disse Fred, sorrindo ao lembrar comentários de sua antiga noiva a respeito. — Um dia ela me disse que com certeza o primogênito é filho do marido, mas que o segundo deveria ser meu filho.

— E o marido dela não tem ciúmes de você? — indagou a moça.

— Não, nós nos respeitamos, ele sabe que somos apenas amigos e também se tornou caro ao meu coração. É um bom homem, faz muita caridade, apesar de que acaba descontando dos impostos — comentou Fred rindo.

Nesse instante, o celular de Fred tocou; era Marcos avisando que já haviam identificado a origem das mensagens e prendido o capanga de Torres. E logo saberiam o nome do mandante oficialmente.

Fred desligou o aparelho e contou a Tereza as novidades.

— Tenho certo receio de entregar toda essa papelada e os pen-drives originais ao delegado Moacir; não sabemos o alcance da influência de Torres dentro da polícia — falou Tereza.

— Sei que Marcos é de confiança, você o conhece. E, aqui entre nós, eles são companheiros, vivem juntos há muitos anos. Apenas mantêm em segredo essa relação por motivos sociais, mas andam pensando em se casar, afinal, os preconceitos tão limitadores nesses assuntos perderam a importância com o passar do tempo. Eles pretendem adotar alguns filhos, Marcos está para se aposentar e teria tempo para acompanhar os pequenos mais de perto — informou Fred.

— Se você confia neles, então fico sossegada. E admiro a coragem dos dois. Se eles se amam, devem mesmo lutar por seus direitos. Vou fazer um café e algo para comermos, pode ficar aí que já trago — falou Tereza.

— De jeito nenhum, vou ajudar. Sei fazer ótimas panquecas com mel, e já vi que você tem todos os ingredientes — informou Fred.

Eduardo e Olívia chegaram à cozinha; o rapaz estava pálido e suando frio.

— Precisamos sair daqui. Uma senhora que trabalha há anos para meu pai como governanta da casa acaba de me ligar dizendo que ele descobriu onde estamos, e que mandou seu braço direito para cá. Ela teme que ele vá nos matar — informou Eduardo.

— Eduardo, essa senhora é de sua confiança? — perguntou Tereza.

— Não sei, mas ela é a única pessoa que ele respeita. Ela cuidou de mim depois que minha mãe morreu; as poucas vezes que ele me deixou em paz, foi porque ela intercedeu. Ela sempre demonstrou desaprovação pela maneira de ele agir, nunca entendi muito bem a ligação dos dois.

— Está bem, vou ligar para o Marcos e pedir que nos receba; hoje mesmo entregaremos os documentos a eles — sugeriu Fred.

— Eu vou disparar minhas denúncias, assim, se nos acontecer algo, ele não poderá fazer nada — falou Eduardo.

— Espere, vamos primeiro até Marcos e Moacir. Vou pedir a meu vizinho que nos empreste seu carro; é velhinho, mas funciona bem. Ele vai nos manter anônimos na estrada. Se for necessário, você joga na rede toda essa sujeira, está bem? — falou Tereza.

Em nosso plano, o espiritual, continuamos a tomar algumas providências para ajudar a resolver toda essa trama, sempre limitados pelo respeito ao livre-arbítrio dos envolvidos.

Maurício e Ana se dirigiram à casa de Torres. O homem estava ansioso, andava de um lado a outro da ampla sala que lhe servia de escritório.

Lucrécia destinara a ele alguns de seus mais vorazes escudeiros; eles o incitavam ao ódio e à vingança, convencendo-o ser o benfeitor de Eduardo e estar sendo traído.

Ela não podia perder esse colaborador; estava destinado a entrar na vida política, esse o caminho traçado para ele — enriquecer de qualquer maneira para comprar o seu ingresso no Congresso brasileiro e, quem sabe, alçar ao cargo de presidente. Fora treinado para isso, ser o ídolo do povo, o homem simples, sem acesso à educação refinada, mas que enriquecera por seu próprio mérito; o povo o veria como igual e o veneraria. Uma esperança de redenção que custaria aos incautos a dignidade e a liberdade.

O objetivo não era construir um estado de direito, mas sim uma ditadura que perpetuaria a ignorância do povo, transformando-o em uma massa amorfa e sem cultura suficiente para se livrar de seus déspostas. Essa uma das formas mais eficazes de tolher o livre direito, cerceando o direito à educação e mantendo o planeta num eterno estado de ignorância, um planeta restrito à prova e expiação, pois, se alçássemos o voo da liberdade baseada na educação do espírito, eles seriam párias para uma sociedade de regeneração.

Os vorazes escudeiros de Lucrécia o faziam arquitetar planos de pôr fim à vida de Fred, afinal, ele o desafiava e poderia de alguma maneira desacreditá-lo perante a sociedade, e seus planos para o futuro seriam arruinados. O homem estava muito nervoso, mas pensou, auxiliado por seus companheiros, que isso apenas lhe roubaria a lógica, e isso ele não poderia perder.

Sentou-se em sua poltrona favorita, fechou os olhos e invocou a sua linda e sedutora *lady*, como a chamava. Uma mulher que se mostrava linda e de aparência sedutora se aproximou de seu perispírito. Torres a olhou com volúpia e avidez, pensando: "Essa é a melhor forma de me acalmar, e minha sedutora *lady* sabe como fazer isso. Depois vejo como dar fim naquele intrometido e dar um jeito no moleque, e se quiser faço da menina minha amante".

Ana e Maurício, apesar dos esforços feitos para melhorar a condição fluídica do local e de Torres, saíram do ambiente, entristecidos por ver o desamor e a crueldade agasalhados naquele coração.

No plano material, Adélia e Flávio resolveram denunciar as irregularidades cometidas pela reitoria da universidade, mas ainda não sabiam como fazer isso. Precisavam encontrar pessoas de confiança. Adélia possuía muitas informações documentadas sobre o esquema de corrupção, mas eles temiam retaliação; sabiam que lidavam com pessoas perigosas. Instruí Maurício a se aproximar deles e sugerir a ideia de procurar Marcos e Moacir.

Adélia, que estava ao lado de Flávio, conversando sobre o assunto, captou a sugestão de Maurício e lembrou-se do casal.

— Flávio, tem um professor da universidade que nos auxilia quando temos problemas na rede de computadores, na parte técnica, de *hardware*. O reitor nunca permitiu que ele mexesse nos programas, mas só na técnica; às vezes tínhamos problemas meio sérios, e ele resolvia. Ele tem um companheiro que é delegado da Polícia Federal; não seria uma forma de nos aconselhar? Eu sei deles porque várias vezes me deram carona; moram neste mesmo condomínio — falou Adélia.

— Você confia neles? — questionou Flávio.

— Marcos sempre me pareceu uma pessoa idônea; é um homem sério e não fala muito, mas é muito responsável. Moacir tem fama de ser durão no trabalho e incorruptível. Acredito que possa confiar, sim — respondeu Adélia.

— Está bem, mas hoje é sábado. Seria melhor não os importunar, não é? — indagou Flávio.

— Talvez estejam em casa e possamos perguntar a eles se podem nos orientar; acredito que nos atenderão.

Adélia se informou com o porteiro e pediu a ele que entrasse em contato com um dos dois rapazes e passasse seu telefone.

Quinze minutos depois, Marcos ligou. Adélia colocou o rapaz a par de seus problemas.

— Adélia, não fale com mais ninguém sobre esse assunto. Eu e Moacir estamos indo aí, e você não vai acreditar no que está acontecendo.

Em instantes a campainha do apartamento tocou. Adélia atendeu à porta, cumprimentou o casal e convidou-os a entrar.

Sentaram-se em volta da mesa de jantar, e Adélia contou a eles o que estava acontecendo, mostrando os documentos que estavam em seu poder.

Em seguida, Moacir explicou as ocorrências na vida de Fred e Eduardo, e disse acreditar que os dois casos estavam ligados, pois já havia uma investigação em andamento sobre os atos corruptos na universidade e outros setores governamentais, e o nome de Torres era uma constante na maioria dos casos.

— Você precisa tomar cuidado, Adélia. Esse povo não tem escrúpulos e pode atentar contra sua vida. Há algum lugar onde possa ficar? Um lugar que ninguém imagina que você poderia estar? — perguntou Moacir.

— Não, só tenho este apartamento; minha família mora em outro estado. Tenho poucos conhecidos, e amigos que possam ser fiéis, não tenho — respondeu a moça.

— Também não tenho para onde ir sem ninguém ficar sabendo. Estou de férias, começaram ontem, então posso acompanhar Adélia. Podemos alugar alguma casa num lugar retirado — falou Flávio.

— É uma boa ideia — comentou Marcos.

— Fred e Eduardo nos ligaram; estão voltando do litoral. De alguma maneira, Torres descobriu onde eles estão. Podemos combinar de ficarem todos juntos até resolvermos essa situação. É a última semana de provas na faculdade. Eduardo e Olívia podem fazê-las depois, podemos dar um jeito, visto a gravidade dos problemas. Fred está afastado, e podemos pedir o mesmo por Tereza, depois falo com Heitor. Eu e Marcos podemos ficar por aqui mesmo; até agora não sabem de nossa relação, acredito que não. Em todo caso, vou arranjar telefones celulares novos para todos, que devem ser usados apenas para nos comunicar, e esqueçam os antigos, podem estar grampeados — aconselhou Moacir.

Adélia olhou para ele assustada e perguntou com ansiedade:

— Deus do céu! Eles podem mesmo recorrer a isso para nos vigiar?

— Adélia, eles são poderosos, essa operação é muito mais extensa do que podemos imaginar. Envolve a cúpula política e religiosa do país, inclusive eles têm apoio de muitos países sob o regime da ditadura. São ambiciosos e não têm senso moral algum; querem o poder de qualquer forma e para isso não se importam de acabar com vidas — falou Moacir, que, vendo o pavor nos olhos da moça, abraçou-a com carinho e continuou: — Vamos dar um jeito, está bem? Temos alguns programas federais de proteção a testemunhas, que não são nem divulgados, mas são muito eficazes.

— Quando me meti nessa história, não fazia ideia dessa sujeira toda; aliás, se tivesse pensado um pouco, não teria começado. Sempre me senti mal, mas isso... é demais para minha compreensão. Quanto mal eu fiz! — falou consternada.

— O importante é que agora quer ajudar, então não se maltrate tanto; aliás, fazemos sempre o que nos parece certo, depois, quando aprendemos a agir melhor, modificamos atitudes e recuperamos nossos enganos, está bem? Esse é o caminho da moralidade; ainda aprendemos na condição do "erro e acerto" — falou Marcos.

— Quando eles chegam aqui? — indagou Flávio, referindo-se ao grupo que voltava da praia.

— Se saíram na hora em que nos avisaram, no máximo em uma hora. Não estão longe; a casa de Tereza é no litoral paulista. Não sei quanto a vocês, mas creio em Deus e que ele sempre nos auxilia através da presença de bons espíritos. Poderíamos fazer uma prece e pedir auxílio; essa ação melhoraria muito os fluidos que nos envolvem — informou Marcos.

— Você sempre fala de uma forma que me deixa mais tranquila. Qual sua religião? — perguntou Adélia.

— Sou espírita. Não vejo esse segmento filosófico como religião, mas uma diretriz moral, que está baseada em três aspectos importantes: ciência, filosofia e moral. O codificador da Doutrina Espírita acreditava que esse aspecto religioso foge ao verdadeiro objetivo da doutrina, pois leva as pessoas a associá-la aos cultos religiosos ainda relacionados a dogmas e formas preestabelecidas de manifestação da fé, que nada têm com o princípio doutrinário com a fé raciocinada — explicou Marcos.

— Também sou espírita. E compreendo a Doutrina dos Espíritos como oportunidade de educar meu espírito. E você, Moacir, também é espírita? — perguntou Flávio.

Moacir sorriu sem jeito e coçou a cabeça, olhou para Marcos e respondeu:

— Digamos que Marcos é espírita por nós dois. Acredito em tudo que ele me passa, gosto bastante, mas ainda não estou preparado para dizer que sou espírita; convivo com um mundo que está muito longe de tudo o que a doutrina estabelece como verdade, então preciso tomar algumas atitudes que vão contra isso tudo que professam. Seria hipocrisia de minha parte ser espírita. Com o pouco que sei a respeito, já me sinto mal muitas vezes; é um conflito danado, na realidade — falou Moacir.

— E não adianta argumentar com ele, mas está a caminho, eu sei disso, pois estamos juntos desde a faculdade, isso há mais de trinta anos — disse Marcos, olhando para o companheiro com carinho.

— Você é advogado? — perguntou Adélia, dirigindo-se a Moacir.

— Na realidade eu fiz Medicina, depois me especializei em Medicina forense. E depois completei os estudos com Direito, visto que enveredei para o caminho da justiça. Eu e Marcos dividíamos um dormitório no Campus, ele fazia Engenharia Mecânica, depois se especializou em Informática. Sempre amei a maneira como pensa, como entende a vida; nos conhecemos num momento crucial de minha vida, estava mais envolvido com uma turma da pesada do que com ele, mas aos poucos ele me cativou. Sempre chegava ao dormitório alterado por drogas ou alcoólicos, ele cuidava de mim e não perguntava nada ou criticava. Comecei a ficar envergonhado, o que piorou muito quando me convidou num feriado para passar uns dias com sua família. Eles são incríveis, alegres e calmos, foram dois dias que fizeram diferença em minha vida. Na segunda-feira seguinte, cheguei ao Campus com outra disposição; fui convidado para uma festinha particular, regada a bagunça, recusei e me senti bem. Desde então estamos juntos. As pessoas sabem disso, mas não comentam, e nunca nos propusemos a esclarecer de verdade esse assunto, o que devemos fazer em breve — contou Moacir.

— Essa é uma história muito bonita. Ouçam, é o interfone, eles devem estar chegando.

O porteiro anunciou a chegada de Fred e dos outros. Logo estavam à porta do apartamento de Adélia. Passariam as próximas horas discutindo as possibilidades mais seguras de ação.

Enquanto esses acontecimentos se desenrolavam no plano material, estávamos na companhia de Lucrécia, que intencionava nos mostrar seus feitos no plano que habitava.

CAPÍTULO 27

UM MUNDO DE LUZ

5 – Venho, como outrora, entre os filhos desgarrados de Israel, trazer a verdade e dissipar as trevas. Escutai-me. O Espiritismo, como outrora a minha palavra, deve lembrar os incrédulos que acima deles reina a verdade imutável: o Deus bom, o Deus grande, que faz germinar as plantas e que levanta as ondas. Eu revelei a doutrina divina; e, como um segador, liguei em feixes o bem esparso pela humanidade, e disse: "Vinde a mim, todos vós que sofreis!"

Mas os homens ingratos se desviaram da estrada larga e reta que conduz ao Reino de meu Pai, perdendo-se nas ásperas veredas da impiedade. Meu Pai não quer aniquilar a raça humana. Ele quer que, ajudando-vos uns aos outros, mortos e vivos, ou seja, mortos segundo a carne, porque a morte não existe, sejais socorridos, e que não mais a voz dos profetas e dos apóstolos, mas a voz dos que se foram, faça-se ouvir para vos gritar: Crede e orai! Porque a morte é a ressurreição, e a vida é a prova escolhida, durante a qual vossas virtudes cultivadas devem crescer e desenvolver-se como o cedro.

Homens fracos, que vos limitais às trevas de vossa inteligência, não afasteis a tocha que a clemência divina vos coloca nas mãos, para iluminar vossa rota e vos reconduzir, crianças perdidas, ao regaço de vosso Pai.

Estou demasiado tocado de compaixão pelas vossas misérias, por vossa imensa fraqueza, para não estender a mão em socorro aos infelizes extraviados que, vendo o céu, caem nos abismos do erro. Crede, amai, meditai todas as coisas que vos são reveladas; não misturem o joio ao bom grão, as utopias com as verdades.

Espíritas; amai-vos, eis o primeiro ensinamento; instruí-vos, eis o segundo. Todas as verdades se encontram no Cristianismo; os erros que nele se enraizaram são de origem humana; e eis que, de além-túmulo, que acreditáveis vazios, vozes vos clamam: Irmãos! Nada perece. Jesus Cristo é o vencedor do mal; sede os vencedores da impiedade!

(*O Evangelho segundo o Espiritismo*, Capítulo VI — Advento do Espírito de Verdade — Espírito de Verdade. Paris, 1860)

Lucrécia andava devagar, procurando nos afrontar com atitudes dúbias e insinuações. A determinado momento do caminho, aproximou-se de mim e disse sorridente:

— Admiro sua fidelidade e cuidado com seus inferiores trabalhadores.

Apenas a olhei com carinho e não respondi à provocação evidente. Ela tocou de leve meu braço, caminhando a meu lado como uma grande amiga, e continuou insinuante:

— O jovem Maurício, nós o conhecemos, não o trouxe com receio de sucumbir às tentações que tão bem conhece?

Continuei em silêncio; sabia que apenas tentava nos fragilizar com ideias tristes de desequilíbrios comportamentais de nossas experiências anteriores. O que ela não sabia e não entendia é que hoje aceitávamos esses momentos de nossas vidas com gratidão ao Pai, pois o sofrimento e a dor causados por esse comportamento nos tinham auxiliado na transformação que ora vivenciávamos; éramos espíritos mais livres a caminho da felicidade.

— Você me ignora, mas me ouve; sabe que você pode estar firme em sua transformação moral, eu entendo, mas os seus pupilos estarão? Ana sente falta de suas companheiras amazonas, sabia disso? Vez ou outra toca o seio extirpado, e sente falta de seu arco pesado apoiado no vão deixado pela cirurgia dolorosa. Maurício, o jovem que tanto o orgulha, sente falta de Marta, que está ao nosso serviço, e culpa pela morte dos irmãos, que aliás não sei por onde andam. E você? Quais são suas fragilidades? A oratória que levou seus compatriotas ao desespero e à matança cruel? Lembra-se de que suas palavras empalavam os crentes? Antes do canto do galo negarão a Cristo, lhes prometo isso.

Orei com fé, por cada um de nós e por aquela criatura descrente da bondade divina. Ela se afastou de mim e, num andar insinuante, aproximou-se de Laura.

— Querida, posso caminhar ao seu lado? — perguntou com falsa ingenuidade na voz.

— Agora não, querida irmã. No momento certo conversaremos com paz e de assuntos produtivos e cristãos, mas agora, não. — A firmeza moral de Laura a afastou; notou que olhava a pequena dama com olhar ressabiado, para num instante voltar à postura provocadora e belicosa.

Então olhou para Rogério e sorriu, dizendo:

— Você já é meu, querido. — O rapaz apenas a olhou com o mesmo carinho que todos sentíamos a seu respeito.

Aproximou-se de Ineque.

— Como foi sua estada nas masmorras de Hazim?[1] — perguntou a mulher com deboche, tocando de leve a mão de nosso amigo.

Ineque vibrou em belíssima sintonia. Lucrécia sentiu o toque como intenso choque elétrico, afastou-se do campo vibratório de Ineque e disse sorrindo:

— Gosto de você, é astuto, aproveita as oportunidades. Vejam, estamos chegando; aliás, não precisaríamos de toda essa caminhada, foi apenas um momento de deleite para mim.

Centenas de irmãos se aproximaram de nosso pequeno grupo. Uma cúpula de densa energia foi criada à nossa volta, como arma de contenção a qualquer ação que pudéssemos empreender.

Lucrécia seguiu seu caminho. Antes olhou para trás e acenou com cinismo. Encaminharam-nos ao grande prédio central, que não mais ostentava a arquitetura usada pelo Vaticano; tudo estava mudado. Ficamos confinados a uma sala pequena, sem móveis e sem janelas; a porta, pela qual entramos, foi desmaterializada. Acreditavam que estávamos isolados, incomunicáveis. Neste momento, uma equipe de socorristas veio ao nosso encontro e tivemos a oportunidade de caminhar anônimos por toda a instalação.

Doloroso quadro de desequilíbrio moral. Tudo era voltado à satisfação dos prazeres mundanos, o treinamento era direcionado de forma grotesca por entidades que manifestavam grandes deformações genésicas.

Amadeu, o coordenador do grupo que viera em nosso socorro, nos apresentava as diversas sessões de treinamento.

---

1 Refere-se à história contada no livro de autoria espiritual de Vinícius, psicografia de Eliane Macarini, denominado *Obsessão e Perdão*, publicado pela Lúmen Editorial.

Adentramos uma grande sala, imitação perfeita de um grande templo evangélico.

Membros da comunidade eram treinados na arte da oratória, enquanto entidades femininas e masculinas os manipulavam sexualmente; percebemos que ligações mentais eram feitas com pastores e dirigentes desse segmento religioso, imagens de riquezas e promessas de prazeres sensuais eram abrigadas em suas mentes, e estes, ávidos, olhavam suas congregações como gado a ser guiado.

Em outro grupamento, víamos membros do clero católico serem assediados. Carentes fisicamente dos prazeres sexuais cerceados pelo voto de castidade, entregavam-se a devaneios terríveis, induzidos por mentes doentias.

Personalidades políticas eram escravizadas por ideias semelhantes e sucumbiam diante dos desejos exacerbados; vícios eram alimentados e somados aos atos libidinosos.

Grandes centros educacionais eram invadidos por legiões de entidades malfazejas que levavam os jovens a atitudes questionáveis, acabando por comprometer um futuro no bem.

Vimos milhares de espíritos escravizados pelas sensações da carne. Memórias eram acordadas, e sentiam os prazeres imediatos, que deturpavam, anulando possibilidades de reeducação do espírito.

As armas confeccionadas à semelhança das armas materiais haviam sido substituídas por instrumentos que alimentavam atos sexuais violentos, que levam ao desatino personalidades fragilizadas por suas limitações latentes.

Entristecidos pela visão de tanta iniquidade, sentimos dolorosa comunhão com os espíritos incautos. Amadeu nos aconselhou a voltar ao posto de socorro da nossa abençoada Comunidade da Luz e nos refazer emocionalmente, não por estarmos fragilizados, pois acreditávamos na humanidade e na possibilidade da evolução iminente, mas pela dor de ver que o sofrimento ainda alcançaria o coração desses irmãos.

Grupos do mundo todo se mobilizavam para atender a esses irmãos ignorantes do bem maior. Lembrei-me da Parábola do Festim das Núpcias, tão bem comentada por Kardec em *O Evangelho segundo o Espiritismo*, sobre "pranto e ranger de dentes", sugerindo que, para sermos livres e felizes, com direito ao Reino dos Céus, precisamos nos preparar para isso, e isso se dá por meio da educação cristã de nosso Espírito.

O último parágrafo reforça esse entendimento de forma magistral:

> Mas não basta a ninguém ser convidado; não basta dizer-se cristão, nem sentar à mesa para tomar parte no banquete celestial. É preciso, antes de tudo e sob condição expressa, estar revestido da túnica nupcial, isto é, ter puro o coração e cumprir a lei segundo o espírito. Ora, a lei toda se contém nestas palavras: Fora da caridade não há salvação. Entre todos, porém, que ouvem a palavra divina, quão poucos são os que a guardam e a aplicam proveitosamente! Quão poucos se tornam dignos de entrar no reino dos céus! Eis por que disse Jesus: Chamados haverá muitos; poucos, no entanto, serão os escolhidos.

Fomos encaminhados a uma construção espiritual de rara beleza, fora da matéria planetária, mas ainda próxima o suficiente para auxiliar os moradores do orbe com sua singular irradiação fluídica. Os trabalhadores foram chegando, cada qual originado de seu pequeno canto desse mundo amado.

Olhei em volta e feliz constatei o número que excedia a milhões de espíritos comprometidos com a bondade do Pai e de Jesus.

Encantados, observamos sublime entidade, um anjo do Senhor, descer do firmamento e tocar cada um de nós com seu louvor encantador. Ele não proferiu uma palavra audível, mas foi muito mais valiosa que isso a sensação de ser tocado pela luz e pela liberdade do conhecimento divino.

Apenas não consigo traduzir em palavras o sentimento de amor que me envolveu. Do alto do firmamento, olhei para o Planeta Azul envolvido em densa massa escura e vi, com alegria cristã, o raio divino tocar com delicadeza a dor e a transformar numa luminescente cúpula, que rompia o halo sombrio e o transformava em esperança.

Senti que Ele nos conclamava ao trabalho cristão, e, como luzes do firmamento, fomos arremessados à Terra como raios luminosos. As lágrimas vertiam por meus olhos como gotas de orvalho e caíam na Terra como chuva de bênçãos.

Recitei mentalmente, novamente e sempre, o Prefácio de *O Evangelho Segundo o Espiritismo*, inspirado pelo melhor de todos os nossos mestres:

> Os Espíritos do Senhor, que são as virtudes dos céus, como um imenso exército que se movimenta, ao receber a ordem de comando, espalham-se sobre toda a face da Terra. Semelhantes a estrelas cadentes, vêm iluminar o caminho e abrir os olhos aos cegos.
>
> Eu vos digo, em verdade, que são chegados os tempos em que todas as coisas devem ser restabelecidas no seu verdadeiro sentido, para dissipar as trevas, confundir os orgulhosos e glorificar os justos.
>
> As grandes vozes do céu ressoam como o toque da trombeta, e os coros dos anjos se reúnem. Homens, nós vos convidamos ao divino concerto: que vossas mãos tomem a lira, que vossas vozes se unam, e, num hino sagrado, se estendam e vibrem, de um extremo do Universo ao outro.
>
> Homens, irmãos amados, estamos juntos de vós. Amai-vos também uns aos outros, e dizei, do fundo de vosso coração, fazendo a vontade do Pai que está no Céu: "Senhor! Senhor!", e podereis entrar no Reino dos Céus.

Admirado, escutei um coro, que se uniu em todo canto do planeta; éramos as estrelas cadentes conclamadas pelo Mestre dos Mestres. Meu coração em regozijo tocou o solo de nossa abençoada moradia, sabendo que apenas o Amor constrói e reconstrói, transformando a dor em esperança e paz.

CAPÍTULO 28

O BEM CONSTRÓI O BEM

481. Os Espíritos desempenham algum papel nos fenômenos que se produzem entre os indivíduos chamados convulsionários?

— Sim, e muito grande, como também o magnetismo, que é a sua primeira fonte. Mas o charlatanismo tem frequentemente explorado e exagerado os seus efeitos, o que o pôs em ridículo.

481.a) De que natureza são, em geral, os Espíritos que concorrem a essas espécies de fenômeno?

— Pouco elevados; acreditais que Espíritos superiores perdessem tempo com tais coisas?

(*O Livro dos Espíritos* — Livro II — Capítulo IX, Convulsionários)

Alimentados pela esperança e acreditando nos dias vindouros, adentramos a cidadela. Nosso objetivo era visitar e oferecer ajuda aos irmãos aprisionados nas masmorras.

O dia resplandecia no firmamento, o sol clemente aquecia os caminhos tortuosos por onde passávamos, as ruas estavam apinhadas de irmãos sofridos, e a desesperança lhes roubava a alegria de sua divindade.

Nossa mente, transformada pela visão adorável da liberdade e da felicidade, emanava doce energia de amor. Criaturas em frangalhos se ajoelhavam à nossa passagem, com o olhar voltado ao Pai. Estendíamos as mãos de luz, abençoadas pelo amor divino, e as resgatávamos do sofrimento que as consumia. Outros tantos nos olhavam com admiração, como a não entender o que ali acontecia; apenas desejávamos a eles o perdão, excelente exercício que nos liberta de amarras invisíveis.

Não enxergávamos as iniquidades, não víamos as aberrações que antes nos chocavam os sentidos, tomados por um amor além da compreensão rasa dos instrumentos de reeducação para o espírito. Caminhávamos em direção à esperança e ao trabalho redentor.

Adentramos o grande edifício e nos dirigimos às masmorras. Entidades desequilibradas guardavam as celas, impondo dor moral e física aos prisioneiros.

Encontramos Tibérius sentado no chão fétido. Admirados, percebemos que orava em silêncio; sorri e admirei a bondade do Pai, que sempre nos surpreendia a cada instante de nossa existência. Ele pressentiu nossa presença e levantou a cabeça, os olhos estavam umedecidos por lágrimas benfazejas, e brilharam na escuridão.

— Meu amigo, está pronto para voltar ao lugar que conquistou na casa do Pai?

— Ainda não, Vinícius. Acredito que possa ser mais útil aqui, agora, neste instante em que desfrutamos a possibilidade de um novo modo de pensar.

Lucrécia, nesse momento, adentrou as masmorras e se juntou a nós.

— Vocês o querem? — perguntou com arrogância.

— Nós gostaríamos que Tibérius voltasse conosco, uma oferta de amor e paz. O que a satisfaria nesse momento? — perguntei à irmã.

— Você! Quero você para mostrar ao meu povo que não vencerão esta guerra. A Terra é nossa, já viram o alcance de meu poder, sei como escravizar sem algemar, apenas dou ao meu povo o que ele quer. Aqui respeito o tão aclamado livre-arbítrio que tanto prezam — respondeu Lucrécia com empáfia.

— Caso eu aceite sua proposta, o que me oferece em troca? — perguntei com carinho.

Ela sorriu e disse:

— Uma carga sem valor para mim, mas que será de seu agrado: todos os prisioneiros das masmorras — Olhou-nos com cinismo e continuou: — Acredito que não recusarão minha oferta, não é?

Fechei os olhos e senti a presença de Deus em meu caminho, o pensamento de amor de meus companheiros de trabalho, e aceitei a proposta da querida irmã.

— Ficarei com você assim que permitir a entrada de nossos socorristas na cidadela; devo adverti-la de que nesse momento nos oferece muito mais do que pensa: a simples menção ao nome de nosso amado Pai transmutará a energia deste espaço.

— Vocês são patéticos. Acreditam mesmo que não tomei minhas providências para limitar sua ação em meus domínios?

Amontoarão e carregarão o peso morto, os rejeitados que não me servem de nada. Vocês são os lixeiros do planeta, então fiquem com o lixo. Eu fico com você!

Olhou para Maurício e falou com um sorriso de deboche nos lábios:

— Trouxe uma visita para você. — Olhando para seu escudeiro, ordenou: — Deixe a mulher entrar.

Marta entrou no corredor das masmorras; estava vestida parcamente, com o corpo quase todo à mostra. Uma figura triste e em frangalhos.

— Como você está, Marta[1]? — perguntou o jovem amigo a ela.

Ela o rodeou, tocou seu peito com malícia e falou:

— Sempre com saudades dos bons tempos que vivemos juntos. Grandes orgias que nos alegravam a vida. Você não sente falta de mim?

Maurício a olhou com carinho e respondeu com calma:

— Sinto, sim. Foram momentos de desequilíbrio emocional e moral, mas também a amava de uma forma ainda superficial. Hoje o amor que sinto por você ultrapassa esses momentos vividos no imediatismo de prazeres que acabaram nos trazendo muitas dores e sofrimento. Gostaria muito que viesse comigo, estou vivendo num lugar bom e sinto que estou mais forte e feliz.

Ela o olhou com volúpia e tentou acariciá-lo; ele apenas segurou suas mãos com carinho e falou baixinho:

— Não quero isso, não me atrai mais essa relação sem sentido; ofereço a você o meu amor de amigo e irmão. Um sentimento puro e verdadeiro, que não se resumirá a um instante de prazer.

Ela se afastou, abaixou os olhos e sorriu com tristeza; foi se afastando, parou e olhou para ele:

— Não estou pronta para isso. Este mundo aqui... — falou, estendendo os braços como a abraçar o ambiente em que vivia,

---

1 Marta é personagem do livro *Vidas em Jogo*, do autor espiritual Maurício e psicografia de Eliane Macarini, reeditado pela Lúmen Editorial.

e concluiu: — Este mundo ainda me atrai de forma que não consigo pensar nesse seu lugar perfeito com aceitação e disposição para mudar. E não se preocupe... Se precisar sair deste planeta, vou embora porque quero. Ainda sou assim!

Marta se foi. Desapareceu, deixando atrás de si uma névoa densa e triste. Maurício permitiu que lágrimas descessem por seus olhos; olhou-nos com um sorriso nos lábios e falou:

— Ela já foi socorrida, viveu entre nós por um tempo e não conseguiu se adaptar; respeito sua escolha e a entendo. Estou sentindo tristeza por ela porque sei que ainda sofrerá com essa escolha, mas também sei que será necessário.

Lucrécia o olhou com admiração e falou:

— Admiro sua postura; não pensem que não percebo o valor de seu ânimo e crença. Apenas tenho a missão de não permitir o êxodo de meu povo, e cumpro minha parte. O seu Deus encontrará uma nova morada para vocês. Ele não é justo? Estou liberando a entrada de sua equipe nas masmorras; espero você em meus aposentos. Renuncio à transformação de Tibérius e Bórgia, eles são seus — falou a mulher, olhando para mim.

As masmorras foram esvaziadas e eu me despedi de meus amigos; um escudeiro me esperava. Laura me abraçou com carinho e falou baixinho:

— Sabe que não estará sozinho, não é?

— Sei, sim, não se preocupem. Sei o que preciso fazer e tenho minha crença; eu vivi e experimentei o bem maior, então nada arrefecerá meu ânimo.

Tibérius se aproximou de mim e, segurando minhas mãos, com amizade e carinho, disse:

— Não irei com eles, estarei com você.

— Não posso permitir isso, você ainda está muito frágil e não está preparado para o que irá acontecer. Creia que ficarei bem; ficarei mais tranquilo se os acompanhar — falei apontando meus amigos.

Ele abaixou a cabeça e aceitou minha sugestão.

Escoltado pelo escudeiro de confiança de Lucrécia, dirigi-me aos seus aposentos.

Ineque se encarregou de acompanhar o caso de nossos amigos Fred e Eduardo, enquanto eu permanecia na cidade Origem de Fogo.

O grupo havia discutido algumas possibilidades de ação. Moacir havia entrado em contato com outro delegado federal que trabalhava na investigação sobre as falcatruas de Torres e seus comparsas. Eram assessorados por um juiz que gozava a fama de incorruptível e fazia um belo trabalho.

Enquanto isso, Marcos procurava um imóvel para alugar, quando lembrou que tinha uma parente e ela dispunha de uma casa fora do Brasil; ficava no litoral de um país vizinho. Seria o local ideal. Entrou em contato com ela e conseguiu o empréstimo do imóvel de boa vontade.

Esse era um problema resolvido. Adélia e Flávio arrumaram seus pertences; infelizmente, Olívia e Eduardo não poderiam tomar as mesmas providências, visto que sua casa estava sendo vigiada, o mesmo acontecendo com Fred e Tereza. Partiriam sem nada, sem bagagens.

Entregaram cópias de toda a documentação a Moacir, que tomaria as providências necessárias.

Marcos conseguiu um avião particular que levaria seus amigos para longe. Esperavam que em breve pudessem voltar e retomar o controle de suas vidas.

Os dias seguintes foram bem movimentados. As denúncias foram feitas, os veículos de comunicação divulgavam em seus noticiários o escândalo. A população, abismada com a gravidade do assunto, se posicionava de formas diversas, uns revoltados e querendo punição aos criminosos, outros tantos indiferentes, pois não acreditavam na justiça de seu país; outros ainda se divertiam com o assunto, dessa forma não valorizando o trabalho daqueles que se expunham para conseguir defender a sociedade.

Vários políticos foram denunciados, empresários e figuras eminentes ligadas a vários segmentos religiosos. Porém, a ganância e a ambição de muitos dos envolvidos passaram à movimentação ativa, tentando anular o processo moralizador, o que resultou em corrupção desenfreada, que chegou ao Poder Judiciário do país.

Sabíamos que era apenas o início de uma nova era, a esperança tomava conta dos corações sofridos do povo. Era um começo.

No planeta, todo o sistema capitalista ruía; países em guerra por poder e comandados por ambiciosos ditadores eram desestruturados e desorganizados; uma doença desconhecida ceifava vidas.

O povo desses recantos fugia à barbárie, implorando auxílio dos países mais ricos — uma oportunidade excelente de acordar nos corações compadecidos o sentimento da fraternidade.

A necessidade de sobreviver acordava nos corações sensíveis o exercício da humildade, quando famílias inteiras abandonavam suas casas e pertences implorando asilo, apenas com a intenção de defender a vida.

Nosso amado país, nas fronteiras com a Venezuela, devorada pela ambição de ditadores implacáveis, ressentia-se do sofrimento de seus vizinhos, com compaixão.

A penúria era imposta ao povo trabalhador, a fome o fragilizava, as crianças e os velhos adoeciam; não sobreviveriam ao holocausto das Américas sem a piedade de seus irmãos de fronteira.

A destruição de um sistema isolado e egoísta denunciava a urgência na mudança de atitude dos povos; ou mudaríamos, ou sofreríamos cada dia mais as consequências de nossa omissão, de nosso orgulhoso desamor.

A luz do Pai banhava a Terra como nunca, o auxílio vinha em falanges de amigos socorristas. Cabia a nós, moradores deste orbe bendito, cessar o ranger de dentes.

Não estamos sós, não estamos abandonados, mas precisamos ter consciência desse fato e abrigá-lo com responsabilidade ativa em nossas mentes.

CAPÍTULO 29

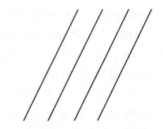

ACIMA DE NÓS BRILHA O FIRMAMENTO

482. Como o estado anormal dos convulsionários e dos nervosos pode estender-se subitamente a toda uma população?

— Efeito simpático. As disposições morais se comunicam mais facilmente em certos casos; não sois tão alheios aos efeitos magnéticos para não compreender esse fato e a parte que alguns Espíritos devem nele tomar, por simpatia pelos que os provocam.

Comentário de Kardec: Entre as faculdades estranhas que se notam nos convulsionários reconhecemos facilmente algumas de que o sonambulismo e o magnetismo oferecem numerosos exemplos: tais são, entre outras, a insensibilidade física, a leitura do pensamento, a transmissão simpática de dores etc. Não se pode duvidar de que esses indivíduos em crise estejam numa espécie de estado sonambúlico desperto, provocado pela influência que exercem uns sobre os outros. Eles são, ao mesmo tempo, magnetizadores e magnetizados, sem o saber.

(*O Livro dos Espíritos* — Livro II — Capítulo 9, Convulsionários)

Fui encaminhado aos aposentos de Lucrécia. Era um cômodo mobiliado com simplicidade, apenas o básico para sua acomodação. Ela estava vestida também com simplicidade, de forma confortável, nada que nos fizesse lembrar a sua movimentação dentro da comunidade que governava.

— O que pensava que encontraria aqui? Achou que manteria para minha morada algo com a aparência de um bordel? Algumas coisas me servem como meio de atingir meus objetivos, mas, antes de tudo, sou uma estadista, uma estrategista, que manipula o que precisa, avaliando a sua utilidade. Mas me responda: o que esperava encontrar aqui?

— Creia que não espero que agrade a esse irmão. Minha intenção é apenas trazer esclarecimentos e auxiliar na movimentação do progresso moral de nosso planeta. Acredito que tenha bastante conhecimento para entender do que falo — respondi com calma.

— Entendo, sim, mas não creio que não perceba ser quase impossível empreender essa trajetória. Ainda detemos a maioria das almas e dos espíritos que habitam a Terra — falou Lucrécia.

— Vejo que faz a distinção correta proposta pelo mestre Allan Kardec entre espíritos encarnados, definidos como almas, e apenas espíritos para os desencarnados — comentei demonstrando minha alegria.

— O que esperava? A ignorância de sua terceira revelação? — indagou a mulher.

— De forma alguma. Não a subestimamos; sabemos de seu esforço pessoal em adquirir conhecimentos — disse a ela.

— Estudei sua Doutrina dos Espíritos e admiro sua coerência; um dia servirá ao mundo, mas ainda não é chegada a hora, e não neste planeta. Os prazeres carnais ainda nos atraem, os vícios nos encantam os sentidos, e observar as iniquidades não nos desequilibra, pelo contrário, somos os autores conscientes delas — falou com ênfase, sem se preocupar com julgamentos.

— Percebo cansaço em sua voz. Por quê? — questionei.

— Vocês me cansam. Há muito empreendemos essas batalhas que se tornam ridículas e mais ridículas a cada dia. Antes sentia prazer em mostrar minha força e meu poder sobre eles — falou, estendendo os braços e rodopiando sobre si mesma, e afirmou: — Mas já é tão cotidiana essa batalha; meu intelecto precisa de novos desafios. E vejo isso em você; vou fazê-lo se dobrar a mim antes do amanhecer.

Olhei nos olhos da mulher que transmutava sua aparência diante de meus olhos, assumindo forma física atraente e sedutora, e exibindo um corpo feminino perfeito. Sorriu com malícia para mim e falou:

— Posso dar a você prazeres que nunca sonhou: o poder de usar a sua oratória e conduzir essa massa amorfa da maneira que preferir.

Olhei para ela, indiferente aos seus desejos; apiedei-me da mulher que se expunha de forma tão agressiva, ainda acreditando que o domínio dos sentidos se resumia num momento de prazer.

Com carinho, plasmei um manto aveludado de cor prateada e a cobri, como a uma criança friorenta.

— Sinto amor por você, um amor que ainda não entende, que nada se assemelha ao que pode me oferecer. Há muito compreendi o valor da palavra, e hoje a uso para acolher com todo o desvelo a dor daqueles que se perderam pelo caminho. Sei que sente o poder de sua origem, que brota em forma de luz em seu coração; ninguém se perde dessa verdade, apenas a relega ao esquecimento por um tempo. Porém, querida irmã, ela está latente e um dia brilhará com tal força que a fará aceitar esse estado sublime.

Ela olhou em meus olhos e falou com raiva, o primeiro sinal de que era tocada por sentimentos profundos, asfixiados por um momento de trauma tão intenso, que a fazia temer a própria vida.

— Eu o farei questionar a existência de Deus, ainda que morra para isso.

Ordenou aos homens de sua guarda pessoal que não me permitissem sair de seus aposentos, então saiu com rapidez, deixando atrás de si a dor que a envolvia como tentáculos de uma angústia sem fim. Permaneci em oração.

No plano material, as providências legais de Moacir e seus colegas faziam seus efeitos. Torres, enfurecido, procurava por Eduardo e Fred com mais e mais afinco, e a total falta de notícias o enlouquecia.

Mandou chamar seu braço direito.

— Quero novidades.

— Ih, chefe, eles se esconderam no inferno; ninguém acha eles não.

— No inferno não estão, senão já teria encontrado esses desgraçados. Nem os caras da federal sabem deles, que inferno! Liga para o investigador que contratei, vê se ele tem alguma coisa.

O homem tomou do telefone celular e fez a ligação que Torres pediu.

— Nada, chefe. Eles estão sendo ajudados por aqueles lá que denunciaram o esquema. Não tem jeito de dar um fim neles?

— Os chefes não querem; se fosse por mim, já teriam sido transformados em comida de verme. E isso não vai dar em nada, tem muita gente grande envolvida; se sou rico, imagina eles. É só esperar passar, o povo esquece rápido. As férias estão acabando, eles vão precisar voltar, tenho que ser paciente, só isso.

No dia seguinte, o capanga de Torres foi chamado pelos chefes do esquema de corrupção. Foi oferecida a ele uma grande quantia para matar Torres. O homem, ambicioso e sem noção alguma de fidelidade, aceitou a proposta.

Ao amanhecer, chegou à mansão carregando um vidro contendo veneno, que despejou no café. Como de costume, pegou a bandeja e levou-a para o quarto do chefe.

Fingiu despejar o líquido numa xícara que já estava cheia, bebeu, beliscou as guloseimas e entregou-as a Torres, que exigia do empregado que provasse toda a comida; ele tinha pavor de ser envenenado.

Esfregou as mãos e falou:

— Estou com muita fome. Tomei algumas decisões; depois de comer te instruo. — Tomou a garrafa de café, despejou o líquido quente numa xícara limpa e sorveu com gosto.

Após se alimentar, levantou da cama. Sentia certo desconforto abdominal, mas não ligou muito. Foi ao banheiro, encheu a banheira de água quente e sentiu que enfraquecia rapidamente. Gritou apavorado:

— Desgraçado, você me envenenou, não foi?

O capanga entrou no banheiro, tomou-o nos braços e com cuidado colocou-o na banheira.

— Não foi nada pessoal, apenas o dinheiro foi muito bom.

Saiu do banheiro com calma, enquanto Torres afundava na água quente e límpida, apavorado e incapaz de se mover.

Ineque e Laura tentaram interferir e impedir o assassinato de Torres, mas o homem estava inacessível. A intervenção dos maus espíritos não nos permitiu a aproximação benéfica.

Torres se agarrava ao corpo material, como se pudesse revivê-lo. Ainda tentamos uma aproximação esclarecedora, mas continuou nos rejeitando, então permitimos a ele as consequências de suas escolhas.

Entidades ligadas aos dragões assistiam à cena, sem piedade. Eram apenas observadores; deixariam o homem sofrer as consequências do apego à matéria, depois o entregariam a Lucrécia, essas eram suas ordens.

Saímos da mansão, mas antes proferimos sincera prece intercessória. Talvez o sofrimento acordasse a necessidade do auxílio redentor.

Eduardo, quando soube da morte do pai, sentiu alívio, para em seguida sentir culpa por esse sentimento. Olívia, percebendo o conflito que o rapaz vivia, o abraçou e disse:

— Não poderia ser diferente, ele nunca foi seu pai; apenas sinta compaixão por essa pessoa que conheceu e nunca foi feliz. Vamos orar por ele, só assim seremos melhores.

Eduardo a abraçou, os amigos se juntaram a eles, e uma prece de perdão foi feita. O rapaz respirou aliviado; percebeu que em seu coração não havia mais lugar para a raiva ou o ódio, ele queria apenas ser livre.

Nossos queridos amigos, Fred e Tereza, Eduardo e Olívia, Adélia e Flávio, acabaram por se tornar amigos e resolveram que durante seu período de ausência obrigatória deveriam estar juntos.

Moacir tomava as providências necessárias para que os documentos entregues a ele tivessem real serventia para o processo de denúncia moralizadora para a sociedade brasileira. Tudo estava saindo a contento, dentro das limitações morais dos envolvidos.

O dirigente de um grande segmento evangélico, que causava terríveis infortúnios morais aos crentes que o seguiam cegamente, estava entre os denunciados.

O escândalo causou decepção para muitos que lhe eram fiéis, e se revoltaram contra aquele a quem dedicavam a vida. Foram traídos em sua fé cega e irracional, inclusive se despojando do necessário a uma vida decente. Algumas famílias doaram suas casas para que a palavra de Jesus fosse divulgada, não levando em conta que o reino tão bem descrito pelo Mestre não engrandecia a matéria, tão desnecessária ao cumprimento das leis divinas.

Jesus amorosamente nos disse: "onde estiverem dois ou três reunidos em meu nome, aí estou no meio deles".

Ele, o mestre irmão, não nos conclamou à construção de templos, muito menos edificações luxuosas. Sua vida simples e amorosa e sua fala mansa de perdão são os verdadeiros valores para a vida.

As religiões, seus dogmas, suas regras, são humanas e carregam em si necessidades humanas; o divino é simples e livre, sem amarras.

Jesus nos legou o mais belo discurso de amor, o Sermão da Montanha, ao ar livre, no Monte Eremos, situado entre Cafarnaum, em Israel, e Taba, no Egito, próximo ao Mar da Galileia, um lugar ermo com uma planície a seus pés. A única preocupação do Mestre era ser ouvido.

Para a história da humanidade esse bendito lugar é, hoje, conhecido como o Monte das Beatitudes ou, também, das Bem-Aventuranças.

Suas pregações não eram segmentadas ou restritas à classe religiosa de um povo. Jesus falava a todos sem distinção. Seus valores morais impunham respeito pela qualidade de sua fala e vibração de alta magnitude.

Religiões que separam irmãos, filhos do mesmo Pai, são crenças duvidosas. Precisamos analisar e refletir sobre as informações que nos chegam à mente, e avaliá-las segundo os conselhos de nosso sábio irmão.

A palavra santificada do Mestre deve nos unir e não nos separar; atentemos para o valor da união, que nos fortalece, enquanto a divisão nos enfraquece e nos limita a ação rumo à evolução.

Estejamos atentos às mensagens que nos chegam ao intelecto; analisemos conteúdos, aceitando o bem que nos engrandece a moral, e rejeitemos o dúbio que nos faz venerar a materialidade.

Jesus nos conclamou a obras morais, e não a edificações materiais. Nossa união é necessária, mas não devemos alimentar a ilusão de atribuir ao Pai Maior ambições terrenas semelhantes às nossas.

O futuro está a nossa frente, vivemos o caos das mudanças necessárias à evolução; a destruição de antigos valores corruptos acontecerá à revelia de nossos desejos corrompidos por sentimentos menos nobres.

Lembremo-nos do legado de Jesus, lembremo-nos das palavras presenteadas à humanidade no Sermão da Montanha, que resume suas aspirações evolutivas e o amor e o perdão que sempre desejou a nós, irmãos de origem divina.

Num primeiro momento, Ele nos abençoa, lembrando que as virtudes são abençoadas, e também nos chama para que sejamos bênçãos divinas.

As bem-aventuranças devem ser assimiladas para que nos formemos com honra no bem. Seremos o sal da terra e a candeia que ilumina a casa. Crentes na verdade, teremos o direito e o dever sagrado de abençoar o nosso próximo.

Jesus nos disse que não veio destruir a lei, mas dar-lhe cumprimento, referindo-se ao primeiro profeta, Moisés, e aos mandamentos que iniciaram a era do amor esclarecido, ajuizado que resplandecerá numa era vindoura.

As leis divinas estão ao nosso alcance para entendermos que o coração é tão importante quanto as nossas ações; que não são apenas regras de conduta a serem seguidas, mas compreendidas e exercitadas num simples querer cotidiano. Devemos ser justos porque acreditamos na justiça, devemos ser bons porque acreditamos na bondade, devemos perdoar porque também temos a humildade de aceitar o perdão.

O Evangelho segundo o Espiritismo nos apresenta linda fala, encontrada no texto A Fé Religiosa — Condição da Fé Inabalável: "A fé raciocinada, que se apoia nos fatos e na lógica, não deixa nenhuma obscuridade: crê-se, porque se tem a certeza, e só se está certo quando se compreendeu.

Eis por que ela não se dobra: porque só é inabalável a fé que pode enfrentar a razão face a face, em todas as épocas da Humanidade".

Jesus nos alertou que as boas ações devem ser feitas por amor a Deus, ou seja, o bem racional, que tem uma única motivação como origem de suas atitudes: a crença na bondade, no perdão e no amor universal.

A esperança foi ouvida no monte santo quando nos foi dito que Deus tem muito a nos oferecer, mas quer também filhos educados nas boas intenções de seus atos, inclusive nas orações.

Jesus falou amorosamente sobre a vida aqui na Terra, sobre o agora, as necessidades de nossa sobrevivência, e nos ofertou a paz de quem crê no futuro, pois o Pai nos presenteou com o mais útil instrumento para superar dificuldades: a inteligência a ser aprimorada. Lembrou que a vida espiritual é eterna, por isso é importante lembrarmos esse fato, pois a vida terrena é superficial e breve.

Jesus nos alertou que a hipocrisia deve ser evitada a todo custo, pois é perigo na nossa caminhada. Quando julgamos o outro perdemos tempo para a avaliação de nossas próprias atitudes, acreditando que podemos aprender a fazer sempre melhor.

Jesus nos preveniu sobre os falsos profetas, dos quais nos livraremos apenas ao avaliar suas obras. Lembremos a parábola da figueira: os bons darão bons frutos; mas também fala sobre perdão e amor, nos pedindo para não julgar o outro, mas sim amar a todos sem distinção, fato endossado pela máxima: "Amar a Deus sobre todas as coisas, e ao seu próximo como a ti mesmo".

Quem segue os ensinamentos de Jesus, tão simples e lógicos, estará construindo sua casa sobre as rochas, e, quando vier a tempestade açoitar a fé, ela resistirá ao mais violento vendaval, afinal sabemos a origem e a base de nossa crença.

Cito trecho de *O Evangelho segundo o Espiritismo*, do texto A Fé Divina e a Fé Humana:

Eu vos repito: *a fé é humana e divina.* Se todas as criaturas encarnadas estivessem suficientemente persuadidas da força que trazem consigo, e se quisessem pôr a sua vontade a serviço dessa força, seriam capazes de realizar o que até hoje chamais de prodígios, e que é simplesmente senão um desenvolvimento das faculdades humanas.

CAPÍTULO 30

EVOLUÇÃO, A ÚNICA FATALIDADE

483. Qual a causa da insensibilidade física que se verifica, seja entre certos convulsionários, seja entre outros indivíduos submetidos às torturas mais atrozes?

— Entre alguns, é um efeito exclusivamente magnético, que age sobre o sistema nervoso da mesma maneira que certas substâncias. Entre outros a exaltação do pensamento embota a sensibilidade, pelo que a vida parece haver-se retirado do corpo e se transportado ao Espírito. Não sabeis que, quando o Espírito está fortemente preocupado com uma coisa, o corpo não sente, não ouve e não vê?

Comentário de Kardec: A exaltação fanática e o entusiasmo oferecem muitas vezes, nos casos de suplício, o exemplo de uma calma e de um sangue-frio que não poderiam triunfar de uma dor aguda, se não se admitisse que a sensibilidade foi neutralizada por uma espécie de efeito anestésico. Sabe-se que, no calor do combate, frequentemente não se percebe um ferimento grave, enquanto nas circunstâncias ordinárias uma arranhadura provoca tremores.

Desde que esses fenômenos dependem de uma causa física e da ação de certos Espíritos, podemos perguntar como, em alguns casos, a autoridade os pode fazer cessar. A razão é simples. A ação dos Espíritos é secundária; eles nada mais fazem do que aproveitar uma disposição natural. A autoridade não pode suprimir essa disposição, mas a causa que a entretinha e exaltava; de ativa, ela o torna latente e com razão para agir assim, porque o fato resultava em abuso e escândalo. Sabe-se, aliás, que essa intervenção é impotente, quando a ação dos Espíritos é direta e espontânea.

(*O Livro dos Espíritos* — Livro II — Capítulo 9, Convulsionários)

Voltamos à cidadela. Lucrécia estava atenta a qualquer movimentação de nosso plano, mas a diferença de sintonia vibratória acabava por limitar suas ações a respeito de nossas iniciativas.

Ângela, a jovem amiga de Airton, e sua avó tão amada, Magda, intercederam pelo jovem junto aos espíritos melhores e receberam a bênção de poder auxiliá-lo na medida do possível.

Ineque e Miss Martha, acompanhados de Inácio, que nos auxilia com a compreensão da mente e seus dispositivos naturais de defesa, se juntaram às duas mulheres.

Voltaram às masmorras onde o rapaz encontrava-se trancafiado; após a exibição de sua volta triunfal à comunidade, no estado mental em que se encontrava, não oferecia mais serventia aos dragões e fora abandonado. Lucrécia não permitiu aos socorristas que o levassem, alegando ser um herói de seu povo.

Encontraram Airton deitado no chão imundo, dobrado sobre si mesmo, totalmente alheio ao que lhe acontecia.

A morte do corpo físico e a frustração de seus desejos de estar no paraíso prometido o debilitaram a ponto de desejar a anulação da vida. Sem compreensão das leis que regem o mundo, isolou-se num casulo de dor. Iniciava-se nesse momento terrível processo de conversão à forma ovoide.

Ângela, compadecida pelo antigo companheiro de brincadeiras infantis, atendeu ao chamado de amor; aproximou-se do perispírito já em processo de mutação, sentou-se no chão, apoiou a cabeça do moço em seu colo e cantou antiga cantiga de roda de que tanto gostavam em suas traquinagens.

Nesse momento, Ineque e Miss Martha se aproximaram da mente de Airton. Ele estava envolvido pelo remorso do ato praticado e se punia de forma violenta, agredindo o próprio perispírito, enquanto resquícios da hipnose profunda justificavam o feito e ainda o tornavam esperançoso quanto às recompensas prometidas.

Admirável conflito estava instalado em sua mente; porém, se não fosse direcionado com compaixão, o processo de fuga, através da anulação e destruição do corpo sutil, seria grave o suficiente para levá-lo à demência.

A ação das duas mulheres ao se aproximarem de seu perispírito surtia certo efeito benéfico; notamos que ele tentava se movimentar de forma precária ainda, tolhido pelo monoideísmo eleito por sua mente atormentada.

Airton tentou abrir os olhos. Sua avó ajoelhou-se ao seu lado num movimento amoroso, acariciando os cabelos revoltos. Nossos companheiros socorristas passaram a contribuir, energizando o campo vibratório do rapaz.

Equipes socorristas que se encontravam por ali se juntaram ao grupo. Airton tentou abrir os olhos com mais firmeza e falou num sussurro sofrido:

— O que eu fiz?

Inácio se aproximou, tentando tocar com carinho a mente sofrida, e falou com serenidade, segurando a mão inerte:

— Apenas o possível, amigo, apenas o possível. Venha até nós, é tempo de recomeçar.

Airton apertou de leve a mão de Inácio; eles o transportaram a um hospital de nosso plano, especializado no socorro a espíritos em estado vibratório semelhante.

Eu ainda estava na cidadela, sob o olhar atento de Lucrécia; ela percebeu que sorri com alegria. Senti a presença dos amigos e liguei meus pensamentos a eles. Presenciei a ação realizada e admirei a beleza do resgaste de nosso jovem amigo Airton.

Ela me olhou e, admirada, falou entredentes:

— Ainda consegue se comunicar com eles? — Então chamou seu mais eficiente hipnotizador e o instruiu a isolar meu campo vibratório.

O homem se cercou de outras entidades e, concentrado, esforçou-se para cumprir as ordens de sua comandante. Depois de um tempo, visivelmente exaurido, voltou-se para ela e disse:

— Perdoe-me por misericórdia, mas não podemos fazer isso; ele não está em nosso plano de ação. — Curvou-se em sinal de submissão e temeroso a olhava pelo canto dos olhos.

— Levante-se e me explique — ordenou a mulher.

— Não posso, ele não está aqui, não da maneira que conhecemos. A vibração é muito diferente da nossa, e não temos ascendência sobre ele — respondeu o homem.

— Vá embora, é um inútil neste momento. Aguarde minhas ordens. Reforce a cúpula. Saia à procura de mais energia e mande armazenar; iremos precisar em breve.

O homem saiu e ela se voltou para mim com avidez.

— O que você fez para que não tenhamos controle sobre sua vibração?

— Nada, apenas mantenho minha crença fiel no Criador, o que me fortalece o ânimo.

— Não venha com essa tolice de Deus; sabe que não creio nessa sandice que apenas nos enfraquece.

— Então responda a mim: como consigo estar longe de seu alcance vibratório?

— Algum truque que nos foge ao conhecimento, mas vou descobrir, tenho cientistas hábeis a meu serviço.

Ela chamou sua guarda pessoal e ordenou que eu fosse encaminhado ao prédio da ciência.

Acompanhei os irmãos sem resistência alguma. Adentramos uma ala onde muitos espíritos estudavam as leis das ciências exatas, não restritos aos informes terrenos, mas enriquecidos por pesquisas do mundo dos espíritos.

Um homem de aparência franzina se aproximou de mim, me indicou uma confortável poltrona, ordenou que me sentasse e perguntou:

— Fale-me sobre seus dons. Como controla seu campo vibratório com tanta maestria?

— É um cientista e sabe como os fluidos universais se movimentam. Acredite, pode ser mais lógico que eu nessa função.

— Percebo que terei alguns problemas para submetê-lo à minha vontade.

Silenciei e abaixei os olhos em sinal de humildade. Ele sorriu e disse:

— Temos nossos próprios métodos de persuasão. Ainda bem terrenos, mas são úteis e eficazes. Posso orientá-lo a evitar constrangimentos e nos ajudar de livre escolha?

Olhei para o homem à minha frente e disse a ele com sinceridade:

— Não tenho novidades que o amigo não saiba em minhas ações; não faço mágicas nem milagres. Apenas ocorre que a sintonia vibratória entre nossos mundos é diferente, e as maneiras com as quais conduzimos nossos pensamentos não se atraem.

— Você está me dizendo que só o avanço na moral que pregam me abriria esse conhecimento?

— O conhecimento você já tem, mas precisa aprimorar-se ética e moralmente para conseguir evoluir na prática.

— Não acredito em você, e vou provar que está nos enganando.

— Estou aqui por livre vontade e à disposição dessa comunidade; faça o que acredita ser o correto.

— Não teme as consequências de sua afronta?

Apenas olhei para ele com carinho e disse amável:

— Não temo ninguém, porque minha mente sabe meus propósitos e estou firme neles. A minha vontade não pode ser atingida por vocês; estou resguardado na boa-fé.

Percebi que o homem ficou confuso; ele saiu do ambiente. Voltou depois de um tempo e disse:

— Sinto que não nos respeite a ação, seremos obrigados a ações mais contundentes.

Nesse momento, membros da guarda entraram no aposento, escoltando um senhor. Resignado, o reconheci como membro de meu convívio na última encarnação.

Senti a presença de Laura e Ineque, então se tornaram visíveis para mim.

— O que quer que façamos? — perguntou Ineque.

— Não sei de imediato. Eles o torturarão, não é? — perguntei, possuído de certa aflição.

— Sim, eles o farão, e sabe que falou somente a verdade até agora, então tudo o que puder fazer para evitar esse momento só adiará a ação deles — falou Laura.

— Infelizmente, ele fez algumas escolhas duvidosas durante a última encarnação; vive as consequências. Não se preocupem, sei o que fazer, apenas peço a vocês que aguardem um instante.

Levantei da poltrona, eles tentaram me conter; apenas olhei em seus olhos, eles se afastaram.

Aproximei-me da criatura apavorada, toquei seu rosto com carinho e falei com serenidade:

— Lembra-se de mim?

Ele apenas acenou a cabeça, lágrimas escorreram por sua face deformada.

— Nunca menti a você ou o abandonei, não é assim?

Ele continuou em silêncio, mas estava atento às minhas palavras. Enquanto isso, Laura e Ineque vibravam em belíssima sintonia de amor, alcançando a mente desavisada.

— Então me escute: não temos muito tempo. Você não precisa estar aqui, sob o domínio dos maus; basta ter a coragem de aceitar os enganos cometidos na ignorância e ser humilde, solicitando ao Pai Amoroso que o perdoe e acolha em sua morada. Deixe seu coração ser tocado pelo arrependimento genuíno e estenda as mãos aos amigos que o amam.

Lucrécia entrou no ambiente. Nesse momento, Ineque e Laura se tornaram visíveis. Amável amiga que foi presente em minha última encarnação juntou-se a nós e, emocionada, estendeu as mãos ao incauto tutelado de meu coração:

— Venha, meu querido, venha. Podemos nos juntar nesse novo caminho e andar em busca de redenção.

Ele desabou, sob forte impacto emocional. Jogou-se nos braços da doce senhora, ela o acolheu, olhou-nos agradecida e foi em busca de novas e adoráveis oportunidades de amar.

Lucrécia olhou-me estarrecida; todos nos olhavam. Adiantei-me até ela e falei com carinho:

— Acredito que tem muito a pensar sobre o que vivenciou no dia de hoje. Seu cientista recebeu também algumas informações que dei a ele de bom grado. São a verdade, e vocês só poderão compreendê-las na medida de sua aceitação e seu esforço. Meu tempo aqui terminou; espero com muito amor no coração ter contribuído de alguma forma com todo esse processo evolucionista que vivemos. Solicito a Deus, nosso Pai amado, que os cubra de bênçãos e amor. Agradeço a acolhida de todos.

Voltamos ao posto de socorro e recebemos a notícia de que em breve a casa de Magdala estaria a serviço daquela comunidade novamente.

CAPÍTULO 31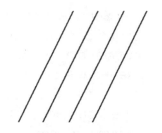

BÊNÇÃOS DE LUZ

Vinde a mim todos os que andam em sofrimento e vos achais carregados, e eu vos aliviarei. Tomai sobre vós o meu jugo, e aprendei de mim, que sou manso e humilde de coração, e achareis descanso para as vossas almas. Porque o meu jugo é suave e o meu fardo é leve. (Mateus, XI: 28-30)

Beto e Lucia foram chamados novamente por Heitor. Ainda não confiantes na nova direção, se apresentaram ao reitor com certa animosidade.

— Sei que ainda têm sérias restrições à nossa direção, e sei que confiarão em nossos propósitos à medida de nossa convivência, sendo mais razoáveis à medida que provarmos a seriedade de intenções. Então, acreditem que respeito e aceito esses limites de forma lógica, considerando o passado. Eu pedi que viessem aqui porque recebemos uma verba significativa para ser usada na faculdade de Medicina e gostaria que nos dissessem, após trocar ideias com os demais estudantes, o que seria mais urgente para facilitar os estudos.

Beto olhou para o reitor admirado, afinal, já estava no quinto ano e nunca vira ação semelhante da outra reitoria. Sorriu e pegou a mão de Lucia com carinho.

— Agradecemos a confiança que deposita em nós, faremos a pesquisa junto a nossos colegas — respondeu animado.

— Podemos usar o auditório para reunir os alunos de todos os anos? — perguntou Lucia.

— Apenas escolham a data e o horário e avisem dona Renata; ela liberará o prédio para vocês.

Os estudantes saíram do prédio da reitoria animados e esperançosos com o comportamento de Heitor. Logo divulgavam as novidades, que aos poucos modificavam a estrutura energética que circulava pelo Campus.

A cidadela ainda estava lá, mais enfraquecida, mas soubemos que tomavam algumas providências para manter seu domínio no local.

Laura nos solicitou a presença numa rápida reunião. Informou que por todo o globo o movimento dos dragões definhava com as providências de nossos amigos mais sábios, libertando mentes e trazendo esperança a corações sofridos.

Era um momento de regozijo para a espiritualidade melhor, mas que nos exigia atenção redobrada, pois eles tentariam qualquer ação mais ordinária para resistir à ação do bem.

Assim como nós nos reorganizamos, eles também o fariam, então soubemos que os nove dragões tinham se reunido por teleconferência novamente, e que o supremo comandante decidira que os métodos propostos por Lucrécia seriam aprovados por ele: as comunidades ligadas ao movimento deveriam adotar as mesmas técnicas persuasivas, dessa forma desviando esforços pessoais dos encarnados em sua melhoria ética e moral.

As práticas disseminadas pelo mundo afora ganhavam vulto, visto a facilidade de comunicação entre os quatro cantos do globo. Apesar de acreditar na contenção desses hábitos danosos, sabíamos também que as mudanças comportamentais que surgiriam seriam fatais. Mas a compreensão de saber que tudo pode ser redirecionado para um caminho mais saudável nos tranquilizava e dava alento.

No plano material, a compulsão sexual é considerada uma doença comportamental, visto que é limitante ao ser em seu processo de evolução como membro de uma sociedade. E, quando desencarna, passa ao plano dos espíritos levando consigo o vício, pois as sensações intensas ainda são necessárias à satisfação de sua libido.

Independentemente do estágio evolutivo em que nos encontramos, estamos sujeitos a desenvolver tal comportamento, visto a necessidade de tais sensações, que, quando estimuladas constantemente, passam a ser consideradas naturais, pois fazem parte de nossa natureza material. Contudo, esquecemos que tudo que se torna um hábito limitante e vicioso se torna pernicioso à saúde física, emocional, e com o tempo lesa o perispírito.

A compulsão sexual é considerada uma patologia, avaliando a necessidade do doente em estar sempre alimentando mentalmente fantasias que o satisfaçam sexualmente, dificultando assim a concentração em outros assuntos relacionados às suas atividades cotidianas, o que afeta as suas relações sociais afetivas e o torna um sujeito de baixa autoestima.

Esse desvio comportamental pode ser encontrado tanto em pessoas do sexo feminino como do sexo masculino.

O indivíduo alimenta essas fantasias sexuais intensas, e, como consequência, a necessidade de praticá-las chega a um estágio doloroso, momento em que sente como dor física. Caso não consiga realizá-las materialmente, isso gera dolorosos e limitantes estados de ansiedade, angústia e vergonha por seus atos, caso já tenha noções morais e éticas latentes em sua mente.

O doente estará sempre insatisfeito, pois as fantasias que alimenta nunca são realizadas a contento, trazendo a ele a satisfação material que sente quando as cria. Então, está sempre criando novas formas de prazer, que, não satisfeitas, geram grande insatisfação e frustrações graves — o que leva o incauto à busca de formas variadas de encontrar o que procura, agravando mais e mais seu estado patológico.

Nessa busca nociva passa a recorrer a múltiplos parceiros, pornografia, masturbação constante e estimulação dos sentidos, que o arremessam a terríveis estados obsessivos, pois a mente procura apenas soluções para as necessidades que aumentam mais e mais a cada minuto.

O compulsivo sexual acaba por se isolar dos agrupamentos de convívio social, inclusive os familiares, pois a vergonha e o terror de ser descoberto, ou mesmo a constância em alcançar seus objetivos, o tornam solitário. Nesse momento, busca de alguma forma afinidades que o compreendam; atualmente, as redes sociais passam a fazer parte de suas habilidades e satisfação de necessidades.

Com a constância nas ações maléficas em busca de satisfazer as necessidades sexuais mais e mais intensas, acaba por desenvolver comportamentos nocivos à sociedade, como o assédio sexual, que passa a considerar natural. A perda da concentração pode lhe tirar as habilidades profissionais, ficando ele vulnerável ao uso de drogas, alcoólicos, a medicações que são estimulantes sexuais, procedimentos cirúrgicos que tornam seu corpo mais atraente e doenças sexualmente transmissíveis, visto que a ideia de precaver-se de doenças e proteger a saúde passa a um plano insignificante em relação à sua busca de prazer.

Na busca do prazer, se torna a cada dia mais exigente, e alguns limites morais que ainda o mantêm sóbrio acabam por ruir. Ele parte, então, em busca de parceiros com características diferentes e mais atraentes, e a pedofilia é um mal decorrente dessa procura desenfreada — um crime contra a inocência de pequenos seres que ainda buscam felicidade e esperança, tirando-os da inocência de forma violenta.

Sintomas como depressão são comuns, visto estarem sempre insatisfeitos com os resultados de sua obsessão. E o convívio com a vergonha e o isolamento social, não raras vezes, culmina em atos tresloucados de terminar uma encarnação de maneira violenta: o suicídio.

Quando observamos o quadro todo, encontramos outro aspecto alarmante, depois da morte do corpo físico. A necessidade compulsiva e obsessiva pelas sensações do sexo nocivo persiste, agora muito mais intensa, e o espírito viciado passa a buscar no mundo invisível novas formas de satisfação, sendo uma delas a vampirização espiritual.

Espíritos desencarnados ainda necessitados de satisfazer vícios alimentados enquanto ainda na matéria buscam companheiros encarnados de afinidade para que possam participar e sugar energias exteriorizadas quando realizam o mesmo ato a que tanto se vincularam.

Quando encarnados, emanamos energias características e consoantes às ações e pensamentos que alimentamos. Esses atos criam ao nosso redor uma emanação fluídica agradável aos espíritos que convivem conosco. Essas emanações podem ser positivas e agradáveis, possibilitando a convivência com espíritos de igual qualidade. Porém, podemos também estar impregnados por energias negativas, desagradáveis, que atraem os espíritos ainda presos às sensações tão intensas e densas que ainda os encantam, e a lei das afinidades e da sintonia vibratória acontece.

Nessa relação enfermiça acontece que passamos a buscar mais e mais satisfazer os vícios, porque afinal estamos compartilhando com outros as sensações obtidas com os atos desregrados.

Espíritos ainda maldosos e conhecedores do processo se utilizam do fenômeno, estimulando mais e mais os incautos, com o objetivo de alcançar seus intentos mórbidos. Inicia-se assim uma ligação entre os dois planos, o material e o espiritual, num processo terrível de condução de obsessões graves e tão sutis, que os envolvidos rejeitam o diagnóstico, pois o entendimento primeiro é sobre a natureza da necessidade em questão, que lhes parece, até mesmo, genuína, uma vez que faz parte das características de nosso corpo e de nossas sensações saudáveis.

O aparelho genésico possui suas próprias necessidades, porém a mente educada as direciona de forma equilibrada, fazendo dos atos sexuais e da energia que libera, criadora e criativa, energia construtora e benéfica, que pressupõe, além da ligação física, a relação emocional baseada no respeito e no amor. O amor transforma para melhor as relações em todos os planos da vida, e a sua manifestação como matéria é positiva e satisfaz aos relacionamentos sérios.

A relação sexual é criadora de vida, no momento em que óvulos abençoados são fertilizados por espermatozoides ágeis, produzindo a divisão de células que darão origem a corpos benditos, num belíssimo processo de renascimento para a matéria, criando assim novas memórias reconstrutoras.

E, no momento crucial da história ensaiada por habitantes da Terra, os dragões decidiram que esse seria o caminho para anular o progresso moralizador que estava a caminho. Antes apenas um dos aspectos que utilizavam para tanto, agora o meio primordial que seria utilizado. Para tanto, seus seguidores se movimentavam com agilidade em busca de seus discípulos, preparados para essa ação.

As artes receberiam tal influência: a música, as artes plásticas, a literatura e as artes cênicas estimulariam a compulsão sexual.

No final do livro psicografado por Divaldo Pereira Franco, em nome de Manoel Philomeno de Miranda, adverte-se que "Eles já estão entre nós", ao se percorrer as ruas de Manaus e ver as primeiras revistas pornográficas expostas em bancas de jornal no planeta.

Observemos os escândalos mundiais, de autoridades máximas, que são hoje figuras que representam a moral questionável. A ação deles se intensifica apenas porque nós, a população planetária, a alimentamos com nossos desejos e pensamentos irresponsáveis.

Triste momento da história da humanidade, mas que precederá o porvir abençoado da liberdade e do amor, e só iremos adentrar esse novo momento por meio do perdão santificante.

Vigiem seus pensamentos com amor e fidelidade à causa de Jesus; o mal que nos persegue não é externo a nós, mas mora confortavelmente em nossas mentes. Ele é sutil, até mesmo sedutor, e o justificamos com humor, como algo natural, cuja erradicação podemos adiar, pois ainda nos dá prazer.

Deixemos de nos preocupar com a forma e atentemos mais para a qualidade do conteúdo; esforcemo-nos por ser criaturas mais lúcidas em metas traçadas, abraçando o ato do pensamento como origem de nosso bem-estar.

Autoconhecimento sério e constante é o caminho certo a ser seguido. Não aceitemos mais os escândalos como parte da vida; eles não são. A vida é um presente do Pai e deve ser valorizada nesse contexto divino.

O mundo exterior, material e insípido, é o reflexo de nosso mundo interior; não podemos esquecer que os vícios materiais são apenas reflexo de nossos vícios morais. E vigiar com críticas ferrenhas o próximo não nos acrescenta nada, apenas nos inferioriza a caminhada. Sigamos auxiliando o próximo, aquele que precisa do remédio. Se enxergamos as falhas dos outros ou as nossas, a obrigação moral que advém desse fato deve estar assentada na compaixão, nas mãos estendidas que sustentarão em futuro próximo a necessidade do incauto de recuperar o débito.

Critique, julgue, puna, que o resultado será apenas a depressão da vontade, ou a raiva e ódio que agravam o débito. As benesses de seu coração são bênçãos de luz, sendo aliadas em belíssimas histórias de aprendizado cristão.

Pensava em Lucrécia naquele instante. A vaidade e o orgulho exacerbados alimentavam a insanidade; tivera seus planos hediondos aprovados para serem executados em todo planeta. Pensei compadecido, numa interrogação saudável: Como estariam na verdade os sentimentos dessa irmã divina?

CAPÍTULO 32

DESPIR-SE DO MEDO

Entrai pela porta estreita, porque larga é a porta, e espaçoso o caminho que leva à perdição, e muitos são os que entram por ela. Que estreita é a porta, e que apertado o caminho que leva para a vida, e quão poucos são os que acertam com ela! (Mateus, VII: 13-14)

Um senhor veio nos procurar. Pedia ajuda para seu neto, o jovem Dácio, desencarnado na explosão acontecida na praça central do Campus universitário.

— Bom dia, amigos. Sei que trabalham na universidade e estou necessitado de auxílio para socorrer meu neto, Dácio. Fui seu avô na última encarnação. Meu nome é Antônio.

— Bom dia, Antônio! Ontem estávamos nos questionando sobre o paradeiro do rapaz — respondi a ele.

— Ainda perdido. De início, foi levado à cidade umbralina, mas parece que se assustou com a realidade que por lá encontrou. Fiquei bem feliz com esse fato, acreditando que seria mais fácil aceitar ajuda, mas não foi o que aconteceu — informou Antônio.

— Você o tem visto? — indagou Maurício.

— Hoje mesmo tentei uma aproximação com calma e carinho, mas ele rejeitou; está muito depressivo, ainda perturbado. Sente o impacto da explosão obsessivamente. Acredita que foi vítima da ira de Deus e isola-se perigosamente, negando-se o dom da vida. O pensamento suicida não o abandona, pois não entende que o corpo material já pereceu, então sofre, fisicamente, as dores dos ferimentos visíveis. Preciso de ajuda para que ele possa ter um momento de paz e escutar a razão para enxergar o socorro que chega — disse Antônio.

— Temos alguns momentos de descanso entre uma atividade e outra. Vamos socorrer Dácio? — perguntei aos amigos da equipe socorrista.

Ana e Maurício sorriram.

— Será um prazer ajudar o senhor — falou Ana.

Antônio os conduziu para fora do Campus. Encontramos Dácio, encolhido em prantos, perto de um charco no litoral paulista. Antônio nos explicou:

— Mais à frente há um chalé bem simples; era meu quando encarnado. Dácio vinha passar as férias comigo, ele e mais três netos. Minha esposa faleceu muito jovem, então fiquei com o encargo de cuidar de dois filhos sozinho, Clara e Felipe. Excelentes criaturas, que me deram os quatro netos. Dácio é o que mais gostava desses momentos, mas, quando contava treze anos, vim a falecer, aqui, sozinho, e só fui encontrado dias depois, quando meu filho e ele vieram saber por que não dava notícias. O menino ficou muito traumatizado e seu comportamento mudou bastante; acreditava que se tivéssemos mais recursos financeiros isso não teria acontecido. Na realidade, foi uma forma que encontrou para justificar sua ira — contou Antônio.

— Deve ter sido difícil para ele entender a visão grotesca que teve ao encontrar o corpo do avô querido — comentei apiedado.

— Foi, sim. Logo fui socorrido, acordei no plano dos espíritos, minha querida esposa cuidava de mim com desvelo, como sempre fez. Contou o que havia acontecido e me alertou que, para ajudar os que tinham ficado, primeiro precisava me recuperar. Entendi a lógica da proposta e me dediquei a adquirir conhecimentos e praticá-los para isso. Sentia a angústia de Dácio e percebi que se perdia, uma vez que seus sentimentos passaram a ser agressivos em relação à minha passagem, inclusive me culpando pelo sentimento de abandono. Ele era um adolescente vivendo num mundo rico em tentações que trazem desequilíbrios. Não demorou muito para se juntar a outros jovens revoltados. Começou a ir mal na escola, e tinha a ambição de ser médico e entrar numa universidade pública. Mudou o comportamento novamente, com a intenção de concretizar sua ambição, mas os meios sempre foram questionáveis. Inclusive, economizou uma boa quantia para comprar a entrada no vestibular com uma prova fraudulenta. Dácio sempre foi uma criança muito ativa, exigente de respostas, sempre perguntando, uma curiosidade sem limites que incomodava os familiares. Desmontava tudo o que encontrasse pela frente para saber como funcionava, então era um estorvo para aqueles que não entendiam sua inteligência arguta. Eu entendia; apesar de privado dos estudos, sabia que ele era especial, e que essa energia bem direcionada daria bons frutos. Era paciente com ele, falava sobre Deus, Sua bondade e justiça, mas parti desse mundo, e minha falta gerou uma lacuna que os outros não souberam compreender — continuou Antônio.

— Vamos ajudá-lo! — disse com carinho e me aproximei de Dácio.

O rapaz estava preso em sua própria mente, os pensamentos desconexos; lembranças de uma infância feliz misturadas à imagem e ao odor da decomposição do corpo de seu avô o atormentavam. Sentia raiva de Deus por privá-lo da presença da única pessoa que o aceitava como era.

A lembrança da explosão que não entendia de onde viera o atormentava. Sabia apenas que estava ferido e ninguém o socorria; estava sozinho e era ignorado. Ninguém o amava, era apenas uma coisa que incomodava; queria morrer, só morrer.

Passamos a dispersar a densa energia que o envolvia; ele nos olhou assustado.

— Não se preocupe, Dácio, o socorro chegou — falou Ana com carinho.

— Preciso ir a um hospital, aqui no Campus tem! — Olhou em volta e falou: — Mas eu fugi de lá. Estamos no meio do mato, e sangro muito, vejam! — completou, mostrando os ferimentos.

Maurício se aproximou e disse com paciência:

— Venha conosco, sabemos de um hospital que fica bem perto, e você será socorrido imediatamente. Não se levante; deite nessa maca, vamos ajudá-lo.

O rapaz olhou à sua volta e viu Antônio. Falou com ressentimento:

— Você me abandonou!

Antônio se aproximou, segurou a mão do neto e emocionado falou:

— Peço perdão por isso, mas agora estou aqui e estarei ao seu lado pelo tempo que precisar.

— Mas você morreu, como pode estar ao meu lado? — Fechou os olhos, apertou a mão do avô com força e gritou apavorado: — Estou morto!

Antônio o abraçou e falou com mansidão:

— Não morremos jamais, meu filho. Apenas mudamos de plano, despojados do corpo material. Sinta meu abraço, estamos mais vivos que nunca.

Dácio se acalmou e adormeceu nos braços de seu avô querido. Amigos socorristas nos auxiliaram e encaminharam nossos amigos a um hospital no plano invisível.

Voltamos ao posto de socorro do Campus universitário. Laura nos avisou que a grande tempestade esperada chegava àquelas paragens e que teríamos um trabalho árduo por aqueles dias. O mesmo também aconteceria em outras comunidades umbralinas ligadas aos Dragões de Cristo.

Solicitaram a nós, trabalhadores na Seara Bendita, que nos reuníssemos para mais instruções úteis. Deslocamo-nos para fora do orbe e nos reunimos na Casa da Esperança, recebidos com carinho por irmãos mais sábios. Belíssima prece em forma de música amorosa e de paz teve início; ouvimos breves instruções proferidas por entidade misericordiosa, que nos exortou à bondade e à paciência diante de irmãos ainda ignorantes em seus comportamentos e pensamentos. Lembrou-nos com carinho do processo evolutivo que acontece primeiro na materialidade e, após, assentado sobre a ética, rumo à moralidade.

Salientou que não há nas medidas adotadas sentimentos menos nobres que as induza, mas sim ponderações amorosas e o cuidado especial com aqueles que serão levados a outras paragens; que o intuito de tal medida é o respeito à evolução dessas criaturas, ofertando oportunidades únicas de refazimento e reflexão.

Lembrou-nos sobre a necessidade de estarmos alertas às sensações que nos visitam a mente, sobre os sentimentos menos nobres que ainda não controlamos a contento. E, principalmente, sobre estarmos cientes da bela oportunidade de aprendizado para todos nesses momentos de reajuste para o orbe terreno.

Conclamou-nos ao trabalho cristão, dizendo que deveríamos nos questionar sobre as razões que nos tinham levado ao momento vivido, com lógica e sabedoria latentes, pois a razão, somada a sentimentos construtores, deveria ser o norte de nossas atitudes.

Ao final da preleção amorosa, suplicou ao Pai bênção de amor e fortalecimento para os momentos de redenção que viveríamos nesses dias. Envolvidos em energias salutares, voltamos ao solo que nos acolhia com promessas de um futuro de liberdade e amor.

Voltamos à cidadela, eu, Ineque e Laura, com ânimo redobrado para o trabalho solicitado.

Adentramos o grande prédio, e solicitei ao atendente que veio ao nosso encontro:

— Gostaríamos de falar com Lucrécia, se for possível.

— Ela os espera, venham comigo!

Seguimos a entidade, que nos levou através de um labirinto de corredores malcheirosos, impregnados por densa energia; observamos que o cuidado com a aparência do local não mais fazia parte das preocupações da comandante.

Fomos introduzidos numa sala que mais se assemelhava a uma caverna, escura e abafada; sentimos os pés molhados. Olhei para o chão e estava impregnado de um líquido negro e viscoso, que se movimentava lentamente, envolvendo e debilitando. Mas para nós, que vibrávamos numa sintonia melhor, não causava danos.

Alertei os amigos sobre o fato, e observamos o local. Várias entidades eram mantidas acorrentadas às paredes rochosas; estavam apáticas e, visivelmente, esgotadas. Mentalmente, aproximei-me delas e percebi que, alienadas do estado depauperado em que se encontravam, apenas estavam ali, sem serventia para a comunidade, como esquecidos para a vida.

Nesse instante, Lucrécia entrou no ambiente acompanhada de várias outras entidades de aparência truculenta. Sorriu com deboche e falou:

— Vieram em busca de mais lixo? Podem levar. Não me servem para nada, apenas gastam o que seria de bom uso para nossa cidade — falou se referindo aos fluidos para manter os prisioneiros naquele estado deplorável.

A um sinal de nosso grupo, socorristas retiraram e levaram as entidades, adormecidas, com carinho e desvelo.

— Ótimo, sigam-me!

Seguimos Lucrécia, atentos às transformações fluídicas do local; descíamos por corredores estreitos. Em suas paredes víamos aberturas rústicas que conduziam a ambientes fétidos e claustrofóbicos. Lugares terríveis, utilizados como salas de tortura ou prisão aos espíritos que se revoltavam contra as ordens daquela comunidade.

Lucrécia nos convidou a observar as providências executadas para aproveitar a energia gerada pelas mentes que ali viviam.

— Olhem! — falou apontando para o teto e o chão.

Observamos miasmas densos, semelhantes a vermes negros rastejantes, que rumavam para um ponto específico, onde eram recolhidos e armazenados em grandes cilindros. Assim que preenchidos, estes eram lacrados e colocados em veículos que os transportavam para a superfície.

— Nada aqui é mantido sem serventia; o que lhes dou é caridade, para acreditarem que fazem algo produtivo. Nós os entretemos e vocês ficam satisfeitos. Sabemos de suas intenções; sabemos que acreditam que podem nos expulsar do planeta, mas se enganam. Estamos preparados para isso.

A mulher se calou diante de nosso silêncio. Continuamos a caminhada; apenas a seguíamos, em oração e com a mente firme em propósitos caridosos.

No final daquele corredor, entramos numa enorme câmara, um salão luxuosamente mobiliado. Nós o atravessamos; ela abriu uma porta incrustada na rocha e descobrimos outra câmara. Desta vez hermeticamente lacrada, estava apinhada de espíritos firmemente concentrados; eram milhares de entidades, sentadas em posição de lótus, vibrando numa única sintonia e gerando energia, como pilhas que alimentavam um grande maquinário.

Ela nos olhou e explicou:

— Pelo mundo todo, temos esses dispositivos instalados, que nos servirão como geradores para uma grande cúpula planetária. Amanhã, nosso comandante supremo ordenará que sejam ligados, ao mesmo tempo. Será doloroso para vocês, então estão encarregados de divulgar o fato; terão vinte e quatro horas para deixar o planeta. Não teremos clemência.

Apenas inclinamos nossas cabeças e saímos da cidadela.

Lucrécia ficou sozinha, pensativa. No fundo não acreditava que pudessem nos causar danos; já tinha noção da lei de sintonia e ressonância, e tinha certeza de que os comandantes julgavam mal a força do bem. Dirigiu-se a seus aposentos, precisava tomar uma decisão, e rápido. Falou alto e com raiva:

— São uns idiotas. Isso que dá colocar o poder nas mãos de prepotentes que não têm o mínimo de noção sobre estratégias de guerra. Às vezes, um bom acordo é melhor que perder uma batalha.

Chamou seu braço direito e ordenou a ele:

— Quero que fique atento; estarei ausente por um tempo, não muito. Cuide para que a torre esteja trabalhando a contento.

Lucrécia jogou uma capa com capuz sobre os ombros e saiu da cidadela.

Estávamos no mirante de observação do posto de socorro. A tempestade já estava próxima, podíamos observar a luminosidade provocada por raios poderosos. Um amigo de nosso plano veio nos avisar que Lucrécia estava às portas de nosso pequeno oásis de paz.

Pedi a ele que informasse aos nossos vigias que a deixassem entrar. Fomos ao seu encontro.

Encaminhamos Lucrécia para uma sala agradável e simples; ela se acomodou numa poltrona e observou o local.

— Agradável — comentou, sem demonstrar seus sentimentos.

— Podemos ajudá-la de alguma forma? — perguntou Laura.

— Veremos. Tenho uma proposta para vocês, acredito que será interessante — respondeu ela.

— Está bem, estamos ouvindo, mas gostaria de lembrá-la de que não barganhamos — respondeu Ineque com firmeza.

Ela olhou para ele e sorriu, dizendo com malícia:

— Não, não mesmo. Nos últimos dias, tenho cedido a vocês algumas vantagens, mostrando assim a minha boa vontade em relação à sua causa — respondeu a mulher.

— Sabemos quais foram as suas reais razões, mas isso não vem ao caso neste momento. Estamos atentos e vamos avaliar sua proposta, desde que seja honesta e viável — falou Ineque.

— Entrego a vocês os comandantes numa bandeja. — Referia-se a antigo momento de seu passado. Continuou sua fala: — Eles os subestimam. Podemos encontrar um modo de convivermos juntos; eu cedo em alguns pontos que considero aceitáveis, modificando a estrutura das cidades ligadas à nossa causa, e vocês nos deixam em paz — ofertou Lucrécia.

Ficamos em silêncio por um momento, ponderando o comportamento da comandante da cidadela e sua proposta, inadmissível para nós, mas que mostrava certa compreensão de Lucrécia sobre a maneira errônea como conduzia aqueles que estavam sob seu comando. Adiantei-me e falei:

— Agradecemos a sua boa vontade. Acredito que deve ter refletido bastante para vir a nosso encontro e oferecer esse acordo; mas não podemos aceitar, porque fere a nossa compreensão do que é o correto a fazer neste momento.

— Estou lhes oferecendo uma maneira de não haver danos para ambas as partes — afirmou Lucrécia.

— Sabemos de suas boas intenções, mas já pensou que sua oferta trai aqueles que pertencem à sua comunidade? Que veio até nós de maneira furtiva? Que não está aqui representando seu povo, mas apenas o que considera aceitável para você? — perguntei a ela.

— Isso é uma crítica? Eu comando esse povo, que diz poder opinar, mas eu não concordo. Eu decido o que devo fazer por todos; eles são apenas instrumentos para chegar aonde queremos. Isso é uma guerra, e, como um bom comandante, eu defino as estratégias a serem usadas — respondeu Lucrécia.

— Não estamos em guerra, você deve entender isso para compreender nossas atitudes. Sabemos que defendem o que acreditam, mas então deveria também respeitar nossa posição, sabendo que nada que façam poderá afetar o futuro deste planeta. Ele está se transformando, e isso não pode ser questionado — falei com carinho.

— O progresso é certo, e precisamos nos adaptar a ele, buscando esclarecimentos que nos facultem entender esse caminho; é lógico e simples. Quando nos opomos a algo dessa magnitude, estamos sendo teimosos, arrogantes e orgulhosos. A inteligência nos cobra uma reeducação participativa, e não mais omissa, pois ela nos traz sofrimento — continuou Ineque.

— Minha irmã querida, estamos falando de liberdade, algo pelo que anseia há muito tempo. Faça a sua parte de forma equilibrada; sabemos que já possui conhecimentos suficientes para avaliar suas escolhas, e essa é a hora certa para realizar essa tarefa, tão pessoal. Oferecemos a você uma aliança justa e verdadeira. Liberte seus prisioneiros e possibilite a eles o auxílio de que precisam — acrescentou Laura.

— E o que me oferecem em troca: um cargo em suas frentes de batalha? — perguntou Lucrécia.

Adiantei-me e respondi:

— Não podemos prometer a você algo que não podemos dar. Este bendito trabalho ao qual se refere é conquistado pelo esforço pessoal em ser uma criatura melhor.

— Não tenho chances em suas frentes de batalha; sei que devo ser banida, mas também sei que lutarei para permanecer aqui até o último minuto. Se não aproveitarem minha boa vontade, como gostam de frisar, voltarei à Origem de Fogo com todas as armas que possuo. Se meu destino é o inferno, para lá irei e serei rainha.

Senti sua mente próxima à minha, e a indiferença quanto ao futuro beirava o desespero. Compadecido, orei por ela, que apenas olhou para mim e meus amigos. Sabíamos que ela conhecia o fato de estar, em breve, a caminho de outro orbe; apenas o orgulho a mantinha na defensiva.

Ela se levantou e saiu do ambiente; parecia triste, o andar arrastado, a cabeça baixa. Voltou-se para nós, olhou-nos com olhos interrogadores, como se não acreditasse em nossa postura, e então seguiu seu caminho, voltando à cidadela.

Recolheu-se em seus aposentos; precisava digerir os últimos acontecimentos. Não entendia a nossa lógica; para ela, o mundo se resumia a uma troca incessante de favores que seriam cobrados à exaustão.

CAPÍTULO 33

DE OLHOS FECHADOS

E depois que veio para onde estava a gente, chegou a ele um homem que, posto de joelhos, lhe dizia: Senhor, tem compaixão de meu filho, que é lunático e padece muito; porque muitas vezes cai no fogo, e muitas na água. E tenho-o apresentado a teus discípulos, e eles o não puderam curar. E, respondendo, Jesus disse: Ó geração incrédula e perversa, até quando hei de estar convosco, até quando vos hei de sofrer? E Jesus o abençoou, e saiu dele o demônio, e desde aquela hora ficou o moço curado. Então se chegaram os discípulos a Jesus em particular e lhe disseram: Por que não pudemos nós lançá-lo fora? Jesus lhes disse: Por causa da vossa pouca fé. Porque na verdade vos digo que, se tiverdes fé como um grão de mostarda, direis a este monte: Passa daqui para acolá, e ele há de passar, e nada vos será impossível. (Mateus, XVII: 14-19)

Sabíamos que os comandantes estavam reunidos por videoconferência. Os telões de todas as comunidades foram ligados; eles falariam aos seus seguidores e depois, em privado, decidiriam o destino de sua causa.

— Bom dia, amigos! Que seja um momento de luz e paz para todo o universo — cumprimentou-nos Ineque.

— Temos algumas informações que nos auxiliarão nos trabalhos vindouros, inclusive hoje conheceremos a identidade do supremo comandante dos dragões — informou Laura.

— Uma dúvida sobre esse assunto me incomoda bastante. Como ele conseguiu esse anonimato até o momento? — indagou Maurício.

— A identidade de um irmão se torna importante a partir do momento que podemos fazer algo com essa informação, afinal, o que avaliamos, sem sombra de dúvida, é sempre a qualidade de suas ações. Sabemos como agem seus comandantes, o controle de sentimentos que os mantém capacitados para comandar seus seguidores; então, a origem das instruções que recebem deve ter igual qualidade, mais exercitadas e mais assimiladas quanto às suas razões. Mas sabemos que temos a mesma origem, todos nós, sem exceção. Então, o destino futuro de todos nós é retornar à casa do Pai, ao momento da criação, com amor e paz — explicou Laura.

— Ele se mantém anônimo há um bom tempo. Por que neste momento ele se revelará? — questionou Ana.

— Acreditamos que a revelação de sua identidade é considerada um trunfo que acreditam possuir, uma maneira de influenciar as atitudes de seus seguidores e fortalecer a causa que defendem. Se vão usar essa estratégia neste momento, é porque acreditam ser necessário, então podemos concluir que sentem sua demanda ser ameaçada pela ação de nosso plano melhor — explicou Ineque.

— Sendo assim, essa providência deles é um bom sinal; podemos concluir que estamos a caminho de um resgate muito maior de irmãos necessitados — disse animado.

Laura sorriu diante de meu otimismo e falou bem-humorada:

— Essa disposição de acreditar sempre no bem e na conclusão de sucesso em nossos trabalhos socorristas é uma bênção às mentes ainda fragilizadas. Obrigada por partilhar conosco essa disposição adorável.

Agradeci a ela, meio inibido por seus elogios, e ela disse animada:

— Não se acanhe, não são elogios fortuitos, mas o reconhecimento por uma atitude que beneficia a todos que dividem com você as aspirações do bem para a humanidade. Precisamos nos colocar a caminho; a reunião, em breve, terá início.

As equipes socorristas no mundo todo estavam atentas à movimentação do submundo espiritual, acompanhando os próximos acontecimentos. Adentramos a grande sala de reunião na cidade Origem de Fogo. Os líderes a serviço de Lucrécia estavam presentes; ela se encontrava sentada num lugar de destaque. Apesar de estarmos invisíveis para a comunidade, ela sentiu nossa presença e, mentalmente, falou:

— Sejam bem-vindos, acredito que verão algo que nunca imaginaram.

Mantivemos silêncio e o anonimato. Ela sorriu de forma enigmática.

Os telões foram acionados e uma propaganda da causa foi exibida, com imagens de batalha épicas, acontecidas em causas religiosas. Uma voz energética e sedutora descrevia as cenas, justificando ardilosamente as representações mais violentas como obras de Deus em defesa de sua causa. No final, a voz conclamava a todos para a batalha final, e era representada pela salsa flamejante atribuída ao próprio Senhor da Vida. Deus falava ao povo, que em estado de êxtase se ajoelhou aos prantos, de cabeça baixa, jurando fidelidade à causa santa.

A cena se repetia pelo mundo afora, e os incautos seguidores se submetiam ao que lhes era oferecido como redenção divina.

A palavra foi passada aos comandantes, que repetiam à exaustão os mesmos princípios descritos na propaganda exibida no início da reunião, cada qual dando a ela aspectos pertinentes aos costumes de seu povo. Enquanto falavam, os telões exibiam imagens de cenas grotescas, condicionando mentes a rejeitar o contato com as causas mais nobres, apegando-se às sensações dos sentidos atrelados aos prazeres imediatos do corpo físico.

Apesar de desencarnados, ainda dependentes de lembranças menos saudáveis, mantinham por vontade própria densidade questionável para o corpo perispiritual, ainda matéria, menos densa, porém ainda receptora de sensações que os atraíam e mantinham cativos.

Chegou a hora da fala de Lucrécia. Ela se levantou e falou sem muita convicção:

— Não vou me alongar em repetir o que os outros comandantes já falaram; agora viverão o momento especial que lhes foi prometido. Conhecerão nosso supremo comandante.

Voltou ao seu lugar, sentou-se, sorriu e se dirigiu a nós:

— Será que poderão explicar isso?

Os telões expostos pelo mundo se apagaram por instantes. Quando voltaram a exibir imagens, a figura de um homem foi exibida. Estava de costas, trajando uma roupa característica do exército romano. Ele foi se virando aos poucos, era Nero. Por instantes, fitou seus comandados, para em seguida voltar a dar as costas ao seu público. Diante dos olhos inquisidores e assustados de sua plateia, transformou-se na imagem de um demônio aterrador. Fazendo o mesmo movimento lento, fitou as mentes em desalinho.

O movimento rotativo se repetia incessantemente, e a cada vez mostrava uma aparência diferente, assumindo a figura de um algoz da humanidade. Sua aparência apresentou aos aterrorizados assistentes faces como Herodes, o Grande, Átila, o Uno, Muammar Al Gaddafi, Josef Stalin, Mao Tsé-Tung, Vladimir Lenin, Calígula, Ivan IV, o Terrível, Gêngis Khan, Josef Mengele, Benito Mussolini, Saddan Hussein, Osama Bin Laden, Tomás de Torquemada, Hitler. E as imagens patibulares foram sendo exibidas, uma atrás da outra, sem dar aos assistentes tempo para pensar e equacionar a informação que queriam passar, que seria a soma de todos os males que já viveram sobre a Terra; que o comandante supremo era uno, mas era todos aqueles que temiam.

Em determinado momento parou o movimento que hipnotizava a massa amorfa e despersonalizada, e passou a exibir a aparência de irmãos ainda encarnados sobre a Terra , como Kim Jong-um, que representavam e executavam projetos do movimento Dragões de Cristo: ditadores, presidentes de países, empresários riquíssimos, religiosos populares, artistas de vários segmentos das artes populares, que serviam como modelos de conduta para os mais incautos, os ignorantes da boa moral. O desfile continuava, e ele não emitia um único som; o comandante supremo era apenas a imagem necessária a eles para causar pânico e submissão.

Os mais terríveis algozes da humanidade reunidos numa só mente — essa a mensagem dos dragões ao povo, aterrorizado e submisso.

A transmissão das imagens continuava a ser exibida. Ao fundo da presença triste criada por mentes malévolas, via-se a reprodução de cenas de massacres em nome de Deus.

Em determinado momento, percebemos que a escuridão que envolvia o triste quadro exibido foi clareando e se transformando; a figura antes impositiva foi diminuindo, alterando a aparência, até sobrar apenas uma figura esquálida, despersonalizada e triste. Frente aos olhos estupefatos dos dragões e seus seguidores, entidade de luz lhes falou com amor e serenidade:

— É chegada a hora de a humanidade se unir a Jesus e reconstruir a vida que o Pai Maior nos ofertou. A oportunidade se estende a todos, desde o mais anônimo seguidor até os comandantes, amados irmãos de nosso coração. Sintam a felicidade da liberdade e aceitem as mãos de amigos que os guiarão em busca de paz. Suplicamos ao Pai que abençoe esse momento de claridade para os espíritos divinos, criaturas bem-aventuradas que retornam à casa do Pai, semelhante ao filho pródigo, que só trará alegria ao mundo de oportunidades felizes.

O benfeitor estendeu os braços à frente, fechou os olhos, sorriu com genuína e simples felicidade estampada na face iluminada, e uma chuva fina e serena desceu sobre a Terra. Eram gotas de luz que, ao tocar o solo, resplandeciam e iluminavam cada canto do planeta.

Caravanas de irmãos socorristas desciam dos céus como estrelas cadentes, iluminando a vida, descortinando a nós, espíritos ainda reticentes na caminhada, a verdadeira aparência da bondade.

Nossos corações transbordavam de felicidade, paz e amor; juntamo-nos às equipes de socorro.

Nesse instante, a tempestade desabou sobre vários lugares no planeta, lavando a dor e a iniquidade. Um momento de oportunidade, bênçãos de um ser que nos dirigia com sabedoria e perdão.

Uma oportunidade, um auxílio, não a transformação do orbe, mas o recomeço necessário, o alívio para a humanidade. Os vícios não foram erradicados, mas as desgraças físicas acontecidas sobre a Terra uniriam os povos em benefício de sua humanidade.

Após os resgates dos mais simples, as criaturas que seguiam sem pensar em consequências, ficaram os comandantes, os oito comandantes e aqueles que executavam suas ordens, os que eram de sua confiança.

Os oito reinos estavam desolados e vazios; havia apenas algumas entidades que ainda insistiam em permanecer na ignorância, que teriam seu próprio tempo.

Fomos visitar Lucrécia; ela se encontrava em seus aposentos. Assim que nos viu, sorriu e falou sem mágoas, como o general que reconhece a conquista de seu território:

— Vocês venceram esta batalha, mas não a guerra!

— Sabemos disso, irmã! E a hora é chegada, você sabe disso, não é? — perguntei a ela.

— Eu sei! Para onde me levam? Serei prisioneira? — indagou Lucrécia.

— Não temos essa prática, pois entendemos que a verdadeira prisão nasce em nossas mentes, e somente a mudança de atitudes poderá nos libertar desse jugo — respondi com carinho.

— Sabe que esta é apenas uma batalha que ganhou, não sabe? Quando voltar ao mundo, será o de sempre, as criaturas não se modificarão porque dissolveram os grupos ligados aos Dragões de Cristo. Haverá outros, que influirão sobre a humanidade, porque ela é bárbara ainda, os desejos de satisfazer os sentidos ainda estão lá. E é fácil escravizar usando o que nos oferecem — falou Lucrécia.

— A evolução não dá saltos, mas o esclarecimento e as oportunidades de modificar o caminho são bênção divina. Um dia, todos nós seremos auxiliares da bondade — respondi a ela.

— Jesus, o seu mestre, ele era tão bondoso e perfeito assim? — indagou Lucrécia.

— Um dia você mesma irá responder a essa pergunta, e entenderá que a bondade e a perfeição são virtudes relativas. A irmã é bondosa e perfeita, veja como olha com preocupação para seus seguidores — respondi com lógica.

— Não entendo ainda a maneira como pensam. Sabe que poderíamos ter feito uma bela parceria, não sabe? — perguntou-me Lucrécia.

— Talvez num passado de ignorância, mas não sei responder mais por aquela época. Hoje não teríamos oportunidade para isso, pois nossa compreensão da vida não mostra semelhanças ou aspectos mínimos de afinidade. Quem sabe no futuro, quando a irmã conseguir entender a beleza da vida, entendida em sua plenitude, segundo a nossa origem, possamos trabalhar juntos na seara bendita da felicidade e da liberdade.

— Para onde me levam? Estarei lúcida? — questionou mais uma vez.

— Para um orbe intermediário, onde será auxiliada a adaptar seu perispírito à nova morada. Quanto à lucidez, dependerá de como aceitar essa providência divina. Se estiver cordata e entender esse benefício, poderá se preparar e até mesmo auxiliar no próximo planejamento encarnatório — expliquei a ela.

— Eles me acompanharão? — perguntou, referindo-se a seus seguidores de confiança.

— Não saberia responder a essa pergunta. Acredito que cada um seguirá o caminho que for mais produtivo para o futuro juntos ou não. Espero com sinceridade que encontre paz; sei de seus conhecimentos, adquiridos por esforço próprio, e que farão parte de seu acervo intelectual para sempre. Utilize-os de maneira adequada e em breve entenderá, emocional e espiritualmente, do que estamos falando. Que o Pai da Vida a acompanhe e proteja.

Um veículo dirigido por uma equipe especializada no transporte desses irmãos estacionou ao nosso lado; ela nos olhou com certo ressentimento e falou:

— Preciso de mais um tempo, pouco, mas preciso. Vocês querem me ver implorar? Humilhar-me?

Aproximei-me dela, abracei-a com o carinho de um pai e falei emocionado:

— Sabe que esta é a hora certa, sem resistência, apenas no propósito de refazer a vida. Apenas isso! — Vibrei com amor e compaixão, ela sentiu leve sonolência, então sorriu e disse:

— Apenas me acalme! Não me faça adormecer, tenho pavor do sono; ele é repleto de pesadelos.

Afastei-me dela e ela entrou no veículo, seguida por irmãos fiéis.

Lágrimas desceram por meus olhos; eram de alívio e saudades, um sentimento que preenchia meu peito, semelhante ao do pai que vê seu filho ganhar a vida e a liberdade para aprender e seguir o próprio caminho.

Os amigos de lides espiritistas se juntaram a mim num abraço amoroso e de paz.

Que dias memoráveis! Farão parte de minhas mais caras lembranças pela eternidade, seja ela como for — um assunto que preciso entender: a eternidade.

CAPÍTULO 34

DE OLHOS ABERTOS

Curai os enfermos, ressuscitai os mortos, limpai os leprosos, expeli os demônios; dai de graça o que de graça recebestes. (Mateus, X: 8)

Voltamos ao posto de socorro da universidade. Tudo estava diferente, mas também estava igual. Lembrei as palavras de Lucrécia: "Sabe que esta é apenas uma batalha que ganhou, não sabe? Quando voltar ao mundo, será o de sempre, as criaturas não se modificarão porque dissolveram os grupos ligados aos Dragões de Cristo. Haverá outros, que influirão sobre a humanidade, porque ela é bárbara ainda, os desejos de satisfazer os sentidos ainda estão lá. E é fácil escravizar usando o que nos oferecem".

Ela estava certa, mas sabia também que, aliviados do assédio do grupo Dragões de Cristo, com o encaminhamento dos comandantes a novos orbes, o alívio energético auxiliaria muitos na retomada do controle de suas vidas; era um excelente momento para o esclarecimento.

Eram seis horas da manhã, momento em que o Campus passava a ficar movimentado. Hoje era o primeiro dia de aula após as férias.

Fred e Tereza chegaram cedo, estavam juntos como um casal e haviam decidido que esse seria o último ano em que trabalhariam na universidade. Próximo à cidade praiana, onde ficava a casa de Tereza, havia um centro universitário. Tinham consultado sobre a possibilidade de trabalharem por lá e haviam sido aceitos.

Eduardo e Olívia, livres do assédio de Torres, sentiram-se mais seguros, voltaram para casa, resolveram vendê-la e comprar outra, mais simples, mas um lar. Suas vidas voltavam ao normal, reajustados a uma nova e mais feliz realidade. Entraram no Campus de mãos dadas e sorriram um para o outro. Havia esperança num futuro que já se ensaiava em seus pensamentos.

Flávio e Adélia resolveram mudar para a praia também. Voltaram à cidade de origem apenas para tomar as providências necessárias para a mudança. Tereza se comprometeu em emprestar a casa de praia a eles até que se acomodassem definitivamente. O casal resolveu que o dinheiro que Adélia havia juntado com propinas seria destinado a montar um centro de educação para jovens, um lugar onde ofereceriam cursos profissionalizantes gratuitos. Animados com o projeto e felizes, esperavam com ansiedade o nascimento do filho. Adélia estava já na vigésima oitava semana, e estava tudo bem.

Moacir entregara o caso iniciado por ele aos delegados competentes, que eram assessorados por um juiz cujas honestidade e linha de conduta correta causavam espanto em todo o globo. Oramos para que continuasse assim, pois o assédio que sofria dos dois mundos, espiritual e material, era comprometedor; apenas um espírito magnânimo poderia resistir a isso. Mas, fosse o que fosse acontecer, o processo de moralização global fora iniciado.

Marcos está esperando a finalização do processo de sua aposentadoria; duas crianças abandonadas surgiram em seu caminho, pelas graças do Pai Divino, e ele já entrou com o pedido de adoção, que será efetivado em breve, possibilitando assim um lar amoroso para os pequenos.

A reitoria da universidade mostra seriedade no trabalho junto às diversas faculdades que abriga. Beto e Lucia desempenham papel importante nesse processo de reorganização e disciplina para que tudo saia de acordo com as necessidades no direcionamento da educação.

Ainda encontramos muitos desequilíbrios, divulgação de males, que ainda atraem a juventude, como alcoólicos, drogas, sexo e jogo. Mas, após a dissolução da terrível facção dos dragões, as coisas melhoraram o suficiente para retomarmos controle e conseguirmos intuir esses futuros profissionais e cidadãos do mundo.

As instalações edificadas pelo submundo espiritual, a cidade Origem de Fogo, foram dissolvidas, beneficiando os vizinhos do Campus universitário.

As edificações que abrigavam a Comunidade Educacional das Trevas, a exemplo da anterior, foram reaproveitadas e transformadas num belíssimo educandário para o mundo invisível.

Tudo estava caminhando. Atentos, de olhos abertos, observando as mudanças fluídicas mais sutis, vigiávamos o planeta abençoado, sabendo que o mal somente existia porque ainda abrigávamos trevas em nossas mentes sombrias.

Estávamos reunidos na Praça da Paz, lugar amado por nosso grupo.

— Vinícius, tenho uma dúvida a respeito da informação que nos deram sobre um orbe necessário à mudança fluídica do perispírito. Poderia falar sobre isso? — pediu Maurício.

— Posso, sim. Precisamos falar primeiro sobre as características perispirituais e dos fluidos que o compõem.

"Há três elementos básicos que compõem o universo conhecido, e são: Deus, o espírito e a matéria. Todo o resto é composto pelo fluido cósmico universal, desde o que podemos ver no mundo material ao que encontramos no mundo espiritual.

"O fluido cósmico universal é suscetível ao pensamento, que o molda conforme suas necessidades. Ele pode ser manipulado por Deus e pelos espíritos por Ele criados. E o perispírito, como matéria, é originado desse fluido, assumindo características necessárias à sua movimentação, de acordo com as características planetárias e de seus habitantes.

"Sabemos também que o perispírito é um corpo fluídico, de matéria menos densa, que une o espírito ao corpo material, possibilitando uma interação entre os dois.

"Na questão 257 de O Livro dos Espíritos, temos as seguintes citações: 'Participa ao mesmo tempo da eletricidade, do fluido magnético e, até certo ponto, da matéria inerte [...]. É o princípio da vida orgânica, porém não o da vida intelectual, que reside no Espírito. É, além disso, o agente das sensações exteriores. No corpo, essas sensações estão localizadas nos órgãos que lhes servem de canais. Destruído o corpo, as sensações se tornam gerais'.

"Em A Gênese, item 9, podemos encontrar o seguinte esclarecimento: 'A natureza do envoltório fluídico está sempre em relação com o grau de adiantamento moral do Espírito. Os Espíritos inferiores não podem mudar de envoltório a seu bel-prazer e, por conseguinte, não podem passar, à vontade, de um mundo para outro. O envoltório fluídico de alguns deles, se bem que etéreo e imponderável com relação à matéria tangível, é ainda pesado demais, se assim nos podemos exprimir, com relação ao mundo espiritual, para não permitir que eles saiam do meio que lhes é próprio. Nessa categoria se devem incluir aqueles cujo perispírito é tão grosseiro, que eles o confundem com o corpo carnal, razão por que continuam a crer-se vivos'.

"Sabendo dessas características podemos deduzir que cada orbe tem suas próprias características físicas e, de acordo com as mentes que o habitam, desenvolvem qualidades fluídicas necessárias à manutenção da vida.

"Como moradores da Terra, nosso perispírito está adaptado para sobreviver por aqui; quando nosso destino é redirecionado, também é preciso adaptação às peculiaridades do novo local.

"Somente após esse processo, que para alguns é até mesmo doloroso, visto mantermos gravado em nossas mentes a relação entre mudanças mais intensas e a dor física, poderemos habitar o novo orbe.

"Quanto à forma, obedece à lógica universal do livre-arbítrio. Os planejamentos encarnatórios podem ser: compulsórios, quase compulsórios ou livres."

Encerrando assunto tão interessante, informei aos amigos:

— Vejam, Laura nos solicita a presença.

Adentramos a agradável sala de reuniões do plano espiritual, localizada na Casa Transitória Maria de Magdala.

— Bom dia, amigos. É uma alegria revê-los. Tenho algumas novidades excelentes, e um convite promissor a fazer a sua equipe de trabalho — terminou se dirigindo a mim.

— Será um prazer atender a um pedido de vocês — respondi com alegria, já antevendo a oportunidade de trabalho redentor.

— Eu e Ineque fomos convidados por amigos de um plano melhor a coordenar uma equipe que transita entre o globo e as colônias mais distantes da Terra. Para tanto precisamos de trabalhadores ativos e aptos a assumir a direção da casa transitória, e o amigo com sua equipe foram indicados para tanto, após avaliarem o progresso e a união dos amigos. Caso aceitem a nova função, informo que Demétrius estará coordenando o trabalho de todas as casas transitórias, e Rogério integrará a equipe de vocês em definitivo, ou melhor, até quando for necessário.

Olhei para Ineque, e meus olhos se encheram de lágrimas. Já esperava algo semelhante, tal a capacidade que nosso amigo demonstrava na evolução de seu trabalho, sendo requisitado a esclarecer e auxiliar em outras equipes; mas a reação, tão humana ainda, veio e roubou por instantes a este espírito ainda imperfeito a lucidez, e reações egoístas ensaiaram em minha mente. O amigo Ineque sorriu, conhecendo bem minhas movimentações mentais; percebeu o esforço por recuperar o equilíbrio necessário e veio ao meu encontro num abraço renovador.

— Amo todos vocês e sou feliz em ter estado e presenciado o movimento amoroso que empreenderam por esses tempos de aprendizado, com a própria compreensão do sentido da vida. Parto para uma nova fase, porque sei que estão aptos a caminhar por conta própria. Eu suplico ao Pai de Amor que os fortaleça sempre nesta caminhada amorosa.

Olhei para Rogério, nosso companheiro nos trabalhos junto ao Campus universitário. Sabia do valor do jovem e o abracei com carinho em sinal de boas-vindas.

Laura tocou o braço de Ineque e disse com mansidão:

— É hora de irmos.

Ele nos sorriu entre lágrimas; corremos ao seu encontro e o abraçamos com o mais puro afeto. Ele foi se afastando aos poucos; olhamos para o firmamento e sentimos seu toque delicado. Ele não nos abandonaria, apenas estaria distante, mas ao alcance de um pensamento.

CAPÍTULO 35

AMOR, APENAS AMOR

Pedi, e dar-vos-á, buscai, e achareis; batei, e abrir-vos-á. Porque todo o que pede, recebe; e o que busca, acha; e a quem bate, abrir-se-á. Ou qual de vós, porventura, é o homem que, se seu filho lhe pedir pão, lhe dará uma pedra? Ou, porventura, se lhe pedir um peixe, lhe dará uma serpente? Pois se vós outros, sendo maus, sabeis dar boas dádivas a vossos filhos, quanto mais vosso Pai, que está nos Céus, dará boas dádivas aos que as pedirem. (Mateus, VII: 7-11)

Algum tempo se passou. Voltamos ao Campus universitário, e estava tudo bem.

Percebemos que a atmosfera fluídica se mantinha estável, no que consideramos normal, diante da qualidade que a humanidade conseguia caminhar, entre o bem e o mal; porém, sem o assédio ferrenho, era mais simples conter o mal incipiente e sedutor, limitado pela moral latente de nossa origem.

O novo educandário estava repleto de espíritos em busca de esclarecimentos e do processo redentor da educação. O lugar era lindo, verdejante, colorido, coberto por um céu azulado salpicado de nuvens. A antiga cúpula, escura e fétida, fora substituída por energia translúcida e em movimento constante, que servia de meio de filtragem de energias mais densas.

Observamos os alunos, e lá estava Tibérius, como aprendiz do evangelho de amor. Ele nos sorriu e veio ao nosso encontro. Abracei-o com carinho e perguntei:

— Como está o amigo?

— Muito bem, aprendendo e me adaptando a essa nova ordem de que tanto falam. Eu fui convidado por um mestre a ser monitor de minha turma de estudos; estou muito feliz com esse convite.

— Que maravilha! — falei com alegria genuína.

— Soube por amigos comuns a nós dois, Inácio e Miss Martha, que nos auxiliam nas lides estudantis, que agora são os responsáveis pela casa transitória.

— É verdade, ainda aprendemos a nova função, mas estamos muito felizes. Inácio e Miss Martha estão por aqui hoje?

Tibérius ensaiou uma fala emocionada. Precisou se recuperar por instantes e comunicou:

— Hoje é o último dia que trabalham por aqui; preparamos uma pequena homenagem a eles. Vão se apresentar ao departamento de reencarnação, para iniciar os processos necessários; entrarão em estado de perturbação em breve.

Olhei para o rosto emocionado de Tibérius e senti o coração aquecer; percebi que emoções verdadeiras e intensas o visitavam. Ele estava começando a entender a grandeza ⟨ sua origem. Sorri; ele olhou para mim e disse:

— Está sendo sofrido e difícil conviver com essas emoções cuja força não tenho lembranças de ter experimentado.

Maurício veio até ele, abraçou-o e falou, animado e feliz:

— Bem-vindo à vida, meu irmão.

Tibérius sorriu e disse:

— Venham, está na hora da despedida de nossos amigos que hão de reencarnar em breve.

No local, a Praça da Paz, uma multidão os esperava com carinho. Ao adentrarem o lugar, admirados pela união e pelo amor a eles dirigidos, fomos brindados com a beleza da luz. Anjos do Senhor desciam dos céus e se juntavam a nós.

O local se encheu de luz, e Inácio, emocionado, e a indescritível Miss Martha, de mãos dadas, doaram ao planeta a energia que nos envolveu. Um belíssimo ressoar se fez ouvir, e a descarga elétrica se transformou em luz, que varreu o planeta.

Eles apenas balbuciaram um agradecimento, embargados pela emoção, que fazia com que as palavras fossem desnecessárias. A multidão se uniu num coro de luz e entoou a belíssima canção intitulada "Esperança", do autor Gonzaguinha, que tanto agradava nossos amigos:

Que toquem os sinos em nome da esperança
Eterna criança que vive, brincando, no peito
Dos homens que sabem da força que tem o respeito
Para com os seus semelhantes,
Na luta por seus direitos
Que traga a alegria o toque feliz deste sino
E faça dançar nas ruas meu povo menino.

Um amigo do plano melhor se juntou a eles e os conduziu a um novo caminho. A determinado momento, o casal amado se voltou para a multidão e acenou em despedida.

r fora do planeta um lugar solitário, no mirante
ia abençoada; precisava pensar por instantes e
eus sentimentos.

servava o sol que se punha, magnífico, mas estava entristecido, sentia certa solidão.

Ineque se fora, Inácio e Miss Martha se foram, e a sensação de distanciamento e perda visitavam minha mente, semelhante à morte, quando a presenciamos ainda desprovidos dos conhecimentos da vida eterna.

Olhei o Planeta Azul e suas águas abençoadas. Quantas
criaturas ali habitavam e sofriam pela ignorância desse conhecimento. Sorri e pensei: "Ainda tenho muito a aprender.
Graças ao Pai tenho a eternidade sem as limitações que encontro dia a dia. É luz no meu caminho".

Sorri novamente, agora um riso alto e feliz. Senti o toque
amoroso de meus amigos ausentes, mas presentes — um toque
feliz, um sentimento que me levantou o ânimo.

Agradeci a eles e ouvi suas risadas oportunas; eles sabiam
de mim e viviam comigo. Estava tudo bem.

Ouvi o chamado de Maurício; vinha da Casa Transitória
Maria de Magdala. Era chamado ao trabalho redentor. Feliz,
olhei em volta, e uma infinidade de irmãos me faziam companhia. Agradeci com um aceno de mão, voltando à casa que
nos acolhia.

Deus os abençoe sempre.

Vinícius (Pedro de Camargo)
Ribeirão Preto, 29 de agosto de 2018.

SEMPRE HÁ *tempo*

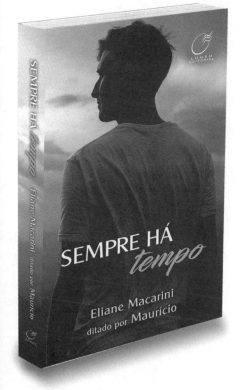

Eliane Macarini
Maurício

Romance | 16x23 cm | 224 páginas

"Sempre há Tempo" é um livro que conta uma história de amor, resignação ativa através de pensamentos fortalecidos na caridade, reflexão sobre valores morais; abordando de forma enfática consequências advindas de ideias preconcebidas a respeito de assuntos, que, insistentemente, relegamos ao sombrio movimento da ignorância, que apenas adoece a humanidade. Esta obra conta a história de Hugo e Val, iniciada no livro "Sempre há Vida", de nossa autoria. Nos dias atuais Hugo e Val, ambos médicos, são um casal que tenta, como tantos outros, estender o amor de sua união à criação de uma família. Para isso, estão determinados a adotar uma criança, tendo em seu favor o apoio da família. Mesmo assim, por manterem uma relação homoafetiva, essa tarefa não se mostra nada fácil... Às vezes, parece até que será impossível. Vários serão os desafios que se apresentarão aos dois, entre eles, o próprio preconceito de Hugo e sua instabilidade emocional, além de atos violentos perpetrados por pessoas de coração recrudescido, ou apenas ignorantes das verdades que o amor determina.

Entre em contato com nossos consultores e confira as condições
Catanduva-SP 17 3531.4444 | boanova@boanova.net | www.boanova.net

LÚMEN EDITORIAL

Av. Porto Ferreira, 1031 | Parque Iracema
CEP 15809-020 | Catanduva-SP

www.**lumeneditorial**.com.br
www.**boanova**.net

atendimento@lumeneditorial.com.br
boanova@boanova.net

 17 3531.4444
 17 99777.7413
 @boanovaed
  boanovaed
 boanovaeditora

Acesse nossa loja

Fale pelo whatsapp